문명의 교류와 충돌

교재편찬위원회 편

계명대학교 출판부

ı 머리말 ı

지혜롭게 사는 방법은 많지만, 지나간 일을 정확하게 살피는 것도 방법 중 하나이다. 우리보다 먼저 산 사람들의 생각과 행동이 때론 하나의 좌표일 수 있기 때문이다. 아주 긴 인류의 역사를 체계적으로 이해하여 삶의 나침반으로 삼기란 여간 어렵지 않지만, 문명권별로 파악하는 것도 한 방법이다. 인류역사에는 많은 문명이 흥망성쇠를 거듭했다. 한 문명의 붕괴에는 환경파괴, 기후변화, 적대적인 이웃, 우호적인 무역국, 그리고 환경문제에 대한 사회의 대응 등 다양한 요소가 작용한다. 그러나 각 문명을 이해할 수 있는 정보는 많지 않다. 그래서 모든 문명을 자세하게 파악하는 일은 결코 쉽지 않다. 가장 잘 알려진 문명은 이른바 세계 4대 문명이다. 세계 4대 문명은 기원전 3천년 경 몇몇 지역에서 강을 중심으로 시기를 달리하면서 발생했지만, 인구증가, 부의 축적, 직업의 분화, 도시의 형성, 치수, 토기·직물의 제작 등의 공통점을 갖고 있다.

인류문명은 기본적으로 교류와 충돌의 산물이다. 인간은 부족한 것을 서로 교환하면서 살아갈 수밖에 없기 때문이다. 물적 교류는 동시에 인적 교류를 동반한다. 물건과 물건의 만남, 사람과 사람의 만남은 새로운 문화와 양식을 낳는다. 세계의 문명이 각자 독특한 양식을 가지면서도 다양한 모습을 띠고 있는 것도 각 문명권간의 교류 때문이다. 현재의 인류 역사는 이런 과정을 통해서 이루어진 것이다. 따라서 현재 우리의 모습을 이해하려면 무엇보다도 지난 문명의 형성과정을 알아야만 한다.

교류는 때론 충돌을 낳는다. 충돌은 이해관계의 모순으로 생긴다. 삶은 끝없는 이해관계의 연속이다. 인간은 부족한 물자를 구하기 위해, 때론 한층 나은 무엇인가를 구하기 위해 다른 지역을 점령한다. 인간은 종종 혹은 빈번하게 종교적 신념을 위해 다른 지역을 점령・파괴하기도 한다. 그래서 인류역사에서 종교가 낳은 전쟁이 적지 않다. 교류와 충돌은 인류에게 이익과 손해, 행복과 고통, 기쁨과 슬픔을 안겨준다. 그러나 이 과정에서 과학과 기술의 진보도 이루어졌다. 과학과 기술의 진보는 교류를 한층 활발하게 만들기도 했지만, 동서양의 충돌을 빈번하게 혹은 장기적으로 만들었다. 특히 근대 시기 동서양간의 충돌은 과학과 기술의 발달과 밀접하게 관련되어 있었다. 그 탓에 지구상의 많은 국가와 지역이 식민지 혹은 반식민지로 전락했다. 이처럼 인류 문명의 교류와 충돌은 인류 역사의 흐름을 파악하는 중요한 요소이자 현재 인간의 삶을 이해하는 주요 개념이기도 하다. 교재 편찬의 목적과 제목 선정 이유도 여기에 있다.

이 책은 전체 3부로 구성했다. 1부는 이 책의 서론에 해당한다. 여기서는 문명의 개념을 비롯해 세계 4대 문명권에 대한 내용을 담았다. 2부는 문명권간의 교류와 충돌을 종교부문과 유럽 역사를 중심으로 정리했다. 다룰 분야가 훨씬 많지만 중요한 흐름을 이해할 수 있는 주제로 구성했다. 3부는 동양문명권과 서양문명권의 교류이다. 동서양의 교류는 고대부터 시작되었지만 교류가 활발했던 시기의 주요 내용을 중심으로 구성했다.

특히 세계 문명사에서 중요한 위치를 차지하고 있는 러시아를 몽골과의 관계를 고려하여 3부에서 다루었다.

인류 문명사는 긴 시간과 넓은 공간 때문에 결코 한 사람이 다룰 수 없는 엄청난 작업이다. 더욱이 학생들이 쉽게 이해할 수 있도록 정리하는 것조차도 벅차다. 그래서 이 교재는 몇 년 전부터 이 분야의 전공자들이 계획했다. 교재를 계획하면서 가장 어려웠던 것은 한 학기에 방대한 역사를 어떻게 전달할 것인가였다. 고민 끝에 선택한 방법이 키워드였다. 그래서 진원숙, 양재열, 성진규, 은은기, 배은숙, 이학로, 강판권 등이 여러 차례 모여 인류 역사를 담아낼 주제를 선택했다. 그 다음 각 주제를 각 전공자에게 분담한 후 집필하기 시작했다. 집필기간도 결코 짧지 않았을 뿐 아니라 집필 원고를 모은 후 전체를 다듬는 일도 만만찮은 일이었다. 더욱이 이 교재는 집필자들의 노력만으로 결코 세상에 나올 수 없었다. 한 때 집필자의 사정으로 교재편찬이 중단되기도 했다. 그러나 계명대학교출판부의 교양강좌에 대한 철학과 애정 덕분에 세상에 나올 수 있었다.

2008년 1월

교재편찬위원회

제1부 문명권의 특징

1. 인류의 진화 과정

신이 자신의 형상을 본 따 인간을 만들었다는 창조론은 서구 사회에서 당연한 것으로 받아들여졌다. 과학이 발달하면서 창조론에 의문이 제기되자 신학자들을 중심으로 창조론을 논리적으로 설명하려는 움직임이 나타났다. 아르마의 대주교인 어서(James Ussher)가 1650년 구약성경에 등장하는 인물들의 수명을 근거로 계산한 결과 창조는 기원전 4004년에 있었다고 한 주장이나 라이트푸트(John Lightfoot) 교수가 6000년 전에 창조가 있었다고 한 주장은 창조론에 나름대로 과학적인 근거를 제시하기 위한 것이었다. 그러나 암석층이 일시에 형성되지 않았다는 사실과 화석의 존재는 여전히 해명되지 않았다.

18세기 창조론자들은 홍수설을 통해 성경의 내용을 입증하려 했다. 이 설에 따르면, 노아의 홍수로 사라진 동물들의 유골이 바로 화석이다. 그러나 홍수설은 홍수 이전의 것으로 보이는 화석이 발견되자 타격을 받았다. 홍수설 대신에 나온 것이 천재지변설이다. 프랑스의 지질학자인 퀴비에(Georges Cuvier)와 다윈의 스승이자 지질학자인

시드위크(Adam Sedgwick)에 따르면, 지구에는 일련의 천재지변이 있었다. 그 때마다 매번 동식물이 완전히 절멸하여 화석으로 변했고, 천재지변이 끝나고 난 후 신이 새롭고 발전된 종들로 다시 채웠다.

진화론의 선구자로 볼 수 있는 사람은 다윈의 할아버지인 에라스무스 다윈(Erasmus Darwin)이다. 그는 기하급수적인 증식으로 치열한 생존 경쟁과 환경 적응을 통한 진화의 가능성을 제기했다. 이 이론을 받아들인 라마르크(J. Lamarck)는 1809년 환경의 변화가 동식물의 구조에 영향을 끼치고, 이렇게 획득한 형질은 유전된다고 주장했다. 가령 기린의 목은 높은 곳에 있는 열매를 따먹으려고 자꾸 목을 늘이다보니 긴 목이 유전되어 현재의 상태로 되었다는 것이다. 그러나 1813년 웰즈(W. C. Wells), 프리차드(J. C. Pritchard), 로렌스(W. Layrence)가 획득한 형질은 유전되지 않는다는 주장을 제기하면서 라마르크의 용불용설(用不用說)은 쇠퇴했다.

진화론의 토대를 확고히 한 사람은 다윈(Charles Darwin)이다. 그는 1859년『자연선택에 의한 종의 기원에 관하여』라는 저서에서 자연선택설을 주장했다. 자연선택설이란 생존 경쟁에서 환경에 가장 적합한 생물이 살아남으며, 그렇지 못한 생물은 멸종한다는 것이다. 또 라마르크의 이론을 받아들여 자연 선택된 형질이 유전된다고 보았다. 다윈의 주장은 5년간의 항해를 통해 얻은 광범위한 지역의 증거를 제시함으로써 설득력을 얻었다. 게다가 1856년 네안데르탈인, 1868년 크로마뇽인, 1891년 자바인, 1924년 오스트랄로피테쿠스의 뼈 조각들이 발견되면서 진화론은 힘을 얻었다. 이후 진화의 추진력으로 자연선택설 외에 돌연변이설,

교잡설, 격리설, 종합설 등이 제기되었다.

창조론자들이 보는 진화론의 맹점 중 가장 큰 것은 중간 단계의 화석이 없다는 점이다. 한 종에서 다른 종으로 진화했다면 양자의 종의 특징을 가지는 중간 단계의 생물이 존재해야 하지만 현재로서는 발견되지 않고 있다. 진화론에서는 3억 년 전에 살았던 아프리카의 시일라칸트(Coelacanth)라는 물고기가 어류에서 양서류로 진화하는 중간 형태로서 7천만 년 전에 멸종했다고 보았다. 그러나 1938년 살아있는 시일라칸트가 잡혔다. 그 형태가 3억 년 동안 조금도 변하지 않았기 때문에 진화의 증거로 볼 수 없다. 또 한 종이 3억 년 동안 변하지 않았다면 단세포에서 오늘날의 인류까지 진화하기에는 지구의 나이인 45억 년이라는 시간이 너무 짧다.

진화론에서 가장 좋은 증거로 들고 있는 것은 시조새이다. 시조새는 현재의 조류가 파충류에서 진화한 것임을 증명하는 중간 형태라고 볼 수 있다. 왜냐하면 시조새가 이빨을 가지고 있고, 날개 끝에 세 개의 발가락이 붙어 있고, 등뼈의 연장인 꼬리뼈가 있기 때문이다. 이에 대해 창조론자들은 시조새는 처음부터 그러한 형태였고, 깃털의 구조로 볼 때 조류임이 명백하다고 주장했다. 설사 시조새를 중간 형태라고 인정한다 해도 문제는 여전히 남아있다. 왜냐하면 200만 종이 넘는 현재의 생물들이 진화의 산물이라면 중간 단계의 화석이 상당히 많이 남아 있어야 하지만, 진화론에서 증거로 제시하는 화석이 시조새나 고사리, 말 등 몇 종류에 지나지 않기 때문이다. 진화론의 맹점을 주장하는 창조론자들은 이제 기존의 성경 글귀를 중심으로 한 창조론에서 과학적 설명을 통해 증명하려는 창조론,

즉 보수적 창조론에서 과학적 창조론을 발전시키고 있다.

진화론에 따르면 인류과(Hominidae)는 오스트랄로피테쿠스 속에 속한다. 이 속은 기원전 600만 년 전 라마피테쿠스(Ramapithecus)에서 갈라져 나왔다. 오스트랄로피테쿠스의 존재는 1924년 남아프리카 케이프주의 타웅(Taung)이라는 채석장에서 발견된 어린 아이 두개골 화석에서 드러났다. 해부학자인 다트(R. Dart)는 그 두개골이 인간의 것보다 상당히 크고, 얼굴 모습이나 이빨이 인류과형에 가깝다고 판단했다. 그는 이를 '남방의(australo)', '원숭이(pithecus)'라는 의미로 오스트랄로피테쿠스라고 칭했다. 이 단계부터 인간은 직립보행했다.

■ 인류 최초의 주거지

인류가 나무 위에서 생활한 수상성(樹上性) 동물 혈통인가, 아니면 땅 위에서 생활한 육상성(陸上性) 동물 혈통인가는 오랫동안 생물학자들의 주요한 논쟁거리였다. 그러나 지금은 모든 영장류가 수상성 동물 혈통이라는 데 동의하고 있다. 왜 나무에서 내려왔는지를 설명할 수 있는 유력한 근거는 확보하지 못하고 있다. 단지 추측할 뿐이다. 가장 유력한 추측은 그들의 생활 근거지인 숲의 상실이다. 원래 인류는 고릴라, 침팬지, 원숭이와 같이 숲 속에서 살면서 숲에서 먹이를 구했고, 나무를 타고 이동했고, 밤에는 나무 위에서 잠을 잤다. 그러나 북쪽의 추위가 확산되면서 숲의 먹이가 사라졌고, 나무들은 드문드문 서 있어 하나의 나무 무더기에서 다른 무더기로 가기 위해서는 땅 위를 달리지 않으면 안 되었다. 또 초식동물이 적어지면 그것을 잡아먹고 살던 맹수들도 아사 상태에 이르게 된다. 인간 역시 전에 먹던 먹이가 없어졌으므로 새로운 먹이를 얻는 방법을 익혀야만 했다. 인간은 숲의 상실로 인해 나무라는 이동 수단의 부족과 굶주림 때문에 나무 위에서 지상으로 내려와야만 했다. 숲에서 나온 인간은 벌판에서 짐승의 뒤를 쫓아 계속 이주해 갔다.

호모 하빌리스(Homo Habilis 300만 년 전) 다음 단계인 호모 에렉투스(Homo Erectus)는 100만 년 전에 살았다. 이들은 아프리카 지역에서 발생하여 유럽과 아시아의 자바, 북경 지역으로 퍼졌다. 불을 최초로 사용한 종족은 호모 에렉투스였다. 아마도 번개 혹은 마찰로 불이 붙어 타는 숲을 보고 불의 존재를 목격하고, 거기에서 타다 남은 불꽃을 얻어 사용했을 수 있다. 아니면 돌을 쪼갤 때 번쩍이는 불꽃을 보고 돌을 서로 부딪쳐 불씨를 얻었을 수도 있다. 불을 사용하면서 추위를 방지하거나 음식을 조리해 먹음으로써 각종 세균 감염을 예방할 수 있었다. 또 불로 큰 동물들을 위협하여 사냥했다. 인간들은 매머드를 사면으로 에워싼 다음 그 주위의 풀밭에 불을 질렀다. 매머드는 활활 타는 불을 피하여 정신없이 달렸다. 그렇게 달려간 곳은 낭떠러지였다. 그 곳에 대기하고 있던 또 한 무리의 인간들은 다리가 부러져 신음하는 매머드를 뾰족하게 깬 돌칼로 죽이고, 고기를 잘라 갔다. 절벽으로 짐승을 모는 것은 수렵과 채집 시대에 인간이 즐겨 사용하던 사냥 방법이었다.

몸의 털이 가늘고 짧아진 것도 호모 에렉투스 때부터였다. 아프리카 지역의 무더운 기후에서 털이 없으면 미세한 털구멍이 열려 수분을 증발시킴으로써 많은 열을 방출할 수 있었다. 이러한 환경으로 털이 자연적으로 없어졌다. 땀을 통해 증발해 버린 수분을 보충하기 위해 털이 있을 때보다 물이 더욱 절실해졌다. 아프리카 지역에서는 털이 없는 상태가 장점이었으나, 북쪽으로 갈수록 단점으로 작용했다. 추운 지역으로 이동한 호모 에렉투스는 겨울을 지내기 위해 동물의 털을 이용했다. 또 이때 멜라닌 색소의 변화가 일어났을 것으로 추측된다. 아프리카에 남아있는 자들은 강렬한 태양 빛을 차단하기 위해 멜라닌 색소가 풍부한 검은 색으로 남아 있었다. 아프리카에서 검은 피부는 태양을 차단하기 때문에 살아남았고, 나머지는 자연 도태되었다. 반면 추운 북반구로 이동한 자들의 피부색은 적은 햇빛에 적응하기 위한 유전적 선택을 통해 차츰 엷어져 백인의 형태를 띠었다. 피부색과 햇빛의 관계를 잘 알 수 있는 지역이 오스트레일리아이다. 열대 사막지역인 이 지역은 세계에서 피부암 발병률이 가장 높다. 현대의 오스트레일리아 인들은 대부분 구름이 많은 영국과 아일랜드에서 이주해 온 백인들이기 때문에 햇빛이 피부 깊숙이 스며들기 쉬웠고, 이것이 피부암을 유발한다.

기후의 급속한 냉각, 히말라야와 알프스 조산대의 형성 등으로 땅딸막하고 빙하에 적응했던 서부 유럽의 호모 네안데르탈(Homo Neanderthalensis)은 살아남았다. 10만 년 전에서 3만 년 전까지 살았던 네안데르탈인은 1856년 라인강 하류의 네안데르(Neander) 동굴에서 발견되어 붙여진 이름이다. 네안데르탈인은 시체를 매장했다. 이들은 아마도 제례 의식과 신앙을 가졌던 것 같다. 시신의 머리 부분의 흙 속에서 여러 종류의 꽃가루가 발견된 점이 매장 의식의 존재를 증명해 준다.

현생 인류는 호모 사피엔스 사피엔스(Homo Sapiens Sapiens)로 분류된다. 1868년 화석이 발견된 프랑스 남부의 지명을 따서 크로마뇽(Cromagnon)인으로 불린다. 현재 가장 논쟁이 되고 있는 부분은 현생 인류가 어떻게 출현했는가 하는 점이다. 이에 대해 다지역 기원설과 아프리카 기원설이 첨예하게 대립하고 있다. 1980년대

논쟁의 주도권을 장악한 것은 다지역 기원설이다. 이 학설에 따르면, 널리 퍼져있던 호모 에렉투스가 뒤늦게 나타난 호모 사피엔스와 결혼해 아이를 낳는 과정이 많은 지역에서 동시 다발적으로 일어났고, 이러한 과정이 지속적으로 이루어지면서 현생 인류가 출현했다. 아프리카 기원설은 1990년대 이후 많은 지지를 받고 있다. 이 학설에 따르면, 약 20만 년 전 아프리카 사하라이남 지역에서 진화한 현생 인류가 시차를 두고 중동, 아시아, 유럽 등지로 퍼져나가 3만 년 전 각 지역에서 살던 기존의 고인류를 완전히 대체했다. 현재 아프리카 지역에서 새로운 화석들이 발견되고 있기 때문에 이 논쟁은 당분간 지속될 것이다.

■ 호모 네안데르탈과 호모 사피엔스와의 관계

네안데르탈인의 화석이 발견된 후 학자들은 이 화석을 호모 사피엔스 집단에 속하는 구성원으로 보아 호모 사피엔스 네안데르탈로 칭했다. 즉 호모 에렉투스가 호모 사피엔스로 진화했고, 호모 사피엔스가 호모 사피엔스 네안데르탈과 호모 사피엔스 사피엔스로 갈라졌다는 것이다. 그러나 최근에는 네안데르탈인이 제한된 지역에 분포되어 있었고, 호모 사피엔스와의 어떤 유전적 교환 흔적도 보이지 않기 때문에 호모 사피엔스와는 별개의 집단으로 보는 견해가 지지를 받고 있다. 즉 호모 에렉투스에서 호모 사피엔스와 호모 네안데르탈로 갈라졌다. 호모 사피엔스는 호모 사피엔스 사피엔스로 진화한 반면, 호모 네안데르탈은 멸종했다는 것이다. 물론 호모 네안데르탈이 갑자기 사라진 이유가 해명되지 않아 호모 사피엔스 사피엔스와 전쟁을 했다거나, 잡아 먹혔다는 등 여러 학설이 등장하지만 아직 명확히 밝혀진 것은 없다.

인류가 다른 유인원에 비해 진화, 진보할 수 있는 요소는 직립보행과 도구, 언어, 불의 사용이다. 네 가지 중 가장 중요한 것은 직립보행이다. 인간과 가장 가까운 유인원이라 할 수 있는 침팬지는 반(半)직립 네발 동물이므로 두 발로 어느 정도 걷을 수 있다. 그러나 침팬지는 걸을 때 좌우의 균형을 유지하기 위해 오른 발을 디딜 때는 왼쪽 어깨가 올라가고, 왼 발을 디딜 때는 오른 쪽 어깨가 올라간다. 이는 엉덩이뼈와 허벅지 뼈를 연결하는 근육이 발달하지 못했기 때문이다. 이러한 걸음걸이는 움직일 때 양팔이 균형을 유지하는데 사용되기 때문에 팔이 자유롭지 못하다. 또 앞뒤의 균형을 유지하기 위해 허리는 앞으로 굽고, 턱도 앞으로 내밀면서 걷는다. 턱을 내밀 경우 자연히 목구멍은 가늘어지고, 입안의 공간도 좁아진다. 입안의 공간에 비해 이빨이나 혀의 크기는 크기 때문에 혀를 자유자재로 움직일 수 없다. 이는 낼 수 있는 소리의 종류를 제한하여 언어 사용을 어렵게 만든다.

반면 인간은 허리를 곧게 펴고 걸을 수 있고, 하체의 움직임이 상체에 전달되지 않기 때문에 걸음을 걷는데 양팔이 필요하지 않다. 인간의 머리 역시 하체와 일직선으로 있기 때문에 목구멍이 넓어진다. 목구멍과 입안의 공간이 큰 데 비해 이빨이나 혀의 크기는 작다. 혀가 입안에서 자유롭게 움직일 수 있다는 것은 언어의 사용으로 이어진다. 직립보행과 언어의 사용이 비슷한 시기에 이루어진 것은 이러한 구조 때문이다.

걷는 행동에서 양팔이 자유롭다는 것은 도구를 제작하고 사용하는데 유리하다. 왼손을 움직이면 오른쪽 뇌를 통해 감성이 발달하고, 오른손은 왼쪽 뇌를 통해 지성이 발달한다는 것은 널리 알려진 사실이다. 걸음걸이에서 해방된 손의 놀림은 뇌의 발달로 이어진다. 인간의 손가락 역시 도구 제작에 도움이 된다. 긴팔원숭이, 침팬지, 고릴라 등의 유인원은 물건을 손으로 움켜쥐지 못하고, 엄지손가락과 검지손가락 사이에 끼어 넣는 식으로 잡는다. 이는 엄지손가락이 다른 네 손가락과 같은 방향으로 뻗어 있기 때문이다. 이에 비해 인간의 엄지손가락은 다른 손가락과 마주 보고, 자유롭게 굽힐 수 있다. 물건을 잡는데 용이한 구조이다. 두 개의 부싯돌을 부딪쳐 불꽃을 만드는 정교한 작업이 가능한 것도 이 때문이다.

도구 제작은 식량의 수집과 채집 활동, 즉 노동을 용이하게 해준다. 노동은 수의 필요성으로 이어진다. 인간은 '많다', '적다'라는 양의 개념을 먼저 알았고, 이어서 정확한 개수를 알 필요성을 느꼈다. 수를 헤아릴 때 인간이 가장 쉽게 사용할 수 있는 도구가 바로 손가락이다. 만약 사람의 손가락이 코스모스처럼 좌우 대칭형으로 생겼다면 수를 셀 때 어디를 처음으로 꼽을지 애매모호할 것이다. 다행히 엄지손가락은 내 몸에 가장 가까이 있고, 짧고, 쉽게 굽힐 수 있다. 처음의 수로 꼽기에 손색이 없는 모양새이다. 오늘날 경매장에서 볼 수 있는 경매업자들의 화려한 손놀림은 이러한 구조의 손가락이 있기 때문에 가능하다.

대부분의 도구를 만든 남성의 입장에서는 직립보행이 중요한 의미를 가진다. 그러면 도구를 제작하지 않은 여성에게는 직립보행이 어떠한 의미를 가지는가? 여성의 경우는 '운반 가설'로 설명할 수 있다. 침팬지는 네 발로 자신의 몸을 지탱하기 때문에 새끼는 어미에게 달라붙어야만 한다. 그러나 직립보행으로 두 팔이 자유로운 인간의 여성은 두 팔로 아이를 안을 수 있고, 음식물이나 도구를 운반할 수 있다. 아이나 물건을 운반하는 행위는 손놀림을 많이 하게 한다. 이 역시 두뇌 발달과 연관된다.

직립보행이 인간에게 장점만 가져다 준 것은 아니다. 인간이 걷는데 두 발을 사용함으로써 네 발을 사용하는 동물에 비해 잘 넘어질 수 있고, 더 느리다. 또 모든 신체 기관을 두 발이 지탱함으로써 허리나 관절과 관련된 질병, 치질과 같은 항문 관련 질환에 걸릴 위험성이 많다. 그러나 이러한 단점보다 자유로워진 손이 가져다 준 혜택이 더 크다.

■ 여성의 발정기가 없어진 이유

영장류 가운데 인간의 여성만이 발정기가 없다. 침팬지의 암컷은 임신하지 않았을 경우 매달 며칠씩 발정기가 있고, 그 외의 기간은 성행위를 하지 않는다. 그러나 인간의 여성은 언제나 성행위가 가능하고, 심지어 임신 기간 중에도 가능하다. 이는 진화의 산물이다. 직립보행을 하면서 인간의 골반은 점점 작아져 갔다. 임신 기간이 처음에는 20개월이었다가 골반은 줄어들고, 아이의 두뇌는 커지면서 10개월로 줄어들었다. 그러나 골반이 작아지는 속도는 남성과 여성이 달랐다. 남성은 골반이 작아도 출산하지 않기 때문에 별 문제가 없었으나 여성의 경우는 다르다. 출산으로 인해 골반이 작아지는 속도가 남성보다 느렸다. 또 여러 번 출산할 경우 여성의 골반은 이전보다 더 커진다. 결국 남성보다 여성의 골반이 큰 형태로 자리 잡았다.

남성에 비해 큰 여성의 골반은 주행 속도를 떨어뜨리는 단점을 가져왔다. 느리다는 것은 사냥에 치명적인 약점으로 작용했다. 만약 출산했다면 태어난 아이도 부양해야 했다. 이제 자신 뿐 아니라 아기의 생계를 걱정하게 된 여성은 남성이 사냥한 고기를 얻어먹을 필요가 있었다. 채집하여 모은 식량으로는 부족했다. 부양 의무로 인해 여성은 발정기가 아님에도

의식적으로 성행위를 했을 것이다. 이로써 자연히 발정기 자체가 없어지는 형태로 진화했다. 침팬지의 경우 수컷은 대개 고기를 먹고, 암컷은 뿌리나 열매, 견과를 먹는다. 또 새끼에게 먹을 것을 주지 않기 때문에 새끼는 어미를 잘 보면서 스스로 먹이를 찾는 법을 배운다. 먹이를 나누는 행위를 처음 한 것은 인간이다. 음식을 주는 행위는 인간 가족의 기원이다.

2. 문명의 형성 과정

구석기시대는 뗀 석기 시대이다. 인간들은 떼어낸 돌로 돌도끼, 돌칼, 돌화살촉 등을 만들어 생존했다. 떼어낸 돌이 목적에 맞지 않으면 버리면 그만이었다. 자연에 순응했다고 볼 수 있다. 그러나 1만 년 전부터 시작된 신석기 시대는 자연을 이용하는 단계이다. 이 시대는 간석기, 즉 돌을 갈아서 사용했다. 보다 정교하고, 사용 목적에 맞는 도구 제작이 가능해 진 것이다. 정교한 도구 제작은 식량 생산의 시대와 맞물린다. 신석기 시대 인간은 농경과 정착 생활로 식량 채집자에서 식량 생산자로 바뀌었다. 이는 혁명적인 발전이었다.

농경이 먼저인지, 정착 생활이 먼저인지는 정확히 알 수 없다. 그러나 추측은 할 수 있다. 어느 원시인들이 사냥할 동물을 쫓아 우연히 도착한 들판에서 씨앗이 바람에 날려 자라난 많은 곡식을 보았다고 가정해 보자. 원시인들이 동물을 사냥하지 못한 상태라면 그 곡식을 먹었을 것이다. 충분치는 않지만 허기진 배는 채울 수 있었다. 야생 곡물을 다 먹고 난 후 그 자리를 떠났을 것이다.

몇 년이 흐른 후 다시 그 들판에 들른 원시인들은 자신들이 먹다 흘린 것, 가져 갈 수 없어 버렸던 것, 바람에 날아온 씨앗 등으로 많은 곡식들이 자라나 있는 것을 보았다. 이때 동물을 사냥하기 못한 날 최소한의 생계수단을 확보하기 위해 의도적으로 씨앗을 심었을 것이다. 이것이 농경의 시작이다.

농경을 시작했다고 하더라도 곧 바로 정착 생활로 들어가지는 않았을 것이다. 왜냐하면 곡식을 추수하고 난 후 추운 계절에는 일거리나 먹을거리가 없었기 때문이다. 농경이 파종에서 추수 때까지 일시적인 정주 생활은 가져왔지만, 지속적으로 머무르는 정착 생활을 가져오지는 않았다. 농경의 발달로 많은 사람들이 생산된 농작물을 먹을 수 있고, 가축 사육이나 저장법의 발달로 추운 겨울을 지낼 수 있게 되었을 때 비로소 집단 정착 생활이 시작되었다. 이것이 씨족과 부족의 형태로 발전했다.

신석기시대의 촌락들은 자급자족이 가능했으나 때로는 다른 부족 간의 물자 교환을 통한 평화적인 거래도 했다. 그러나 시간이 지나면서 평화적인 접촉 외에 기름진 땅과 목장을 목표로 다른 집단과 싸움을 했고, 이는 정복 전쟁으로 이어졌다. 패자는 승자의 노예가 되고, 승자는 지배자로서 존재하는 계급 사회가 되었다. 승자는 더 많은 노동력과 더 큰 영토를 획득하기 위하여 또 다른 전쟁을 시작했다. 이러한 과정이 반복되면서 국가가 형성되고, 문명이 발생했다.

문명의 형성은 청동기의 사용과 궤를 같이 한다. 정복 전쟁에서 이길 수 있는 중요한 방법 중의 하나는 적보다 더 강한 무기를 가지는 것이다. 인간이 돌보다 천연동에 눈을 돌리기 시작한 것은 우연일지 모른다. 아마도 처음에는 구리 역시 돌의 일종으로 생각하여 두드려 보고, 던져도 보아 연장으로 사용할 수 있는지를 시험해 보았을 것이다. 그러나 구리를 세게 치면 부서진다는 것을 안 이후 미련 없이 버렸을 것이다. 그렇게 버려진 구리 조각들이 우연히 화덕에 떨어질 수 있었고, 아니면 필요 없는 것이기 때문에 일부러 구워 보기도 했을 것이다. 열이 가해진 구리를 돌이나 망치로 다시 한 번 두들겨 보았을 때 의외로 잘 부서지지 않았다. 열이 가해진 구리가 돌보다 더 실용적임을 발견한 것이다. 여기에 우연히 주석이 합쳐지면서 단단한 청동이 만들어졌고, 본격적인 실용화 단계에 들어갔다. 바야흐로 청동기 시대가 도래한 것이다. 그러나 구리나 주석은 돌만큼 흔하지 않았기 때문에 청동기 문명은 특정 지역에서 발생했다.

문명은 영토를 방어・확대하고, 생존에 필요한 도구를 만드는 기술, 많은 인력을 조직적으로 동원하고 관리할 국가, 습득한 지식을 전달하고 보존하는 문자, 지배자와 피지배자가 존재하는 계급 사회라는 특징을 가지고 있다. 문명은 상호간의 경제적, 정치적 필요에 의해서 다른 문명과 교류한다. 그러나 도구와 지도력의 수준 차이로 인한 힘의 우열로 충돌하기도 한다. 오늘날 정치적 갈등과 경제적인 이해관계에 따라 문명들 간의 충돌에 관한 논란이 많다. 종교는 각 문명의 생활방식을 결정하는데 중요한 역할을 한다. 종교를 기준으로 다신교적인 지중해 문명권, 일신교로서 팔레스타인 지역을 중심으로 한 유대교 문명권, 유럽과 미국의 기독교 문명권, 중동지역의 이슬람교 문명권, 아시아의 불교와 힌두교 문명권 등으로 나누어 볼 수 있다.

3. 인도, 신들의 고향

강과 신

한 나라의 역사를 정확하게 이해하는 일은 쉬운 일이 아니다. 특히 인도를 이해하는 일은 아주 어렵다. 세계에서 가장 오래된 문명국가이면서도 1947년에 독립한 신생국가이기 때문이다. 그런 까닭에 인도에는 오래된 것과 새로운 것, 안정과 역동, 지혜와 무지, 금욕과 탐욕, 인내와 열정이 공존하는 나라이다. 이렇게 복잡한 인도를 이해하는 길은 다양한 눈을 갖는 것이다. 한쪽 눈으로만 인도를 보면 온통 검은 색이고, 다른 한눈으로만 보면 온통 흰색이다. 인도는 검은 색과 흰색, 그리고 검은 색과 흰색을 섞은 회색 등 다양한 색을 가진 나라이다. 이처럼 인도를 다양한 색으로 만든 주요인은 자연 환경이다.

페르시아 인들이 거대한 인더스 강을 바라보면서 '인디아'라고 불렀던 것처럼, 인더스 강은 인도와 마주보는 거울과 같다.

> 인도(印度)라는 말은 인도의 서북부 지역(지금의 파키스탄)을 흐르는 인더스 강에서 유래했다. 인더스 강의 처음 이름은 강 혹은 큰 강을 의미하는 신두후(Sindhu)였다. 신두후는 페르시아인들이 s(스)의 발음을 하지 못하는 탓에 힌두(hindu)로 발음한 것이 그리스에 전해져 히말라야 이남의 전 인도를 일컫게 되었다. 또한 이슬람교도의 침입 이후 힌두는 다시 힌두스탄(Hindusthan)으로 바뀌었고, 근대 유럽인들에 의해 '인디아(India)'로 사용했다. 중국에서는 인도를 '천축(天竺)', 현독(賢毒), 신독(身毒) 등으로 불렀다. 오늘날 우리가 사용하고 있는 '인도'라는 표기는 당나라 현장(630-644)이 13년간 인도를 다녀 온 후 쓴 『대당서역기(大唐西域記)』에서 처음 사용했다.

그래서 인더스 강을 이해하면 인도를 이해할 수 있는 열쇠를 갖는 것과 같다. 1947년 8월 중순 이후 파키스탄의 주요 동맥이 된 인더스 강은 북부의 여러 강들 중 가장 서쪽에 위치해 있다. 만년설이 자리 잡고 있는 산맥에서 발원하고 있는 약 3천 킬로미터의 인더스 강은 그리스 계 페르시아 인들이 '사자'로 불렀을 만큼 막대한 수량이다. 이 강은 고대인도 문명의 요람이었지만, 1947년 영국령 인도가 분리하자 인도와 이웃한 파키스탄은 인더스 계의 운하에 흐르는 물을 서로 많이 차지하려고 격렬하게 다투었다. 새로 설정된 국경 양쪽에 위치한 비옥한 토양은 인더스 강물을 공급받지 못할 경우 곧 건조한 황무지로 변하기 때문이었다.

페르시아 말로 '펀자브(Punjab)'를 의미하는 '오하(五河)'는 거대하게 펼친 거인의 손가락 모양을 띠고 있다. 거대한 다섯 강이 흐르는 이 땅을 지금도 파키스탄과 인도에서는 '펀자브'라 부른다. 그러나 1947년 이후 파키스탄에는 다섯 강 중 세 곳 만, 인도에는 두 곳만이 그곳의 토양을 기름지게 만들고 있다. 인도의 펀자브 주는 시크 교도들의 치열한 분쟁이 발생한 다음 해인 1966년에 시크교도 중심의 펀자브와 과반수의 힌두교도로 구성된 하리아나 주로 분리되었다. 그러나 인도의 펀자브 주는 오하 덕분에 1970년대에 인도의 스물다섯 주 가운데 가장 부유한 주로 부상했다. 이에 이곳 사람들은 한층 많은 자치를 요구하였지만 인도 정부는 수용하지 않고 있다.

갠지스 강은 인도에서 가장 신성한 강이다. '어머니'로 불리는 갠지스 강은 인도의 여신이다. 그래서 강북 쪽의 왼쪽 제방에는 힌두 사원들이 즐비하다. 갠지스 강은 히말라야 라시케쉬의 단단한 바위틈에서 얼음같이 차가운 물이 굽이치면서 수많은 브라만(Brahman; '인도의'라는 뜻) 순례자들의 목적지인 신성한 하드와르를 지나 아래로 흘러간다. 강폭이 넓어지고 독립 인도의 '일등 가문' 네루가(家)의 고향인 칸푸르와 알라하바드 쪽을 향해 침전물을 가라앉힐 만큼 물의 속도가 느려져 서서히 웅장한 모습을 드러낸다. 갠지스 강은 알라하바드 근처에서 자매 강인 야무나 강과 합류한다.

야무나 강은 거뭇한 잔물결에 타지마할의 상아탑 첨탑의 영상을 담고서 구델리의 레드포트와 아그라를 지나 완만하게 굽이쳐 흘러간다. 그리고 신성한 알라하바드에서 시작하는 자매 강인 사라스와티 강은 갠지스 강과 야무나 강과 합류하여 힌두 인도의 신성한 도시들 중에서도 가장 신성한 도시로 알려진 바라나시로 느긋하게 흘러간다.

바라나시는 헌신적인 힌두교도들이 자신을 죽음을 맞이하고 싶은 세계의 고도(古都)이다. 바라나시의 사원에는 하늘을 향해 손과 팔을 합장하는 듯 한 화려한 석탑들이 솟아 있다. 그 사원의 닳고 닳은 '계단(Ghats)'은 녹갈색 진흙투성이의 강 아래로 이어져 있다. 강물에는 화장한 힌두교 시신들이 뿌옇게 재로 덮여 있다. 이곳 강물에 '마법의 힘'이 있다고 믿기 때문이다. 내륙 도처에서 병을 앓고 있는 힌두 교도들은 먼 길을 마다 않고 북적거리는 이 계단까지 찾아와 온갖 질병에 효험이 있다는 강물 속에 자신을 몸을 담그기도 하고, 심지어 먹기도 한다.

인도의 강들은 다양한 언어와 사회 관습의 토양이었다. 인도인들은 기원전부터 한 종류 이상의 방언이나 인도-유럽 어족의 가지인 인도-아리아 계열의 대중언어를 사용해왔다. 이 가운데 고전어인 산스크리트 어가 있으며, 현대 인도의 모국어이자 가장 대중적인 언어로 중부 갠지스 평야를 중심으로 퍼진 힌두 어가 있다. 기원후부터는 고다바리 강 남쪽의 남부 인도에서 살았던 사람들은 드라바다 어족에서 변화되어 나온 네 종류의 언어를 사용했다. 이 언어는 인도-아리아 어족과는 사뭇 다르다. 남부 인도뿐 아니라 예전에 '실론(Ceylon; 실론티로 유명)'이라 불렀던 스리랑카에서도 사용하고 있다.

인도인들은 누구나 시대와 종교와 언어를 초월하여 자신들의 강을 사랑한다. 동이 트기 전 힌두 교도들은 근처의 강에서 목욕하며 기도한다. 그들은 종교적인 의식으로 청동 물병이나 도자기 그릇을 사용하여 몸을 씻으며, 즐겁게 뛰노는 돌고래나 코끼리처럼 코를 쥐고 머리끝까지 물속에 들어갔다 나왔다 하며 첨벙거린다. 종교적 축제가 열릴 때는 수천 만 명이 신성한 강이 있는 도시에 모여 고대의 리듬과 장단에 맞춰 춤추고 기도한다. 간혹 그곳에서는 점성학 상 건강과 장수에 가장 좋은 때로 알려진 시간에 정확하게 도착하기 위해 한꺼번에 밀려든 엄청난 인파로 압사 당하는 이들까지 발생한다. 인도의 강은 인도와 마찬가지로 인내력 있게 기다리고 묵묵히 지켜보며 어리석음과 지혜를 받아들인다. 그러한 인도의 강들은 풍족하고 순수하며, 더러우면서도 많은 자식들의 삶을 형성하고 있다.

> 갠지스 강에는 다음과 같은 서사시가 전해지고 있다. 먼 옛날 어머니 갠지스 강은 아들을 낳아서 잇따라 물에 빠뜨려 죽였다. 갠지스의 잔인한 행동에 몹시 괴로워하던 남편 산타누는 그녀에게 그런 짓을 그만 둘 것을 호소했다. 결국 갠지스는 남편의 말에 따라 마지막 아들은 살렸다. 하지만 그녀는 남편이 자신에게 그러한 행동을 강요한 벌로 아내의 완벽한 신성을 이해하지 못한 가련한 남편과 이별했다.

기후와 신

기후도 인도를 이해하는 중요한 고리이다. 특히 무더위는 인도의 자연 환경 중에서 가장 뚜렷한 현상이다. 인도의 무더위는 영국의 안개와 남부 캘리포니아의 흐릿한 햇빛과 스모그와 같다. 인도의 대부분 지역에서는 3월부터 11월 초순까지 찌는 듯 한 무더위가 계속된다. 그래서 인도인들은 태양신인 비슈누와 수리아, 불의 신인 아그너 등 여러 신을 숭배하고 있다.

고대 현자들의 요가(Yoga; '묶다', '결합하다', '제어하다'의 뜻)도 강렬한 무더위와 무관하지 않다. 요가는 생명을 위협하는 환경에서 체온을 서늘하게 유지하는 나름의 생존 방식이었던 것이다. 대표적인 요가의 신 시바[Shiva; 모든 존재의 창조자이자 파괴자. 데비(Devi)로도 부름]는 명상 도중 불꽃이 있는 제3의 눈에서 흐르는 열기를 레이저빔처럼 쏘아서 악마나 평화를 해치는 침입자들을 날려버린다. 인도의 무더위가 강물이나 풍부한 몬순 강우와 연결되는 곳에서는 풍성한 농산물 수확을 가져다주어 생활에 큰 도움을 준다.

인도의 우기인 몬순은 보통 6월 초순에 시작하여 9월말에 끝난다. 정확한 시기에 몬순이 찾아오면 해마다 6월 첫째 주에 비를 잔뜩 머금은 터번 모양의 거대한 구름들이 코끼리 코를 닮은 인도 반도의 서쪽 해안을 향해 몰려든다. 고대 인도의 브라만은 해마다 남서쪽으로 몰려드는 검은 구름을 유심히 관찰하여 그것들이 언제 해안에 도착하고, 언제 서고츠 산맥을 넘어 생명을 불어넣는 풍족한 비를 뿌리는 지 정확히 기록했다. 해마다 브라만은 몬순이 시작되기 2, 3일전에 소마 제단을 설계하고 서서히 건설했다. 이는 마치 그들의 주문과 희생 공물이 비를 불러들인 것처럼 꾸미기 위해서였다. 이에 농부들도 나름대로 시기에 맞게 밭을 갈고 씨를 뿌릴 수 있었다. 오늘날까지 인도의 경제를 좌우하는 것은 농업이다. 사람들은 몬순을 '비의 도박'이라 부른다. 왜냐하면 몬순은 일년 중 기껏해야 1/3 동안만 지속되기 때문이다. 그래서 인도에서는 다음 차례의 몬순이 시작될 때까지 신선한 물을 보유하기 위해 수많은 강과 인도 전역의 관개 운하뿐 아니라 저수지를 동원한다.

산과 신

남아시아에 거대한 장막처럼 걸쳐 있는 산맥들은 시베리아의 얼음같이 찬 강풍과 중앙아시아의 거친 황사로부터 인도를 방패처럼 막아주는 구실을 한다. 북부 인도에 위치한 히말라야는 돌과 얼음으로 뒤덮여 있다. 이 산맥은 해발 8,000미터가 넘는 고봉만 50개이다. 이러한 산에 신들이 살지 않을 수 없다.

먼 옛날 자만심에 가득 차 있던 빈디아는 신들이 모여 사는 카일라사의 신전에 비추던 태양 빛을 막았다. 빈디아의 이러한 행동에 몹시 화가 난 많은 신들은 사태를 해결하기 위해 브라만 현자인 아가스티아를 사자로 파견했다. 아가스티아의 제자였던 빈디아는 스승이 다가오자 교육을 잘 받은 힌두교 학생처럼 고개 숙여 인사했다. 이 때 아가스티아가 "빈디아야, 내가 돌아올 때까지 그렇게 움직이지 말고 있거라!"라고 명령했다. 그러나 늙은 브라만은 남쪽 땅에 깊숙이 파묻혀 지내면서 북쪽에 있는 그의 집에 되돌아오지 않았다.

이 신화에는 경솔한 빈디아를 속여 그로 하여금 신들에게 존경하는 태도를 보이게 했다는 교훈이 담겨있다. 여기서 아가스티아는 인도 남부의 원주민을 식민지화하기 위해 중부 산맥지대를 넘어 온 최초의 아리아인들을 묘사한 것으로 볼 수 있다. 인도 아리아 인들은 그리스-로마인들이 '올림포스' 산에 그러했듯이, 자신들의 신을 가장 높은 '카일라사' 산 위에 올려놓음으로써 히말라야 산맥을 특별히 경건한 장소로 만들었다.

만약 히말라야 산맥이 존재하지 않았다면 북부 인도에는 지금과 같은 비옥한 평야지대는 생기지 않았을 것이다. 인더스 강 계곡과 펀자브 지역을 가득 채우고 광활한 갠지스 평야 지대의 비옥한 표층 아래 깊숙이 퍼져 있는 기름진 퇴적물이 모두 히말라야의 눈이 녹아 흘러내린 빠른 물살로 암석이 모래로 변한 히말라야의 선물이기 때문이다.

'아버지 히말라야'의 은빛 장벽에서는 막대한 양의 금을 포함한 각종 광물들이 풍부하게 생산된다. 이에 대해 헤로도토스(Herodotos)나 다른 서구의 학자들이 기록을 남겼다. 특히 고대 그리스 출신이자 역사가의 아버지로 불리는 헤로도토스는 '황금을 파는 개미'에 대한 기록을 남겼다. 이곳의 개미들은 먼지만한 황금을 주머니에 가득 채웠는데, 개미들의 동작이 어찌나 빠른지 최근에 새끼를 낳은 암 낙타처럼 재빠르게 움직이지 않으면 도무지 그 녀석을 잡을 수 없었다고 적고 있다.

인더스 문명

지금부터 4천여 년 전 현재 파키스탄 땅에 대부분 속해 있는 인더스 강 유역에는 고도로 발달한 도시상업 문명을 누렸던 사람들이 살고 있었다. 인더스 강 계곡 근처의 발굴 작업으로 50여 곳의 유적지가 발견되었다. 그 중 가장 중요한 유적지는 모헨조다로(Mohenjo daro)와 하라파(Harappa)였다. 이 문명은 최소한 기원전 2300년에서 기원전 1700년 사이에 존재했다. 특이 그곳의 바둑판 형태의 정연한 도시구조와 고도로 발달한 하수·배수시설 및 높낮이가 다른 2단의 바닥으로 설계된 목욕탕은 인더스 문명의 건설자와 지배자들이 매우 높은 생활수준을 누렸다는 것을 입증해주고 있다.

그곳에서는 독창적인 기술과 창조성이 잘 구현되어 있는 '춤추는 소녀' 모습의 아름다운 청동 주형과 정교한 문장(紋章)이 발견되었다. 문장에 새겨진 그림문자는 아직 해독되지 않았지만, 신과 동물들은 현대 인도의 가정집에서도 흔히 발견할 수 있다. 특히 요가의 자세로 앉아 있는 초상은 '백수(百獸)의 주인'인 시바 신을 묘사하고 있는 듯하다. 그들은 또한 시바와 같은 풍요의 신을 상징하는 남근상과 어머니 여신을 숭배하기도 했다. 특히 의례에서 중요한 역할을 하는 물에 대한 존경심을 지니고 있었다. 힌두교도들은 신의 성상에 다가가기 전에 정화 의미를 지닌 의식적 목욕을 매우 중시한다. 모헨조다로에서 발견된 '대형 목욕탕'은 이러한 힌두교 사원의 사각형 수조와 유사한 용도로 사용했다.

당시 사람들은 보리수 같은 특정 식물도 신성하게 여겼다. 보리수는 그 이후 역사 전반에 걸쳐 신성한 나무로 계속 남았으며, 특히 석가는 그 그늘에서 깨달음을 얻었다. 인더스 문명에서는 태양의 상징도 발견되었다. 그러나 모헨조다르의 사회체제에 대해서는 알려진 게 거의 없다. 단지 그 도시가 일반 주민들의 거주지로 보이는 작은 집들과 성채에 딸린 대형 목욕탕 및 사원식 대형 구조 등은 위계질서가 있는 계급제도나 후에 나타난 인도의 복잡한 카스트 제도와 비슷한 제도가 있었을 것으로 보고 있다.

고도로 발달된 인더스 문명에서 나온 청동과 석기로 만든 도구와 유적은 후대에 등장한 인도의 사회·종교·조직체계의 밑거름이 되었다. 특히 문장은 수메리아 발굴지에서 여러 점 나옴으로써 인더스 문명이 마크란 해안을 따라 메소포타미아 지방과 교류한 사실이 밝혀졌다. 당시 인더스 문명인들의 주요 수출품엔 면직물이 포함되어 있었으며, 그 조각들이 모헨조다로에서도 발견되었다. 인도의 면직물은 오늘날에도 아프리카와 남동 아시아 전역을 비롯하여 로마·파리·런던·뉴욕 및 비러리 힐의 고급 양장

점에서 팔리고 있다.

인더스 문명의 설계자들은 그들이 1천년 정도 번영을 누리기 위해서는 무엇보다 물을 관리하는 게 중요하다는 것을 알고 있었다. 그래서 그들은 도시를 여러 차례 개축하였으나, 그 마지막 순간에 대해서는 잘 알 수 없다. 단지 인더스 문명의 몰락은 방랑하는 유목민인 아리아 인들이 인도 서쪽 경계선을 넘어오기 시작한 기원전 1600년에서 기원전 1500년 사이였을 것으로 추측하고 있다.

아리아인 정복과 통합의 시작

인도-유럽어족의 가장 동쪽에 위치한 인도-아리아인들이 눈 덮인 힌두쿠시 산맥을 넘어 파키스탄과 아프가니스탄 사이 북단에 위치한 카이베르 고개(Khyber Pass)와 볼란 고개를 넘어 인더스 강에 도착한 시기는 기원전 1500년경이었다. 초기 아리아인에 대한 기록은 모두 성직자이자 시인인 브라만들에 의해 구전되었다. 그들의 후계자들은 산스크리트어로 이루어진 신성한 송가를 수천 개나 암기했다. 이것은 뒷날 베다라고 불리는 '지식의 책'에 기록되었으며, 그 중 가장 중요한 것은 『리그베다(Rig Veda)』이다. 아리아인은 건장하고 삶에 대해 긍정적이었으며, 술과 도박과 싸움을 좋아했다. 이런 특징은 그들이 갠지스 강의 후예라기보다는 그들의 사촌 격인 그리스인에 가깝다는 것을 보여준다. 아리아인들이 처음 인도에 도착했을 때 그들은 유목민이었다. 따라서 그들이 살았던 마을이나 주거지의 흔적은 전혀 남아 있지 않다.

그러나 아리아인들은 자신들이 노예로 삼은 선주민으로부터 도시 문명을 습득하여 델리 근처의 평원지대에 마침내 아리아인 도시를 세웠으며, 인드라신(Indraprastha)의 이름을 빌려 수도로 삼았다.

아리아인은 인도에 소와 말을 끌고 왔다. 전쟁이 일어나면 아리아인 왕은 활과 도끼를 사용하며 말이 끄는 전차를 타고 적을 무찔렀다. 그들은 전투에 임하기 전 신성한 술 소마(Soma, 聖酒)를 마시고 용기를 얻었다. 실제 베다를 믿는 아리아인에게 가장 중요한 의식은 해마다 소마의 제단을 만드는 일이었다. 제단의 불은 몬순이 도착하기 바로 직전에 지폈다. 여기서 소마는 비를 오게 하는 데 반드시 필요했다. 의식은 불의 신 아그니가 자신의 뜨거운 입술로 신성한 공물의 맛을 보고 나서 하늘로 올라가 여러 태양신들에게 술을 돌리면 마지막으로 사법의 신 바루나가 판정을 내리는 내용이었다.

기원전 1000년 경 현재 파트나 근처의 갠지스 강 가까이에 있는 바라바르 언덕에서 대량의 철이 발견되었다. 이때 발견된 철은 도끼와 쟁기뿐 아니라 무기로 사용되었다. 이제 철제 도구와 무기를 갖춘 아리아인은 인도 동쪽으로 세력을 확장하여 당시까지 난공불락이었던 갠지스 강의 살(Sal) 밀림까지 정복할 수 있었다. 아울러 초원의 유목 생활이 철제 쟁기를 사용하는 농업 생활로 전환되면서 부족의 촌락들은 왕국의 영토로 통합되기 시작했다. 『일리아드』와 『오디세이』를 합친 것보다 몇 배 분량에 해당하는 서사시 『마하바라타(Mahabharata, 위대한 바라타)』에는 아리아인과 선주민 문화의 초기 통합과정을 묘사하고 있다.

대략 기원전 1000년부터 기원전 700년까지 이 시기 아리아인 서사시에는 전사 신분을 높이 평가하고 있다. 당시 브라만들은 스스로 의기양양했다. 이들은 이 시기가 끝날 무렵 '지상의 신들'과 같은 대접을 받으며 번영을 누렸다. 심지어 공중부양(空中浮揚) 능력으로 발에 먼지를 묻히는 일도 없다고 알려졌을 정도이다. 또한 소가 화폐로 사용되었기 때문인지 소를 숭배하기 시작하였으며, 브라만들은 만트라(mantra, 주문)를 외기 시작했다. 예컨대 주문 가운데 '옴(Om)은 우주를 상징하는 신성한 소리이다. '소리' 그 자체가 창조신 브라마(Brahman)처럼 신격화되었으며, 브라만이라 불리는 새롭고 특별한 비인격체 절대자가 되었다.

갠지스 강 근처에서 행해진 소마 희생제는 시기를 놓치지 않고 찾아오는 몬순 강우를 감안할 때 그 횟수가 지나치게 많았다. 그러자 왕과 평민들은 모두 브라만 의식에 필요한 과도한 비용과 허례허식에 대해 차츰 의심의 눈길을 돌리기 시작했다. 무얼 위해 전쟁에서 단 한번도 패한 적 없는 왕이 브라만들에게 소를 몽땅 바쳐야한단 말인가? 아직 죽지도 않은 상인들이 왜 그처럼 과도한 비용을 감당해야만 하는가? 몇 몇 크샤트리아 왕자들은 이처럼 여러 근본적인 질문을 던지며 희생제와 비용이 많이 들고 지나치게 까다로운 브라만 제도와는 다른 구원의 길을 자신의 내부에서 찾기 시작했다.

그 동안 고요한 요가의 명상에서 우러나온 선주민들의 지혜가 아리아인 정복자들에게 깨달음과 구원에 이르는 새롭고 신비로운 가능성을 열어 주었다. 아리아인과 선주민 간에 최초로 교류가 시작된 지 7세기쯤 지난 기원전 800년 경, 두 체제가 만들어낸 최상의 통합이 『베단타(Vedanta, 베다의 끝)』라는 경전으로 결실을 맺었던 것이다. 베다의 지적 발전의 마지막에 해당하는 이 교본은 주로 크샤트리아에 의해 동부 우타르프라데시와 비하르 근처의 숲 속에서 편찬되었다. 이 경전은 또한 산스크리트어로 '~앞에 앉기'를 의미하는 '우파니샤드(Upanishad)'이다. 『우파니샤드』에 등장하는 수준 높은 대화는 뒤이어 나타나기 시작한 힌두교 통합의 원리인 새로운 개념을 이끌었다. 특히 '업(Karma, 業)'과 '윤회(Samsara, 輪回')' 그리고 환상(Maya, 幻想)과 같은 고대 선주민들의 사상이 "베단타"의 조명아래 다시 모습을 드러냈다. 사실 관념적인 우파니샤드 사상은 아리아인의 확고한 긍정주의와 자연숭배 사상과 상당히 동떨어졌기 때문이다. 이제 아리아인들의 궁극적인 목적은 물질세계의 슬픔과 고통의 베일과 피할 수 없는 윤회의 사슬에서 '정신(Atman)'을 '해탈(moksha)'시키는 것이었다.

수세기가 지난 후 전 세계 사람들이 붓다로 숭배하는 고마타 싯다르타(Siddhartha Gautama, 기원전 563-483)라는 이름의 한층 급진적인 크샤트리아 왕자가 등장하여 브라만의 베다 전통을 전면 부정하는 독특한 구원의 가르침을 펴기 시작했다. 붓다는 네팔의 산자락에 위치한 왕국의 왕자로 태어나서, 20대 후반에 편안한 생활을 버리고 수 년 동안 비하르 지방의 숲 속을 방랑하다가 보리수 아래서 심원한 명상 끝에 '깨달음(Buddhahood)'을 얻었다. 깨달음을 얻고 난 후 그는 남은 50여 년의 생애를 네 가지 '거룩한 진리'를 전파하는 데 헌신하였으며, 교단을 설립하여 아주 많은 개종자와 사제를 이끌었다. 붓다의 후원자는 갠지스 강 중부에 위치한 최강국인 마가다국의 왕이었다. 당시 그곳의 왕은 붓다에게 세금도 받지 않고 많은 산을 제공했다. 불교 수도승들은 그곳에다 금욕 생활을 위한 '비하라(Vihara)'라는 자그마한 석조방(石造房)을 만들었다.

이곳의 왕 뿐 아니라 상인들조차 붓다를 반긴 것은 갈수록 탐욕스럽고 더러운 브라만에 비해 붓다의 비폭력 설교가 그들의 구미에 딱 맞아떨어졌기 때문이다. 붓다는 단지 출생만으로 얻어지는 신성불가침적인 권한에 자부심을 느끼는 브라만의 사고방식에 반박하며, "브라만답게 행동하는 사람만이 브라만으로 존경받을 가치가 있다"고 말했다. 그 후 여러 세기가 지나자 브라만 제도는 다시 한 번 붓다를 비슈누의 화신으로 무한히 확장될 수 있는 힌두교의 우산에 포함시킴으로써 탁월한 적응력을 보였다.

고대 제국의 통일과 그 한계

북부 인도는 알렉산더 대왕과 그의 마케도니아 병사들이 기원전 326년 인더스 강을 넘어올 때까지 여러 왕국으로 나누어 있었다. 수 년 후 알렉산더는 고향 땅으로 되돌아가는 도중 죽음을 맞이했지만, 북부 인도가 제국의 형태로 통일된 것은 상당 부분 그의 염원이 영향을 주었기 때문이다. 즉, 세계 통일이라는 알렉산더의 원대한 꿈이 찬드라굽타에게 그대로 계승되었기 때문이다.

기원전 324년 찬트라 굽타 마우리아(Chandragupta Maurya, 기원전 320-293)는 갠지스 강과 인더스 강 일대를 통일한 최초의 왕조를 세웠다. 찬트라 굽타는 대략 20년쯤 권좌에 있었으며, 그의 마우리아 후계자들은 그 이후 120년을 더 인도 대부분 지역을 통치했다. 찬드라굽타의 손자인 아소카(Ashoka, 기원전 269-232)는 가장 지혜로운 마우리아 황제이자 당대의 뛰어난 군주였으며, 세계 역사상 위대한 군주 중 한 사람이었다. 이러한 사실은 아쇼카 왕이 백성들에게 제국의 정책을 알리기 위해 영토 곳곳에 세운 석주(石柱)에 새긴 문장을 통해 알 수 있다. 기원전 250년 경 아소카 왕은 파탈리푸트라에서 제3차 불전결집을 개최하여 불교의 보편적 사랑의 메시지가 인도 국경을 넘어 미얀마와 스리랑카를 비롯한 남아시아 전역으로 확산시켰다.

마우리아 제국은 아소카 왕의 사후에도 수 십 년 동안 지속되었다. 그러나 서부 변경의 식민지에서 반란이 잇따라 일어나면서 혼란은 곧 펀자브 지역을 넘어 북서부로 널리 퍼졌다. 아쇼카 왕의 아들이나 손자들 가운데 어느 누구도 탁월한 능력을 갖춘 자가 없었다. 게다가 불교 국가가 되었다는 사실에 불만을 품은 브라만들이 베다 제단을 신성화한다는 명분으로 반란을 주도하자, 기원전 184년 마우리아 제국은 결국 멸망하고 말았다. 마우리아 제국의 멸망으로 인도는 그 이후 500년 동안 정치적 분열 시기를 겪어야만 했다.

알렉산드리아 변경 지방에서 살던 그리스 계 박트리아 인 후예들은 카이베르 고개를 넘어 인더스 강 유역을 차지한 최초의 침략자였다. 그 뒤를 따라 서쪽에서 페르시아 인이, 북쪽에서는 스키타이 인이 인도를 침략했다. 한편 중국에는 기원전 1세기 경 중앙아시아 비단길의 일부인 '다이아몬드 길'을 따라 불교가 전해졌다. 동아시아와 페르시아를 연결했던 인도 북서부의 간다라 지방에서는 상업과 문화의 교류가 매우 활발했다. 불교는 세상의 지붕에 위치한 고갯길을 넘어 동쪽으로 전파됨으로써 여러 종파와 무수히 많은 신들을 갖춘 종교로 발전했다. 특히 신들 중에는 구세주 예수와 여러 가지로 닮은 자비로운 '보살(Bodhisttva, 보리살타)'도 포함되어 있다.

힌두교의 통합은 북부 인도에서 두 번째로 거대한 통일 제국을 이룩한 굽타왕조(기원 후 320-550)의 황금시대와 함께 시작되었다. 당시 찬드라굽타 1세의 세력은 인도 북서부 변경지대의 관문에서 뱅골 만까지 미쳤으며, 제국의 수도는 파탈리푸트라였다. 굽타제국의 절정기는 찬드라굽타 2세가 재위했던 기원 후 375-415년까지였다. 이처럼 굽타 왕조가 거둔 성공의 비결은 유연한 통치와 최소한의 개입에 있었다.

이슬람의 인도 정복

이슬람교는 한 세기 전 아라비아 모래땅에서 예언자 마호메트에 의해 창시되었으며, 이슬람 세력이 이베리아 반도에 도달한 그 해에 인도 해안까지 밀려왔다. 이슬람 군대는 그 후 약 1천년에 걸쳐 지속적으로 인도 땅을 침략했다. 그 중 후반부 5백년은 이슬람 군주들이 직접 인도 대부분의 지역을 통치했다. 이슬람

시대의 진정한 새벽은 '이슬람의 검'이라 불리던 가즈니(Ghazni) 왕조의 마무드가 아프가니스탄 군대를 이끌고 997년 카이베르 고개를 넘어 최초로 인도를 공격하면서 시작되었다. 그들은 그 후 인도를 25년에 걸쳐 해마다 유린했다. 마무드의 약탈 대상은 주로 인도인과 그들의 사원이었다.

1206년 이후 페르시아와 아프가니스탄과 터키의 후예로 이루어진 이슬람 술탄들은 350여 년 동안 붉은 델리 평야를 자신들의 터전으로 삼았다. 그곳 델리에서는 연속해서 다섯 왕조가 일어났다 사라졌다하면서 35명이 넘는 술탄들이 권좌에 올랐다. 그들은 이전과는 달리 힌두교도 백성들에게 유화책을 펼쳤다. 즉 힌두교도에게도 기독교와 유대교도처럼 무슬림에게 특별한 인두세를 낼 경우 자신의 믿음을 그대로 유지할 수 있도록 했던 것이다. 세월이 지나면서 문화적 융화와 통합 과정이 언어와 예술, 그리고 유전적인 부문에서 차츰 진행되었다. 그 결과 힌두교도와 무슬림 간의 교리차이가 조금씩 사라졌다. 19세기 후반에 이르러 인도 전체 인구의 4분의 1이 무슬림이 되었으며, 이들 중 대다수가 힌두교에서 개종한 이들의 후손들이었다.

인도를 향한 이슬람교의 마지막 물결은 중앙아시아에서 밀려들어왔다. 이를 이끈 이는 칭기즈칸과 바부르라는 이름의 타메를란의 직계 후손으로, 위대한 무굴제국의 창건자였다. 1526년부터 1530년까지 바부르는 자신의 멈추지 않는 행진에 도전장을 내민 모든 술탄국들과 힌두교 라자푸트 군대와의 싸움에서 승승장구했다. 탁월한 전사이자 통치가였던 바부르는 델리와 아그라를 제국의 두 수도로 정하고 나서, 향후 200여 년 동안 자신의 후계자인 위대한 무굴 인들이 인도를 다스릴 수 있도록 그 초석을 닦았다. 무굴 제국은 인도 역사상 가장 강력한 왕조였으며, 비록 그 마지막 한 세기 동안 영국이나 마라타 혹은 아프가니스탄 세력의 꼭두각시로서 인도를 통치했지만, 명목상 1858년까지 델리의 권좌를 이어갔다.

무굴제국의 가장 위대한 군주는 세 번째 황제인 아크바르였다. 반세기에 걸친 그의 통치기간(1556-1605)은 무굴 제국의 최고 전성기였다. 아크바르는 힌두교도들에게 종교적 관용과 화해 정책을 실시한 최초의 이슬람 군주였다. 그는 국민적 화합을 위한 시도로 라지푸트 족과 혼인 동맹을 맺었다. 그러자 일부 정통파 무슬림들은 아크바르를 이슬람에 대한 배반자로 간주하여 그와 맞서는 '성전'을 벌였다. 그러나 황제의 코끼리 부대는 그러한 역도들을 별 어려움 없이 제압했다.

무굴제국의 황금기인 17세기에는 페르시아의 시와 예술이 무굴의 궁전과 도시 문화에 화려하고 세련된 아름다움을 더해주었다. 이즈음 바부르 시대의 조악한 터키 어를 대신하여 페르시아어가 무굴 제국의 공용어가 되었으며, 1835년 영국이 금할 때까지 계속 사용되었다. 인도의 군주들은 대체로 이웃한 페르시아 군주처럼 미와 사치, 관능과 겉치레를 좋아했으며 권력욕도 강했다. 물론 무굴의 제왕들도 예외가 아니었다. 그런데 무굴 제국의 치명적인 결함은 이러한 터무니없는 낭비벽이 아니라 편협한 이슬람 정통주의로의 복귀였다. 1707년 아우랑제브 제왕의 사망이후 무굴제국의 세력은 서서히 쇠퇴하기 시작했다. 궁정 불화와 중심 세력들 간의 당파싸움이 끊이지 않자 지방자치가 성장하면서 델리-아그라 세력보다 왕성하게 활동하는 여러 지방 세력들이 등장하기 시작했다.

무굴 제국의 세력이 차츰 쇠퇴할 무렵, 새롭고 강력한 세력들이 인도의 해안가에서 나타났다. 그들은 서방에서 해로를 통해 인도를 찾아왔지만, 초기에는 묵묵히 무역에만 종사했기 때문에 눈에 띄지 않았다. 18세 초 그들은 자기들끼리 싸우느라 정신이 없었던 터라, 인도 제왕의 당당한 세력에는 말할 것도 없고 인도 지방 통치자들의 사소한 도전에도 맞설 의사가 없었던 것이다. 더욱이 인도라는 잠든 코끼리의 남반도 코언저리에 점점이 박혀 있는 영국과 프랑스의 조그마한 도시들은 두 나라의 수도에서 멀리 떨어져 있었다.

4. 중국, 세계의 중심인가?

물로 읽는 중국사

중국사를 읽는 중심어 중 가장 먼저 언급해야 할 것은 물이다. 물을 알면 중국사의 핵심을 알 수 있다. 물론 고대문명이 대부분 물과 관련해서 만들어진 것이기에 반드시 물을 이해하는 일이 중국사를 이해하는 지름길은 아니다. 그러나 중국사에서 물을 유독 강조하는 것은 물을 이해하지 않고서는 중국역사의 주요한 부분을 이해하기 어렵기 때문이다.

중국의 역사를 만든 물은 황하(黃河)와 양자강(揚子江)에 모인다. 그러나 어떤 물이든 중국의 모든 물은 동쪽으로 흐른다. 약 6천 킬로미터에 달하는 황하와 양자강은 중국사를 일군 거대한 물줄기이다. 황하는 북쪽의 역사를 만들었고, 양자강은 남쪽의 역사를 만들었다. 두 물줄기 모두 동쪽으로, 그리고 길이도 비슷하지만, 사람들은 고대의 역사가 황하를 중심으로 이루어진 것으로 생각한다. 중국의 역사가 황하중심으로 전개되었다는 점을 상기하면 사람들의 인식이 맞는지 모른다. 그러나 중국의 역사가 황하를 중심으로 전개되었다는 사실이 양자강 지역의 역사가 존재하지 않았다는 사실을 의미하지는 않는다. 그곳에서도 엄연히 고대부터 사람들이 살고 있었지만, 황하 유역에 살고 있는 사람보다 주목받을 만한 역사를 만들지 못했을 뿐이다. 두 지역의 역사는 누른 황하와 푸른 양자강의 물 색깔만큼이나 서로 다르다. 중국의 역사가 두 물줄기를 통해 만들어졌듯이, 중국인들의 색깔도 두 물줄기의 영향으로 만들어졌다. 그러나 두 물줄기는 그냥 만들어지는 것이 아니다. 다양한 샛강 없이는 그 엄청난 황하와 양자강은 물론 중국의 역사도 존재할 수 없다.

중국인들은 살아남기 위해 일찍부터 물에 지대한 관심을 가지고 있었다. 물에 관한 정보야말로 생존에 필요한 가장 확실한 방법이었을지도 모른다. 『수경(水經)』은 중국인이 일찍부터 물에 대해 얼마나 많은 관심을 가졌는지를 확인할 수 있는 자료이다. 중국의 신화 중 많은 양을 차지하는 홍수관련 신화도 물이 중국인들에게 얼마나 많은 영향을 주었는지를 알려주는 증거이다.

『수경』은 한나라 상흠(桑欽)이 편찬한 중국 하천의 계통 유역을 정리한 책이다. 『수경』에는 하수(河水)에서 근강수(斤江水)까지, 122개의 하천을 소개하고 있다. 북위(北魏)의 역도원은 이 책에 자신의 광범위한 여행경험과 문헌으로 주(注)를 붙여 『수경주(水經注)』를 편찬했다. 이 책은 하천의 연혁, 도읍, 경승, 전설 등을 아울러 담고 있어 중국 고대역사를 이해하는 데 중요한 자료이다.

수학과 전제군주

물은 중국사를 읽는 또 다른 중심어인 수학과 전제군주를 낳았다. 황하를 중심으로 한 중국의 역사는 홍수와 가뭄의 끊임없는 반복으로 이루어졌다. 황하를 어떻게 다스리느냐의 여부는 왕조의 흥망성쇠를 결정했다. 중국의 역사는 황하를 다스리면서 일군 처절한 싸움의 결과이다. 그러나 황하를 다스리는 일은 결코 쉽지 않다. 특히 홍수는 인간이 수천 년 혹은 수백 년 동안 쌓아 놓은 업적을 순식간에 앗아갈 만큼 위협적이다. 중국인들은 둑을 튼튼히 쌓아야 생존할 수 있는 조건에서 둑 쌓는 방법을 터득해야만 했다. 수학은 그런 과정에서 탄생했다. 물론 『구장산술(九章算術)』을 대표로 하는 중국인이 만든 수학은 실용 수학이었지만, 중국은 근대 수학이 등장하기까지 그 어떤 나라보다 수학 선진국이었다.

중국의 고대 수학서인 『구장산술』은 기원전 100년-200년 사이 한나라 수학자들이 진(秦)나라 이전부터 전해온 수학 지식을 정리·보충한 것이다. 이 책의 내용은 방전(方田, 38문제)·속미(粟米, 46문제)·쇠분(衰分, 20문제)·소광(少廣, 24문제)·상공(商功, 28문제)·균수(均輸, 28문제)·영부족(盈不足, 20문제)·방정(方程, 18문제)·구고(句股, 24문제) 등 9장 246문제로 구성되어 있다. 중국 최고(最古)의 천문학에 관한 수학서인 『주비산경(周髀算經)』 다음으로 오래된 수학서이다.

관료제와 중국

물은 결코 혼자서 다스릴 수 있을 만큼 호락호락하지 않다. 엄청난 힘을 가진 물을 다스리기 위해서는 많은 인력과 재정이 필요하다. 그러나 인력과 재정을 효과적으로 관리하기 위해서는 그것을 움직일 수 있는 조직이 있어야 한다. 특히 그 조직은 생존의 문제를 확실하게 보장할 수 있어야 한다. 중국이 세계에서 가장 이른 시기에 막강한 군주가 탄생했을 뿐 아니라 20세기까지 전제군주제를 유지할 수 있었던 것도 중국의 자연환경과 무관하지 않다. 그러나 군주 혼자서 그렇게 막강한 힘을 발휘할 수 없는 일이다. 군주의 힘을 실천할 수 있는 또 다른 조직이 필요하다. 관료는 전제군주를 보장할 수 있었던 중요한 조직이었다. 중국은 세계사에서 유례를 찾아볼 수 없을 만큼 완벽에 가까운 관료제를 운영했다.

중국과 한국, 그리고 동아시아 몇 개국을 제외하고는 이 세상에 거의 존재하지 않았던 과거제도도 중국사를 읽는 중심어이다. 과거제도는 중국과 한국, 그리고 일본 등 동아시아 국가의 역사를 이해하는 데도 빠뜨릴 수 없는 중심어이다. 중국과 한국에서는 과거제도가 운영된 반면 일본에서는 과거제도가 없었기 때문이고, 과거제도가 운영되었던 중국과 한국은 자발적인 근대화에 실패한 반면 과거제도가 없었던 일본은 아시아에서 처음으로 자발적인 근대화에 성공했기 때문이다.

농경과 유목

농경과 유목도 중국사를 이해하는 중심어이다. 농경을 정(靜)으로 표현할 수 있다면, 유목은 동(動)으로 표현할 수 있다. 중국 역사는 정과 동의 끊임없는 만남으로 일군 것이다. 농경과 유목은 때론 대립하고 때론 협력하면서 만남을 유지했다. 은나라에서 청나라까지 농경사회를 이끌었던 한족이 지배한 시기와 유목사회를 이끌었던 유목민이 지배했던 시기를 비교하면 어느 쪽이 우세할까? 왕조별로 분석하면 한족이 세운 왕조는 은, 주, 춘추전국의 각 국, 진, 한, 남북조의 남조, 송, 명 등을 꼽을 수 있고, 유목민이 세운 왕조는 5호 16국, 남북조의 북조, 수, 당, 요, 금, 원, 청 등을 꼽을 수 있다. 수나라와 당나라를 유목민에 넣은 것은 논란의 여지를 가지고 있지만 좀 더 엄격히 말하면 한족과 유목의 혼혈이라 불러야 한다. 다스린 시기를 분석하면, 한족이 주도권을 쥔 시기는 대략 1560년, 유목민족이 주도권을 쥔 시기는 1320년 정도이다. 이처럼 두 민족이 장악한 왕조와 시기는 거의 비슷하다.

통일과 분열

통일과 분열도 중국사를 읽는 중요한 중심어이다. 인류의 역사는 중국만이 아니라 대부분 통일과 분열의 과정이다. 서로 다른 생각과 조직을 가진 사람들끼리 살다보면 스스로 분열을 낳기도 하고, 외부의 침략으로 분열하기도 한다. 그러나 분열은 파괴를 낳지만 살아남기 위한 처절한 투쟁 정신으로 새로운 것을 창조한다. 통일이 마냥 좋은 것도 아니고, 분열이 언제나 나쁜 것도 아니다. 중국의 역사를 통일과 분열의 잣대로 들여다보면 통일 시기가 분열보다는 길었지만 분열 시기도 짧지 않았다. 중국의 분열시기는 춘추·전국을 제외하면 대부분 유목 민족의 등장과 맞물려 있다. 게다가 분열 시기를 통일한 통일 제국은 분열의 후유증을 치유하는 과정에서 단명했다는 사실도 알 수 있다. 중국의 역사에서 분열 기간이 길면 그만큼 통일을 유지하기가 어렵다는 교훈을 남북 분단에 살고 있는 사람들이 눈여겨봐야 할 대목이다.

물과 수학과 전제군주와 관료와 과거제로 이어지는 일련의 중심어, 그리고 농경과 유목과 통일과 분열의 중심어는 각각 따로 존재하는 것이 아니라 상호관계 속에서 움직인다. 크게 보면 한 묶음이다. 이 7가지 중심어는 사실 중국 역사의 핵심을 모두 담고 있다고 해도 과언이 아니다. 그 외 중국사의 내용은 중심어를 설명하는 부속물이다. 그래서 역사를 중심어로 읽는 방법은 마치 줄기를 당기면 알맹이가 주렁주렁 달려있는 감자처럼, 흐트러진 그물을 잡아당기는 벼리(綱)처럼 역사를 이해하는 주요 방식이다.

건축으로 읽는 중국사

중국사를 읽는 데 간과하기 쉽지만 아주 중요한 중심어는 건축이다. 앞에서 언급한 중심어와 함께 다루지 않고 따로 설명하는 것은 건축을 역사의 중요한 한 장르로 보아야 한다는 점을 특별히 강조하고 싶기 때문이다. 한국에서 나온 중국사 관련 개설서는 물론 전공 서적에서 건축을 독립 항목으로 다룬 경우는 없다. 대표적인 개설서 색인에는 '건축'이라는 단어조차 발견할 수 없다. 왜냐하면 중국사에서 건축을 역사로 취급하지 않기 때문이다. 과연 건축은 역사가 아닌가?

건축이 역사인가의 문제는 역사가 무엇인가의 물음만큼이나 어렵지만 간단하다. 역사학은 인간 삶의 흔적을 여러 가지 방법으로 들춰내는 작업이다. 그래서 역사는 기초 학문이자 종합 학문이다. 그런데 근대 역사학에서는 랑케의 실증주의에 입각해서 정치와 개인과 연대를 중심으로 역사를 엮어왔다. 반면 사회와 집단과 구조에 대해서는 외면하고 다른 분야에 이양했다. 건축도 마찬가지다. 건축은 인간이 어떤 공간에서 살았는지를 구체적으로 파악하는 데 아주 중요한 부분이다.

중국건축, 그 중에서도 주택을 이해하기 위해서는 우선 건축이 기본적으로 사람이 살기 위한 공간이라는 점을 상기할 필요가 있다. 중국의 주택이 어떤 형태인지를 이해하는 중요한 접근 방식 중 하나는 중국의 자연환경을 떠올리는 일이다. 주택의 형태는 곧 자연환경의 산물이기 때문이다. 자연환경에 따라 주택의 형태가 바뀐다는 얘기를 이해한 사람은 금방 추운 곳과 따뜻한 곳에 따라 주택의 형태가 달라질 것임을 예측할 수 있을 것이다. 더욱이 중국은 사계절을 동시에 볼 수 있을 만큼 넓기 때문에 여러 형태의 주택이 발생할 수 있다는 점도 예측할 수 있다. 주택이 자연환경에 영향을 받는다는 얘기는 또한 주택의 형태가 어떤 건축 재료를 확보할 수 있는가에 따라 달라질 수 있다는 것을 의미한다.

건축에 대한 상식으로 중국 주택을 살피면 아주 간단히 정리할 수 있다. 중국의 주택은 돌이나 벽돌을 쌓아서 건물을 만드는 조적조(組積造) 문화권과 나무를 짜 맞추어 건물을 만드는 목구조(木構造) 문화권으로 나눈다. 이는 간단히 말하면 중국의 주택을 돌과 나무로 만든 주택으로 나눈다는 얘기다. 이러한 현상은 한국과는 다르다. 이처럼 중국의 주택이 한국과는 달리 돌로 만든 문화권과 나무로 만든 문화권으로 나누어지는 이유는 무엇인가? 중국은 한국과 달리 그만큼 땅이 넓기 때문이다. 중국은 남쪽과 북쪽이 완전히 다른 지역을 이루고 있다. 그래서 북쪽은 돌로 만든 주택이, 남쪽은 나무로 만든 주택이 중심을 이룬다. 그런데 왜 북쪽은 돌이고, 남쪽은 나무인가? 건축이 자연 환경의 산물이기에 북쪽은 나무가 부족하기 때문에 돌과 벽돌을 중심으로 건축해야 하고, 남쪽은 나무가 잘 자라기 때문에 나무로 건축해야 한다.

중국 주택의 또 다른 특징인 '벽형(壁型)'과 '지붕형'도 같은 이치로 이해하면 간단하다. 토간(土間, 땅과 접해서 형성된 공간)의 주변에 견고한 벽을 쌓아서 내부 공간을 만들고 그 상부에 지붕을 씌운 벽형(壁型)은 건조하고 추운 북방의 기후 조건 때문에 생긴 것이고, 여러 개의 기둥을 세워 바닥에 떨어진 누상층(樓上層)을 만들고, 그 위에 지붕을 만들어 생활공간을 구성하는 지붕형은 서남부 지역의 기후 조건 때문에 생긴 것이다. 이처럼 자연 환경에 따른 중국의 주택형태는 다른 지역에서도 얼마든지 나름의 형태를 만들 수밖에 없다.

특히 주택은 시대의 정신을 담는 그릇이기 때문에 자연 환경의 영향만이 아니라 인간이 추구하는 정신세계에 따라 바뀌기도 하고, 정신세계에 영향을 주기도 한다. 예컨대 중국의 북쪽 사람들이 남쪽으로 이주하거나, 유목민이 중국 지역을 지배할 경우에는 각 민족이 추구한 주택을 선호할 가능성이 높고, 실제 그런 현상이 발생한다. 중국은 한족과 다양한 민족이 융합하면서 일군 역사이기에 주택도 상호 영향을 주고받을 수밖에 없었다. 중국 주택의 다양성과 혼재 현상은 각 민족 간 교류 과정의 산물이다.

중국은 과연 세계의 중심인가?

기본적으로 그 어떤 민족과 국가도 세계의 중심일 수 없다. 구태여 세계의 중심을 인정한다면 각 민족과 국가 자체일 수 있다. 모든 민족과 국가가 소중하기 때문이다. 단지 어느 시대든 세계의 중심 민족과 국가는 있게 마련이다. 중국이 세계의 중심인가에 대한 물음도 이와 같은 맥락에서 이해할 일이다. 그런데 우리나라 사람들과는 달리 중국인들은 스스로 세계 중심국으로 생각했다. 분명 중국인들의 이러한 인식은 오만의 극치이지만, 나름대로 이유도 있었다.

'천하(天下)'개념은 중국인들의 세계관을 가장 잘 드러내는 말이다. 이 개념은 작은 나라였던 주(周)나라가 큰 나라인 상(商: 殷) 나라를 정벌하면서 정립한 것이다. 주나라 문왕(文王)이 은나라 주왕(紂王)을 몰아낸 것은 단순히 힘이 아닌 하늘의 뜻이었다. 은나라가 하나라를 멸망시킨 것과 마찬가지로 주나라가 은나라를 멸망시킨 것도 하늘의 뜻, 즉 천명(天命)이었다는 논리는 주나라가 은나라를 멸망시킨 정치적 명분과 맞물려 있다. 주나라는 그들이 믿었던 절대자인 하늘을 통해 정통성을 확보하였던 것이다. 그래서 주나라 왕은 하늘의 명을 받은 군주였을 뿐 아니라 하늘의 자손이었다. 주나라 왕이 스스로 천자(天子)라 불렀던 것도 바로 이 때문이다. 천하는 유일성(唯一性)과 신성성(神聖性)을 갖춘 천자가 지배하던 영역이었다.

전국(戰國)시대부터 진(秦)·한(漢)시대에 걸쳐 만들어진 중화사상(中華思想)도 중국인들이 스스로 세계의 중심이라는 생각을 낳게 한 요인이었다. 중국 문화가 최고라는 중화사상은 한족 이외의 이민족을 천시하는 데서 출발한다. 다른 민족에 비해 찬란한 고대 문명을 가진 중국인의 눈에는 문자도 책도 거의 없는 다른 민족이 사람처럼 보이지 않았을지도 모른다. 분명 중국인들은 주변 민족에 비해 우수한 측면을 가지고 있었다. 그래서 그들이 세계의 중심임을 자부할 만한 자격이 어느 정도 있었다는 것을 인정해야만 한다. 그러나 세계의 중심은 자부한다고 만들어지는 것은 아니다. 상대방이 모두 인정할 때만이 가능한 일이다. 19세기 중엽까지 이러한 중국인들의 세계관에 강력하게 도전한 자는 없었지만, 아편전쟁은 자기 것만이 최고이거나 유일하다는 중국인의 자기중심적 사고방식에 대한 강력한 도전이었다. 중국은 도전에 굴복했다. 중국이 세계 중심이라는 망상도 사라졌다.

중화인민공화국이라는 국가명이나 중화요리 등에서 보듯 중국의 중화사상은 도처에서 발견할 수 있다. 중화사상은 문화로만 만든 것이 아니라 무력으로 만들었기에, 중국이 성공적인 경제 성장은 또 다시 자신들이 세계 중심임을 드러낼 토양일지도 모른다. 그러나 중국이 옛날처럼 스스로 세계 중심임을 자부할 때 세계는 평화보다는 전쟁으로 치달을지 모른다.

참고문헌

리챠드 리키 · 로저 레윈 공저, 金光億 譯, 『**오리진**』(學園社, 1990).

M. 일린 지음, 동완 옮김, 『**인간의 역사**』(신원문화사, 2002).

스탠리 월퍼트 지음, 이창식 · 신현승 옮김, 『**인디아, 그 역사와 문화**』(가람기획, 2001(3)).

이지수, 『**인도에 대하여**』(통나무, 2002).

제2부 문명권간의 교류와 충돌

1. 유대교와 기독교

유대교와 기독교는 모두 하나님을 유일신으로 숭배하고, 구약성경과 최후의 심판을 믿는다. 유대인만 선택된 민족이라는 선민사상을 가지고 있는 유대교와 달리 기독교에서는 어느 민족이건 믿음으로 구원받을 수 있다고 주장한다. 이 두 종교의 가장 큰 차이점은 예수의 존재에 관한 것이다. 유대교에서는 예수를 메시아, 즉 구세주로서 인정하지 않기 때문에 신약을 부정한다. 반면 기독교에서는 예수를 하나님의 독생자로, 인류의 죄를 씻기 위해 십자가형을 당한 존재로 믿기 때문에 신약을 인정한다.

예수 처형에 대한 유대인 책임론은 중세에 그대로 전해져 반유대주의가 성장하는 원인이 되었다. 11세기 이슬람교도가 장악하고 있던 예루살렘을 기독교도들의 도시로 만들기 위해 십자군들이 유럽 지역을 출발하면서 유대인들에게 폭행과 살인을 자행했다. 교황 이노센트 3세(Innocent Ⅲ)는 유대인들에게 유대인임을 표시하는 황색 표식을 의복에 달고 다니게 했다.

당시의 경제 상황도 반유대주의를 부추겼다. 유대인들은 토지를 소유할 수 없었기 때문에 주로 대금업을 통하여 막대한 부를 축적했다. 반면 기독교도들에게는 대금업이 금지되었다. 이는 교회에서 대금업을 다른 사람의 금전적 어려움을 이용하여 부를 축적하는 것으로 보았기 때문이다. 돈이 필요했던 기독교도들은 유대인들에게 빌릴 수밖에 없었다. 기독교도들은 원금만 받아야 하는 상황이라 돈을 빌려 주려 하지 않았기 때문이다. 유대인을 경멸하면서도 그 부에 의존할 수밖에 없었던 이중성이 반유대주의를 자극했다.

12세기 이후 서유럽 지역에 상공업이 발달하면서 교회는 더 이상 대금업을 금지할 수 없었다. 상인들은 바다나 강을 통하여 다른 지역에서 대량의 물건을 사고팔기 위해 많은 돈이 필요했다. 그러나 부자들은 대부를 꺼려했다. 교리에 따라 이자 없이 돈을 빌려줄 경우 풍랑이나 해적의 약탈로 원금을 회수하지 못할 가능성이 있었기 때문이다. 이에 교회는 원금을 회수하지 못할 위험성을 감안하여 최소한의 이자를 받고 돈을 빌려주는 행위를 허용했다.

대금업에 대한 교리가 수정되면서 유대인들은 유럽 지역에서 설 자리를 잃게 되었다. 13세기 영국에서 최초로 유대인들이 추방되었고, 14세기에는 프랑스, 스페인, 포르투갈 등지에서 추방되었다. 1516년 베네치아는 유대인들을 완전히 격리시키기 위해 유대인들만 거주하는 게토(Geto)를 최초로 만들었다. 추방된 유대인들은 폴란드, 러시아 등 동유럽 지역으로 건너갔다가 17세기 중엽 상업적, 재정적인 필요성에서 서유럽지역에 다시 들어왔다. 19세기 중엽 인종주의와 민족주의가 활성화되면서 유대인은 기독교로 개종하든

안 하든 간에 단지 유대인이라는 이유만으로 차별과 경멸을 받았다.

차별과 멸시 속에서도 유대인들이 정착하는 힘은 강했다. 오늘날 팔레스타인 문제에서 미국이 이스라엘의 편을 드는 것 같은 인상을 지울 수 없는 것은 미국의 정치, 경제, 언론에서 유대계가 차지하는 비중이 상당하기 때문이다. 미국에 이주한 유대인 1세대는 빈민층을 형성했다. 그러나 교육열과 성실성으로 불과 한 세대만 지나도 유대인들의 직업에 변화가 생긴다. 오늘날 미국에서 유대계 중 미숙련 노동자들은 거의 없고, 대부분 기업인, 관료, 의사, 변호사, 언론인 등 전문직을 가지고 있다. 이들은 대중매체를 통해, 또는 친이스라엘 정치인들에게 후원금을 지불하거나, 각종 세미나를 개최하여 이스라엘의 입장을 알리는데 일조하고 있다. 이러한 활동들이 미국이 친이스라엘적인 정책을 펴는 한 원인이다.

2. 기독교와 이슬람교

신의 수

십자군부터 이라크 전쟁에 이르기까지 종교 분쟁이라는 말이 나올 정도로 기독교와 이슬람교는 극심하게 대립했다. 이들 두 종교는 동일한 신을 유일신으로 믿고, 천사와 사탄의 개념을 가지고 있고, 우주 창조와 최후의 심판, 사후세계를 인정한다는 공통점을 가지고 있다. 문제는 이들 두 종교가 가장 핵심적인 교리에서 극명한 차이를 보인다는데 있다.

기독교와 이슬람교는 야훼, 혹은 알라(Allah)라는 이름으로 동일한 신을 믿고 있다. 히브리어로 야훼, 아랍어로 알라, 가톨릭교의 하느님, 개신교의 하나님은 모두 동일한 신이다. 기독교의 경우 신인 하나님은 성부, 성자, 성령의 세 개의 모습을 가지지만 본질은 하나라는 삼위일체설을 주장한다. 성경에 예수와 "아버지는 하나이니라" 예수를 "본 자는 아버지를 본 것이다", "예수 그리스도가 하나님이시다", "하나님이 예수 그리스도 안에 있다"라는 문구가 있다. 이를 근거로 4세기 기독교에서는 성자의 성부 종속론을 이단으로 규정하고, 성부이신 하나님과 성자이신 예수를 동일 본질로 결정했다. 따라서 예수는 성부가 인류를 구원하기 위해 인간의 몸을 빌어서 이 땅에 온 존재, 즉 성육신한 존재이다.

이슬람교에서는 기독교의 삼위일체설을 부정한다. 꾸란(al Quran)에서 신은 오직 한 분임을 강조한다. "성경의 백성들아! 너희 종교에 지나치지 말고 신께 진리만을 말하라. 신과 그 분의 예언자들을 믿고 '셋'이라고 말하지 말라. 그치라. 너희에게 이로울 것이다", "알라신이 셋 중의 하나라 말하는 그들은 분명 불신자니라. 알라신 한 분 외에는 신이 없거늘, 만일 그들이 말하는 것을 단념치 않는다면, 그들 불신자들에게는 고통스러운 벌이 가해지리라", "알라신과 선지자들을 믿되 삼위일체설을 말하지 말라하니 이는 너희에게 복이 되리라. 실로 알라신은 단 한 분이시니 그분에게는 아들이 있을 수 없느니라." 이슬람교는 신의 유일성을 강조하면서 삼위일체설을 주장하는 기독교도들은 거짓을 말하는 자들, 저주받을 자들이라고 비난한다.

이에 대해 기독교에서는 문맹인 무함마드(Muhammad 570?-632)가 성경이나 이와 관련된 서적을 읽지 않았고, 대상 활동에서 만난 유대인이나 이단적인 기독교인에게 전해들은 것이 전부이기 때문에 삼위일체의 개념을 정확히 몰랐다고 반박한다. 기독교에서는 신이 셋이라는 말을 절대 하지 않았다. 잘못된 신학을 전해들은 무함마드는 예수를 알라신의 아들, 즉 또 다른 신으로 이해했고, 이것이 신의 유일성을 강조하게 된 계기였다. 물론 이슬람 측에서는 무함마드가 신의 계시를 받아 잘못된 기독교의 교리를 바로 잡았다고 주장한다. 이처럼 신의 본질을 규정하는 문제에서 극명한 대립을 보이는 것이 두 종교의 갈등의 한 원인이다.

아브라함의 아들들

유대교, 기독교와 마찬가지로 이슬람교도 아브라함의 후손이다. 믿음의 조상인 아브라함은 75세 때 하나님이 지시하는 땅으로 가라는 신의 부름을 받아 메소포타미아 지역에서 가나안으로 이동했다. 그러나 아브라함은 86세가 될 때까지 본처인 사라(Sarah)에게서 아이를 갖지 못했다. 사라는 가문의 대를 잇기 위하여 남편에게 자신의 몸종들 중에서 신앙심이 두터운 이집트인 하갈(Hagar)을 둘째 부인으로 추천했다. 아브라함은 둘째 부인의 몸에서 남아를 얻었고, 이름을 이스마엘(Ishmael)로 지었다. 아브라함이 100세 때 사라가 아들을 낳았고, 그 이름은 이삭(Ishaq)이었다. 하갈과 이스마엘에 대한 사라의 시기심과 질투가 갈수록 커져 아브라함은 그들을 다른 곳에 정착시킬 수밖에 없었다.

이슬람교에 따르면, 아브라함은 신의 계시를 받고 하갈과 이스마엘을 데리고 메카로 왔지만, 신의 또 다른 부름이 없어 이들을 두고 떠났다. 하갈과 이스마엘이 있었던 곳은 사람이 살지 않고 물도 없는, 돌산으로 둘러싸인 황폐한 계곡이었다. 내려 쪼이는 열사에 심한 갈증으로 사경을 헤매는 어린 이스마엘의 생명을 구하기 위해 하갈은 이 계곡 저 계곡으로 물을 찾았다. 물을 찾지 못한 하갈은 절망 상태로 비틀거리며 이스마엘이 있는 곳으로 돌아와 자식을 살려달라는 최후의 기도를 했다. 그 때 이스마엘의 두 발 밑에서 물이 솟아올랐다. 하갈은 허겁지겁 물을 받아 자식의 생명을 구한 후 샘물이 흘러가지 않고 고이도록 모래로 둑을 쌓으면서 '잠잠(Zamzam)'이라고 외쳤다. 이 말은 '물이 흐르지 말고 멈추어라'는 셈족의 언어이다. 이 샘물을 중심으로 이스마엘의 후손들이 아라비아에서 번창했다.

신약성경의 마태복음 첫 장에 "아브라함은 이삭을 낳고, 이삭은 야곱을 낳고"라는 문구가 있다. 이는 유대교도와 기독교도들이 아브라함과 이삭의 후손임을 주장하는 말이다. 반면, 이슬람교도들은 아브라함과 이스마엘의 후손이다. 아브라함은 꿈에서 하나님에 대한 믿음의 상징으로 아들을 제단에 바치라는 명령을 받았다. 문제는 아브라함이 이스마엘과 이삭 중 누구를 제물로 바쳤는가 하는 것이다. 유대교와 기독교에서는 적자인 이삭을 바쳤다고 주장한다. 이스마엘은 몸종에게서 태어난 서자임으로 합법적인 장자가 될 수 없다는 것이다. 유대교권과 기독교권에서 서자가 아버지의 상속권을 합법적으로 계승할 수 없고, 서자에 대한 사회적인 편견이 존재하는 것도 이삭의 지위와 관련이 있다.

반면 꾸란 해설가들은 신이 아브라함에게 적자를 바치라는 표현을 하지 않았고, 또 창세기의 '독자'라는 표현을 보아 제물로 바쳐질 사람은 이스마엘 밖에 없었다고 주장한다. 왜냐하면 아브라함이 계시를 받았을 때 이스마엘은 13세로 일할 나이에 이르렀으나 이삭은 아직 태어나지도 않았기 때문이다. 이슬람교에서 본처와 후처, 그 자식들에게 모두 동등한 권리와 의무를 부여함으로써 적자와 서자를 구별하지 않는 것도 서자인 이스마엘이 신의 선택을 받았다는 생각과 관련이 있다. 꾸란에 공평하게 대우한다면 4명의 아내를 두어도 된다고 한 것은 당시 전쟁이 빈번하여 미망인과 고아가 늘어난 사회적인 상황을 반영한 것이다. 사회적인 상황과 서자와 적자의 차이가 없다는 교리가 일부다처제를 확산시켰다.

아브라함이 신에 대한 믿음의 증거로 아들을 바친 것이기 때문에 이삭을 바쳤는가, 이스마엘을 바쳤는가의 문제는 상당히 중요하다. 이는 유대교, 기독교, 이슬람교 중 누가 신의 선택을 받았는가, 누가 우위에 있는가의 문제와 직결된다. 아브라함이라는 공통의 조상에서 갈라졌지만 신의 선택 문제에서는 상당한 이견을 보이고 있다.

예수는 신이냐, 인간이냐

기독교리와 이슬람교리 사이에 가장 극명한 차이를 보이는 것은 바로 예수가 누구인가 하는 문제이다. 꾸란에 예수는 이사(Isa), 혹은 마리아의 아들(Ibn Maryam), 메시아(al Mashi)로 지칭된다. 이슬람교는 예수가 남자의 몸을 스치지 않은 마리아에게서 태어났음을 인정한다. "천사들이 말하기를, '마리아여! 알라신께서 너에게 말씀으로 복음을 주시니 마리아의 아들로써 그의 이름은 메시아 예수니라. 그는 현세와 내세에서 영광이 있으며, 알라신 가까이 있는 자들 가운데 한 분이니라.'" "마리아가 말하기를, '주여! 제가 어떻게 아이를 가질 수 있습니까? 어떤 사람도 저를 스치지 아니했습니다.' 신이 말하기를, '그렇게 되리라. 그 분의 뜻이라면 창조하시니라.' 그 분이 어떤 일을 하고자 할 때 이렇게 말씀하시니 '있어라. 그러면 있느니라.'" 이슬람교는 예수가 탄생 후 3일이 지나기도 전에 간음한 여인으로 조롱을 받던 어머니의 순결을 방어하기 위해 사람들에게 말을 했으며, 죽은 자를 살리고, 나병 환자를 고친 기적, 신의 부름을 받아 하늘로 승천한 사건, 말세가 되면 예수가 재림하여 신의 심판을 준비하는 것 등을 인정한다. 그러나 예수가 신이기 때문에 여러 기적을 행한 것이 아니라 알라신이 기적을 행하게끔 해 주었기 때문이라고 주장한다.

기독교에서는 예수의 십자가형을 인정하지만 이슬람교에서는 부정한다. 꾸란에 따르면, "'마리아의 아들인 예수 그리스도를 우리가 살해하였도다'라고 그들이 말하도다. 그러나 그들은 그를 살해하지 않았고, 십자가에 못 박지 아니했으며, 그와 같은 형상을 죽였을 뿐이니라." 이슬람 학자들은 이 문구에서 '그와 같은 형상'이라는 것은 알라신께서 예수 대신 누군가에게 예수의 형상을 입혀 십자가형을 당하게 하고, 대신 예수를 승천시켰다는 의미로 해석한다. 다만 누가 예수 대신 죽었는가에 대해서는 의견이 분분하다. 유대인들 중 한 사람이라는 견해, 유다라는 견해, 열 두 제자 중의 한 사람이라는 견해가 있다.

예수의 십자가형을 부정하는 것은 예수가 인간의 죄를 대신하지 않았고, 그렇게 할 수도 없는 존재라는 것, 부활이 없었다는 것을 의미한다. 더 나아가 이슬람교는 인간에게는 원죄가 없다고 주장한다. 인간은 지상에서의 선행과 악행으로 심판을 받는다. 인간의 죄는 선조에게 물려받은 원죄가 아니다. 이 때문에 누군가가 인간의 원죄를 위해 대신 죄 사함을 받을 필요가 없다. 또 성적 접촉 없이 태어났다는 점이 신임을 증명하는 것은 아니다. 성적 접촉 없이 태어난 아담과 이브를 신으로 보지 않는 것처럼 예수 역시 신성을 가진 것으로 볼 수 없다. 성적 접촉 없이 태어난 것은 예수가 신의 아들이기 때문이 아니라 알라신의 능력 때문이다.

예수는 인류를 구원하기 위해 지상에 온 알라신의 아들도 아니고, 신도 아니다. 그러면 예수는 누구인가? "예수는 한 종에 불과하니라." "예수는 마리아의 아들로서 선지자일 뿐이다. 그는 이전에 지나간 선지자들과 같음이니라." 즉 예수는 노아, 아브라함, 모세와 같은 예언자에 불과하다. 반면, 무함마드 자신은 최후의 예언자이자 신이 예수에게도 하지 못한 예언을 받들 최대의 예언자이다. 예수를 단순한 예언자로, 무함마드보다 격이 낮은 예언자로 격하시킨 것은 기독 교리의 핵심을 파괴하는 주장이다.

이슬람교의 시각에 대해 기독교 측에서는 무함마드의 예수에 대한 인식이 근본적으로 잘못되었다고 주장한다. 무함마드는 당시 시리아와 페르시아 지역에 널리 퍼져있었던 네스토리우스파(Nestorius)와 단성론자들의 설명을 통해 예수를 이해했다는 것이다. 이들 종파는 예수의 인성이나 신성 중 하나만을 강조하는 자들로서 정통 교리에서 벗어난 이단이다. 이단의 주장을 받아들인 무함마드에게 예수는 인간인 마리아에게서 태어났기 때문에 인간이고, 결코 알라신과 동일시될 수 없는 존재로 보였다. 이것이 예수를 단순한 예언자로 격하시킨 근거이다.

3. 지중해 세계

(1) 이집트 문명

정치

이집트 땅에 언제부터 사람이 살았는지 정확히 알 수 없다. 대개 기원전 3200년경 이집트 남부에서 이른바 '햄족'이 나일강 유역에 정착하면서 세계 4대문명 중 하나인 이집트 문명이 탄생했다. 나일강의 기름진 흙은 햄족에게 농사를 가능하게 해주었고, 그물을 던지는 사람들에게는 언제나 많은 물고기를 선물해주었다. 그래서 무덤 벽화에는 언제나 '물반 고기반'으로 등장한다.

이집트 땅은 나일강에 정착한 햄족의 무리 중 메네스 혹은 나르메르라는 지도자에 의해 처음으로 통일되었다. 그가 바로 이집트 최초의 통일왕조인 제1왕조(기원전 3100년경-2890년)의 시조이다.

제1왕조와 제2왕조(기원전 2890년-2686년)는 선왕조시기라 한다. 뒤이어 고왕국시대는 제3왕조(기원전 2686년-2613년)부터 제10왕조(기원전 2130년-2040년)까지, 중왕국시대는 제11왕조(기원전 2133년경-1991년)부터 제17왕조(기원전 1650년경-1567년)까지, 신왕국시대는 제18왕조(기원전 1570년-1320년)부터 제26왕조(기원전 663년-525년)까지 이어졌다. 이집트의 정치적인 특징은 '파라오'라는 세습군주에 의해 통치되는 전제군주제도(oriental despotism)이다. 왕은 신앙(종교)상의 최고책임자인 동시에 정치적인 수장이었다. 정치체제는 역사적으로 중앙집권체제와 지방분권체제가 반복되는 양상을 띠고 있다.

고왕국 시대에 접어들면서 이집트는 멤피스(Memphis)에 수도를 정하고 극도의 신정정치를 실시하는 가운데 국력이 신장되었다. 이와 더불어 이집트는 고도의 문화를 형성했다. 제3왕조와 제5왕조 사이에 피라미드(pyramid)가 건설되었다. 제5왕조부터 왕은 태양신(Ra)을 수호신으로 하고, 자신을 '레(Ra)'의 아들로 지칭했다. 이처럼 이 시기는 절대왕권을 합리화하기 위한 신왕사상이 지배적이었다. 하지만 제6왕조 이래로 왕권이 쇠퇴하기 시작했다. 대신 신관세력이 강력하게 대두하는 가운데 대중종교인 오시리스(Osiris)교가 흥성하면서 이집트는 300년 동안 혼란을 겪었다. 이 시기에 중앙집권체제는 지방귀족들의 대결양상으로 일시적으로 붕괴되었다.

> 레(Ra)는 고대 이집트의 태양신이자 창조신이다. 레는 매일 낮에는 태양배를 타고 하늘로, 밤에는 다른 배를 타고 지하세계로 여행하면서 매일 다시 태어나기 위해 악한 뱀을 물리쳐야 했다. 본래 여러 태양신 중 하나였으나, 매의 머리를 닮은 레의 모습에서 알 수 있듯이 짐승의 머리를 한 여러 신들과 영향을 주고받아 혼합적인 신의 형태(아몬-레, 세베르크-레)로 나타난다.

중왕국 시대는 고왕국 시대의 혼란이 수습되고 국토가 재통일되는 가운데 중앙집권체제가 다시 확립되면서 시작되었다. 제11왕조는 수호신인 태양신 아몬(Amon)에 대한 숭배를 대중에게 강요했다. 제12왕조부터 혼란이 재발하여 테베(Thebes)를 수도로 하는 도시연합정권이 수립되면서 봉건체제가 발달했다. 기원전 1700년경에 힉소스(Hyksos)족이 침입하여 약 200년 동안 이집트를 지배했다. 이 시기에 승마용 말과 전차가 이집트에 전래되었다.

힉소스 족은 기원전 17세기 나일강 유역에 침투, 결국 하이집트를 다스린 셈족과 아시아인들의 혼합 집단이다. 힉소스라는 이름은 이집트 역사가 마네토(기원전 300?)가 붙였다. '힉소스'는 유대인의 '양치기 왕' 또는 '붙잡힌 양치기'라는 말을 옮긴 것이라는 설도 있지만, '외국에서 온 지배자들(heqa-khase)'을 뜻하는 이집트어로 나타낸 것이다.

신왕국 시대에 접어들면서 제18왕조는 아마르나(Amarna)를 수도로 정했다. 제18왕조와 제19왕조에 의해 이집트는 제국주의 팽창정책을 실시했다. 그러나 이 시대의 후반기에 접어들면서 이집트는 국력이 약화되면서 이민족의 지배를 받았다. 기원전 14세기경에 아멘호텝 4세가 신관세력을 억제하고 정치와 종교에 대한 개혁을 단행하지만, 그 효과는 지속되지 못하고 단기적으로 끝났다. 이 시기에 태양신 아톤(Aton)을 주신으로 하는 일신교가 생겨났고, 일명 '아마르나' 예술로도 지칭되던 독창적인 문화가 형성되기도 했다. 이후 이집트는 기원전 525년에 결국 페르시아에 의해 정복되어 멸망했다.

경제

경제생활의 기초는 농업이었다. 이론상으로는 왕이 국토 전체의 소유자이지만, 실제로는 귀족과 신관에게 많은 토지가 부여되었다. 상업이나 농업 등 모든 경제활동은 왕의 통제 하에 있었다. 농민들은 토지를 경작하면서 세금과 지대를 지불해야할 뿐만 아니라 광산, 채석장, 관개사업, 토목건축, 연화제조, 그리고 운하정비 등 국가적인 사업에 부역을 제공해야만 했다. 직인이나 공인은 왕이나 신전, 그리고 귀족을 위해 필요한 물건을 제작·공급했다. 이들은 보석이나 금, 은, 동과 같은 귀금속으로 세공품이나 장식품 등을 만들기도 하고, '파피루스'로 종이를 만들기도 했다. 이들 기술자는 또한 가구를 제작하기도 하고, '마'를 사용하여 자수를 놓기도 했다.

국내외적으로 교역과 거래가 이루어지기는 했지만, 상업이나 무역활동은 왕의 엄격한 통제 하에 이루어졌다. 그리고 금편(金片)과 은편(銀片)이 화폐의 역할을 했지만, 화폐가 주조되지는 않았다. 이렇듯 이집트는 경제생활에서 국가의 통제가 강한 단원적인 사회(monolithic society)였다.

종교

이집트에서는 자연의 제신(諸神)을 숭배하는 다신교(多神敎)가 발달했다, 특히 태양신을 숭배하는 경향이 강했다. 수많은 자연신들 중에 태양신이 주신(主神)으로서 고왕국 시대에는 '라'(Ra)나 '레'(Re)로, 중왕국 시대에는 '아몬'(Amon)으로, 신왕국 시대에는 '아톤'(Aton)이나 '아톰'(Atom)으로 지칭되었다. 한편 나일강의 자연현상과 밀접한 관계가 있는 중요한 자연신들로 부활의 신이요, 나일강과 농업의 신인 오시리스, 그의 누이이자 아내요, 대지와 풍요의 여신인 이시스(Isis), 그의 아들이요, 광명과 매의 신인 호루스(Horus), 그리고 오시리스 신의 형제요, 악신인 세트(Set)가 있었다. 이외의 자연신으로서 대공(大空)의 신인 누트(Nut), 대지의 신인 게브(Geb), 이슬의 신인 테프누트(Tefnut), 공기의 신인 쇼우(Show), 그리고 성신(聖神)인 시리우스(Sirius) 등이 있었다.

이처럼 이집트에서 신앙은 자연과 연관된 채, 정치, 경제, 사회, 문화, 예술 등 여러 분야에 걸쳐 지대한 역할을 했다. 이집트인들은 폐쇄적인 자연환경 속에서 비교적 안정된 생활을 영위했던 관계로 사후의 세계를 현세의 지속으로 생각하여 육신과 영혼의 불멸을 믿었다. 그리고 영혼불멸의 사상은 오시리스 신화에 잘 나타나있는 바와 같이 부활사상과 밀접하게 연관되어 있었다. 따라서 이집트 종교의 특성은 낙관적이고 내세적이었다. 이에 비해 메소포타미아 지역의 종교는 그 특성상 비관적이고 현세적이었다.

(2) 메소포타미아 문명

정치

메소포타미아의 정치는 이집트와 마찬가지로 신정정치였다. 메소포타미아의 정치구조가 관개농업과 부역 및 공납에 의존하는 동양적인 전제국가라는 점에서는 이집트와 유사하다. 그러나 차이점 또한 발견할 수 있다. 메소포타미아의 전제군주는 신적인 권위를 가지고 있었지만 신의 대리인에 지나지 않았다. 그리고 소유의 관점에서 볼 때도 함무라비 법전 등이 시사하듯이, 메소포타미아 특히, 바빌로니아에서는 시민 개개인의 소유재산, 상속, 그리고 매매가 인정되었고, 정치지배자는 정의를 실현하는 존재로서의 성격을 겸하고 있어서 법에 의한 통치의 개념이 강하게 나타나고 있다.

경제

메소포타미아에서는 농업이 주요산업이었으나, 개방된 지형조건으로 인해 교역 또한 활발하게 이루어져 인도와 시리아에서 목재, 아라비아 지역에서 조미료, 페르시아에서 금속과 석재. 그리고 이집트에서 황금이 수입되는 등 물적 교류가 빈번했다. 이처럼 메소포타미아 지역은 당시 국제교역의 중심지였다. 한편 대외교역과 국내상업이 발달하면서 메소포타미아 지역에서는 계약에 의한 상거래가 이루어지고, 이와 더불어 화폐 또한 다른 지역에 비해 일찍 유통되었다. 그리고 경제활동에서 상인들의 역할이 커지면서 도시상인에게는 군역과 부역이 면제되기도 했다. 심지어 부유한 상인이 도시의 행정전반을 담당하는 경우도 허다했다.

종교

메소포타미아의 종교는 이집트와 마찬가지로 자연환경의 영향을 강하게 받으면서 발달했으나, 그 성격은 전혀 달랐다. 메소포타미아 문명의 토대는 수메르 문명이었고, 바빌로니아가 이를 계승·발전시켰다. 이 두 사회가 기본적으로 농업에 의존하고 있었지만, 그 문명은 도시문명의 성격이 강했다. 메소포타미아 종교는 이집트처럼 다신교였다. 수메르의 도시국가들은 각각의 수호신(守護神)이 있었고, 이외에도 천신(天神) 아누(Anu), 폭풍우 신 엔릴(Enlil), 지신(地神) 엔키(Enki) 등이 있었다. 이후 바빌로니아에 의해 통일된 후에는 바빌로니아의 주신(主神)이요 최고신인 태양신 마르두크(Marduk)가 국가신으로 숭상되었다. 그리고 나중에 아시리아(Assyria)가 지배세력으로 등장하자, 그 주신인 태양신 아수르(Assur) 역시 국가신으로 숭배되었다.

수메르인은 이집트인과 달리 신(神)을 인간의 형상으로 표현했다. 이는 신과 인간이 행동과 의식면에서 별 차이가 없음을 의미한다. 한편 수메르인은 데몬(demon)이라는 악귀 혹은 정령(精靈)을 믿었다. 그로부터 해(害)를 면하기 위해서는 신관이 관장하는 마술적인 의식이 필요했다. 수메르인은 데몬이 모든 동식물 안에 자리 잡고 그들의 행동이나 운명을 지배하는 힘이나 영, 혹은 신에 맞서 싸우는 악한 존재들이라고 생각했다. 이러한 인식은 투쟁과 대립이 심했던 메소포타미아의 역사를 반영한 것이다.

메소포타미아인의 종교관이 후세에 미친 영향 또한 컸다. 종교적인 현세주의는 유대교에 계승되었고, 데몬에 대한 믿음은 페르시아의 조로아스터교에 전승되었다. 그리고 이러한 이원론적인 사상은 기독교 신학의 발전에 중요한 역할을 했다.

(3) 에게(해) 문명

에게 문명은 19세기 중엽까지 그 실체가 드러나지 않았다. 곧이어 고고학적인 대규모 발굴이 이루어지면서 그리스 문명보다 앞서 거의 2000년에 달하는 에게 문명의 진상이 밝혀졌다. 독일인 하인리히 슐리이만(Heinrich Schliemann)은 호메로스(Homeros)가 쓴 일리아스(Ilias)의 내용에 확신을 가지고 1870년에 고대 트로이(Troia)로 여겨지는 지역을 발굴하여 상당한 유물을 얻었다. 그는 이들 유물을 호메로스가 설정하고 있는 시기인 기원전 1200년경의 것들이라고 생각했다. 그러나 이들의 연대는 기원전 2000년까지 소급된다. 그는 1876년에 그리스 본토의 펠로폰네소스(Peloponnesos) 반도에 위치한 뮈케네(Mycenae)와 티륀스(Tiryns) 유적지도 발굴하여 황금 마스크와 황금 잔 등의 값진 유물을 발견했다. 이들 유물을 통해서도 트로이 시대는 호메로스가 설정하는 시기보다 훨씬 이전에 해당한다는 점을 알 수 있다. 이 모든 유물은 에게 문명의 소산이다.

영국인 아서 에반스 경은 1900년에 뮈케네 시대보다 약 1000년 전의 고대도시인 크레타(Creta)의 크놋소스(Knossos)를 발굴하여 예술적이고 경쾌하며, 낙천적이고 안락한 삶의 특징을 나타내는 유적뿐만 아니라 상형문자, 선상문자(線狀文字) A(Linear A), 그리고 선상문자 B(Linear B) 등 3종류의 문자체계도 발견했다. 크놋소스는 크레타문명의 흔적이 에게해 전역에 산재되어 있는 점으로 미루어볼 때, 강력한 해상제국을 유지했다. 크놋소스의 지배자들은 막강한 해군력을 기반으로 에게해의 제해권을 장악하고,

에게해와 동부지중해에서 활발한 해상교역을 전개했다. 에게 문명은 시기상 2단계로 나눈다. 즉, 크레타를 중심으로 한 전기(前期) 에게 문명(기원전 3000년-1400년)과, 그리스 본토의 뮈케네와 티륀스 및 소아시아의 트로이를 중심으로 한 후기(後期) 에게 문명이다. 전자(前者)는 크레타(미노아) 문명으로, 후자(後者)는 뮈케네 문명이라고 한다.

크레타 문명은 오리엔트의 영향을 받으면서 기원전 2500년경에 청동기시대로 들어섰으며, 그 전성기는 기원전 2000년부터 1550년까지로 추정된다. 이 문명의 주체세력인 크레타 인들은 소아시아에서 이주했으며, 기원전 2000년 이후로 선상문자 A를 사용한 걸로 여겨진다. 뮈케네 문명은 기원전 2000년경에 그리스 본토로 침입한 인도-유럽어족의 뮈케네 인들에 의해 시작되었다. 그들은 선상문자 B를 사용하였고, 그 문명의 전성기는 기원전 1400년부터 2세기 동안이었다. 이들은 침입 초기에 원주민이 이미 이룬 청동기 문화를 파괴했으나, 점차 그 문화와 융합했고, 이후 크레타 문명의 많은 문물을 흡수하여 독자적인 문명을 발전시켰다. 뮈케네 문명은 크레타 문명의 영향을 받았지만, 기원전 1600년 이래로 융성하면서 상무적(尙武的)인 요소를 가지고 있다.

크레타 문명의 정치체제는 사제장(司祭長)을 겸한 전제적인 왕이 관료들의 도움으로 통치했다. 사회구조는 계급 사이에 차별이 심하지 않았지만, 노예제도가 존재했다. 뮈케네 문명 역시 크레타 문명과 큰 차이가 없으나, 사회구조면에서 귀족적인 전사계급(戰士階級)이 돋보인다. 크레타 인과 뮈케네 인은 유사한 자연환경으로 생활기반 또한 같았다. 그 생활기반은 무엇보다 포도나 올리브와 같은 과수를 재배하는 집약농업과 목양(牧羊)이나 양돈 등의 축산업, 그리고 분업화된 수공업 등이 근간을 이루어졌다. 여기서 생산되는 물품은 해상교역을 통해 거래되었다. 크레타 인이 먼저 에게해의 제해권을 장악하여 에게해와 동부 지중해를 통해 교역 활동을 전개하였고, 뒤이어 뮈케네 인은 활동영역을 남부 이탈리아와 시칠리아까지 확대했다.

기원전 13세기중반에 트로이 전쟁이 발발한 이후 에게해와 동부지중해 세계는 일리리아 인(Illirians)과 트라키아 인(Thracians)의 동방진출, 그리고 '해상민족'의 침입 등으로 일대 혼란기를 맞았다. 뮈케네 지역도 이 커다란 물결에 휩쓸렸다. 기원전 1200년 이후 뮈케네 지역은 한발(旱魃)이 엄습했으며, 뒤이어 그리스 인의 일파인 도리아 인(Dorians)이 북쪽에서 남하하여 이 지역의 왕국들을 정복·파괴했다(기원전 1125년경). 곧이어 크레타의 크놋소스 또한 기원전 1100년경에 파괴되면서 에게 문명은 종말을 고하고, 그리스 세계는 이후 약 300년 동안 이른바 암흑시대를 겪었다. 그 결과 에게 문명은 암흑시대를 거쳐 그리스 문명에 계승되어 발전하지 못하고 단절되었던 반면에, 그리스 문명은 별개의 독창적인 문명으로 발전하여 유럽 문명이 생성하는데 중요한 역할을 했다. 요컨대 에게 문명 중 크레타 문명은 개방적이어서 평화와 안정을 상징하는 반면, 뮈케네 문명은 폐쇄적이어서 동요(動搖)와 전쟁으로 불안정을 상징한다.

(4) 그리스 문명

폴리스(polis) 체제

고대 그리스의 진정한 역사는 폴리스의 성립과 더불어 시작된다. 폴리스는 그들에게 생활의 중요한 터전이었다. 폴리스 성립의 보다 큰 역사적인 의의는 서양 역사와 문화 전체의 참다운 시작을 의미한다는 데 있다. 이러한 인식은 전제군주체제하의 오리엔트 세계와 달리 그리스 인이 자유로운 시민공동체인 폴리스를 성립하여 유지했다는 점에 근거하고 있다. 따라서 폴리스의 등장은 서양 역사와 오리엔트 역사, 더 나아가 동양 역사를 대별하는 분기점이다.

폴리스는 기원전 800년경에 그리스 세계에서 보편적으로 등장한다. 도리아 인이 침입하자 그리스 원주민들이 내륙의 오지(奧地)로 피신하여 촌락을 중심으로 정착하면서 양측은 서로 대치하면서 살았다. 그리스 본토가 곧이어 암흑기(기원전 1100년-800년)에 접어들면서 원주민인 이오니아(Ionia)계와 아이올리스(Aeolis)계, 그리고 뒤이어 도래한 도리아계의 그리스 인들은 에게 해를 건너 소아시아 반도의 서해안지역과 그 인근의 도서지역(島嶼地域)으로 이주했다.

성립초기의 폴리스는 자연방벽으로 분리된 채, 그 주민들이 언덕 위에 구축된 성채를 중심으로 생활하는 작은 왕국의 형태였다. 그 규모는 뮈케네 시대의 왕국보다 작지만, 자연공동체인 촌락보다는 컸다. 폴리스는 집주체제(集住體制: synoikismos체제)를 거치면서 이런 형태의 공동체를 이루었다. 즉, 집주체제란 여러 촌락이 외부세력의 위협에서 스스로를 지키기 위해 군사·지리적으로 유리한 지역을 중심으로 결속하여 도시를 형성하고, 그 도시와 주변의 촌락들이 하나의 독립된 주권국가를 이루는 체제를 말한다. 따라서 폴리스는 군사적, 정치적, 경제적, 사회적, 그리고 종교적인 유대로 결합되고, 법(nomos)에 의해 규제되는 완전한 독립성과 주권을 가진 시민공동체였다.

그리스 민족은 폴리스라는 개별적인 도시국가로 분립된 채, 통일된 단일국가를 형성하지 못했지만, 동족의식을 유지하려고 노력했다. 그들은 델포이(Delphoi)의 아폴론(Apollon) 신전을 중심으로 종교적인 인보동맹(Amphictyony)을 맺거나, 정치동맹과 군사동맹을 맺기도 했다. 그들은 또한 제우스 신전이 위치한 올림피아(Olympia)에서 기원전 776년부터 4년마다 체전을 개최하여 그 기간 동안 폴리스 상호간에 전쟁을 금지하는 등 동족의 화합을 위해 노력했다. 이처럼 그리스 민족은 각 폴리스의 독자적인 발전과 민족정체성의 유지를 도모하기 위해 총체적이거나 부분적인 결속방안을 강구했던 것이다.

폴리스 성립초기의 구성원은 원래 클레로스(kleros)라는 분할지를 보유한 독립자영농이었다. 이 토지는 공동체가 부족(phyle)별로 할당하고 개인이 추첨을 통해 공정하게 분배받은 토지였다. 이 토지는 한동안 매매와 양도가 제한되었던 사유재산이었다. 농민들은 이 시기에 주로 주곡생산과 더불어 과수재배와 가축사육이라는 혼합농업방식에 의존하는 자급자족 수준의 생산 활동을 했다. 그들은 독립된 생활을 영위하면서 자신의 일을 스스로 결정할 수 있는 자유민이었다. 그들 중에 유력한 세력이 바로 귀족이었다. 이들은 스스로 조달할 능력을 갖춘 중장기병이며, 폴리스의 형성과 방위에 주도적인 역할을 담당하는 전사였다. 이 때문에 폴리스는 성립초기에 왕정체제였으나, 귀족과두정적인 성격이 강했다. 왕은 전시에 전사들을 지휘하고 종교의식을 주재하는 등 군사기능과 종교기능만 보유했을 뿐, 폴리스의 주요사항은 전사귀족과 협의하여 결정했다. 이처럼 전사귀족의 발언권이 처음부터 강해서 왕권이 제약을 받자, 정치실권은 사실상 이들 귀족에게 있었다. 왕정은 이후 기원전 7세기 중에 거의 소멸되고, 왕가도 귀족층에 흡수되었다.

폴리스체제의 그리스 세계는 식민 활동을 통해 사회 · 경제적인 변화가 일어났다. 각 폴리스는 성립이후 사회가 안정되고 생산활동이 확대되면서 인구도 증가했다. 폴리스는 기원전 8세기후반부터 빈곤과 과잉인구의 해소 및 무역거점의 확보를 위해 흑해와 지중해의 여러 지역에 식민시(植民市)를 건설했다. 그리스 인의 식민 활동은 식민시가 그 인근의 이민족과 모시(母市: metropolis) 사이에 교역중개지가 되면서 대외교역을 촉진시켰다. 이민족들은 그리스 세계에서 생산되는 포도주와 올리브유를 선호했고, 그리스 인은 이들이 생산하는 곡물, 금속, 목재와 같은 원료를 구입했다. 대외교역이 이루어지면서 폴리스의 농민들은 포도주와 올리브를 판매하고 필요한 물품을 구입하기 위해 도시의 시장을 왕래하는 가운데 공무에 관심을 갖고 참여할 기회가 생겼다. 이처럼 이들은 폴리스에 대한 권리와 의무를 다한다는 점에서 이상적인 시민으로 인식되었다. 한편 화폐가 기원전 7세기후반 소아시아의 뤼디아(Lydia)왕국에서 발명되어 그리스 세계에 도입되면서 대외교역은 더욱 신장되었고, 폴리스의 수공업생산도 이에 자극을 받아 도자기는 주요수출품이 되었다. 이로 인해 폴리스에서는 부유한 농민층과 상공인층이 등장했다.

그리스의 정체 변화는 스파르타(Sparta)와 아테네(Athenae)로 대별하여 살펴볼 수 있다. 스파르타의 정체는 초기부터 왕정, 귀족정, 민주정의 요소를 모두 갖춘 혼합정체(混合政體)로서 더 이상 발전이 없었다. 반면에 아테네는 기원전 7세기에 왕정이 폐지되면서 귀족정이 들어섰고, 기원전 6세기 초에는 솔론(Solon)에 의해 금권정(혹은 명예정: timocratia)이 수립되었다. 기원전 6세기 중엽에는 페이시스트라토스(Peisistratos)에 의해 참주정이 들어섰다가 그 말엽에 클레이스테네스(Kleisthenes)가 민주정을 수립했다. 아테네 민주정은 페르시아 전쟁이후 페리클레스(Pericles) 시대에 완성되었다. 아테네 민중은 이 시기에 권한이 확대된 민회를 통해 국정을 주도했고, 배심원활동으로 재판도 좌우했다.

이처럼 아테네는 민주정을 꽃피웠지만, 그리스 세계의 폴리스 체제 전체를 와해시키는 단초를 제공했다. 아테네는 페르시아의 재침에 대비하여 결성한 델로스(Delos)동맹체를 제국(帝國)으로 삼고, 그 기금을 전후복구에 전용했다. 아테네는 이에 반발하여 탈퇴를 시도하거나 반란을 일으킨 회원국들을 가혹하게 처벌했다. 아테네는 뒤이어 델로스 동맹체를 이용하여 서부 그리스로 세력 확대를 기도한 나머지 스파르타를 주축으로 한 펠로폰네소스 동맹체와 격돌했다(펠로폰네소스 전쟁: 기원전 431년-404년). 아테네는 이 전쟁에서 패배함으로써 그리스에서 주도권을 상실하고 스파르타가 맹주로 등장했으나 스파르타의 패권도 오래가지 못했다. 스파르타는 기원전 371년에 레욱트라(Leuctra)전투에서 테베(Thebai)에게 패배했고, 테베도 기원전 362년에 만티네이아(Mantineia)전투에서 스파르타와 아테네의 연합군에게 패배함으로써 그리스 세계는 분립주의가 강화되었다.

폴리스들은 이 와중에 상호간의 대립과 분쟁이 격화되면서 정세의 혼란과 무정부상태에 빠졌고, 사회・경제적인 위기마저 도래했다. 폴리스마다 경기가 위축되고 해외교역이 축소되는 한편, 용병의 고용이 확대되고 선동정치가 만연하는 가운데 폴리스 정신은 사라졌다. 결국 폴리스 체제는 기원전 338년에 마케도니아 왕 필립포스 2세가 그리스를 정복함으로써 붕괴되었다. 요컨대 폴리스 체제의 그리스는 아테네의 이기심과 자만심으로 균형과 조화를 상실하면서 와해되기 시작했다.

(5) 헬레니즘 문명

알렉산드로스 대왕의 동방 원정과 헬레니즘 세계

마케도니아의 알렉산드로스 대왕은 기원전 336년에 선왕인 필립포스 2세가 서거하자, 왕위를 계승하여 2년 후 동방원정을 단행했다. 그는 기원전 330년에 페르시아 제국을 멸망시킨 후 기원전 324년까지 유럽, 아시아, 그리고 아프리카의 3대륙에 걸친 대제국을 건설했다. 그의 제국은 마케도니아에서 소아시아, 시리아, 메소포타미아, 이집트, 페르시아, 그리고 인더스 강 유역에 이르는 광대한 영토로 이루어졌다. 그 다음해에 그가 바빌론에서 열병으로 사망하자, 그의 유장(遺將)들은 후계자(Diadochoi)전쟁을 전개했다. 약 40년 후에 마케도니아는 안티고노스 왕조가 들어섰고, 셀레우코스 왕조는 시리아, 메소포타미아, 페르시아, 그리고 소아시아를 장악하였으며, 프톨레마이오스 왕조는 이집트와 함께 페르시아와 팔레스타인을 차지함으로써, 헬레니즘 세계는 3왕국으로 분립되었다. 이들 왕국은 기원전 146년부터 기원전 30년까지 차례로 로마에 정복당했다.

헬레니즘 시대는 알렉산드로스의 페르시아제국 정복에서 로마의 이집트합병까지 지속되었던 300년 동안을 말한다. 대왕의 동방원정은 문화의 융합과 인종의 혼합을 초래했다. 그 결과 헬레니즘 문명이라는 이전과 다른 문명이 등장했다. 헬레니즘 문명은 그리스적인 요소와 동방적인 요소가 혼합된 새로운 문명이었다. 알렉산드로스의 동서융합정책이 계승되어 오리엔트 세계에 그리스 식 도시가 건설되고, 그리스인들의 이주로 그리스 언어와 생활방식이 전파되면서 기존의 동방적인 요소와 혼합되어 헬레니즘 문명은 발달했다.

헬레니즘시대의 전형적인 통치체제는 전제군주제였으며, 대수의 왕들은 스스로를 신격화하려고 시도했다. 이러한 현상은 로마제정시대의 지배자들에게 영향을 미쳐 황제 숭배 사상이 나타나게 했다. 한편 대다수 그리스 도시국가들은 독립을 유지하기 위해서 동맹을 맺었고, 아이톨리아 동맹과 아카이아 동맹과 같이 오늘날 국가연합에 해당하는 연방동맹으로 점차 확대시켰다. 헬레니즘 세계의 경제도 비약적으로 발전했다. 거대한 교역권이 형성되고, 화폐경제가 신장되었으며, 정부가 상공업을 장려한 결과, 생산·교역·재정 체제가 대규모로 성장했다. 이집트와 셀레우코스 왕조는 상업을 장려하기 위해서 원격지에 이르는 통상로의 발견과 무역시장의 개설을 추진했을 뿐만 아니라 도로와 항만, 그리고 운하를 정비·보수하기도 해서 외국상품이 다양하게 거래되었다. 이집트는 알렉산드리아 항구를 통해 아라비아의 향료, 키프로스의 구리, 에티오피아와 인도의 황금, 브리탄니아의 주석, 누비아의 코끼리와 상아, 에게 해 북부 연안과 히스파니아의 은, 소아시아의 양탄자, 그리고 중국의 비단까지 반입했다. 상업의 발달과 더불어 금융과 대도시도 성장했다.

(6) 로마 문명

로마의 이탈리아와 지중해 통일

로마는 그리스처럼 도시국가에서 시작하여 거대한 제국으로 발전했다. 로마 역사는 정체별로 구분하면 왕정시기(기원전 753년-509년), 공화정시기(기원전 509년-27년), 그리고 제정시기(기원전 27년-서기 476년) 등 세 시기로 이루어진다. 이 세 시기 중에 로마가 가장 활발하게 활동하던 시기는 공화정시기였다. 로마는 이 시기에 이탈리아반도와 지중해세계를 정복했다. 로마가 이러한 결과를 성취할 수 있었던 이유는 군사력을 확보할 수 있었기 때문이었다. 로마는 자체의 군사력을 육성했을 뿐만 아니라, 외국과 전시의 군사력제공을 조건으로 동맹관계를 체결함으로써 지속적인 대외정복전쟁을 수행할 수 있었다.

로마는 공화정 초기에 국력이 약화된 상태에서 외세의 빈번한 침략을 받자, 기원전 493년에 라티움(Latium) 지역의 도시국가들과 라틴 연맹을 결성하여 외침에 공동으로 대처하면서 세력을 확대해나갔다. 기원전 4세기 중반에 이르러 로마는 라티움 남쪽의 캄파니아(Campania)지역까지 진출했다. 위기의식을 느낀 일부 회원국들이 반란을 일으키자 로마는 진압과 더불어 연맹을 해체하고, 이후로 모든 국가와 개별동맹을 채결하는 정책을 고수했다. 로마는 기원전 4세기 후반부터 3세기 초까지 삼니움 족과 3차례에 걸친 치열한 전쟁에서 승리함으로써 남부 이탈리아에 위치한 그리스 식민도시국가 지역(Magna Graecia)으로 진출할 수 있었다. 결국 로마는 이들 국가 중에 완강하게 저항하는 동남쪽 칼라브리아(Calabria) 지방의 타렌툼(Tarentum)을 기원전 272년에 정복하고, 기원전 265년까지 티베르 강 상류지역의 아펜니노 산맥(Appenninus) 너머의 피케눔(Picenum) 지역을 정복함으로써 포(Po)강 이남의 이탈리아를 통일하여 패권 하에 두었다. 곧이어 로마는 지중해로 진출했다.

로마는 기원전 264년에 카르타고(Carthago)가 시칠리아에서 세력 확대를 기도하자, 위기의식에서 이 사태에 개입함으로써 3차례에 걸쳐 카르타고 전쟁이 발발했다(기원전 264년-146년). 로마는 이들 전쟁에서 모두 승리하여 1차에서 시칠리아 속주와 사르디니아 속주, 2차에서 2개의 히스파니아 속주, 그리고 3차에서 카르타고 본국의 아프리카 속주를 건설하면서 서부 지중해의 제해권을 장악했다. 로마도 4차례에 걸친 마케도니아 전쟁에서 승리하여 결국 기원전 146년에 마케도니아를 로마의 속주로 편입하면서 그리스로 진출했다(기원전 215년-146년). 기원전 133년에 페르가뭄 왕국의 앗탈루스 3세가 서거하면서 왕국을 로마에 유증하자, 로마는 왕국을 속주로 편입하여 소아시아 반도로 진출했다. 이후 로마는 오리엔트의 혼란을 틈타 기원전 63년과 30년에 각각 시리아와 이집트를 속주로 편입시켜 지중해 세계를 통일했다. 로마는 공화정 말기와 제정 초기에 걸쳐 유럽의 내륙으로 진출하여 제국의 경계가 라인강과 다뉴브강에 이르렀다.

로마 경제는 공화정 후기부터 그 규모가 서서히 확대되어 제정 초기에 절정을 이루었다. 농업은 대농장제의 발달로 인해 환금작물의 재배와 곡물의 대량생산이 가능했다. 산업은 도자기, 직물, 유리, 그리고 금속 분야 등의 제조업이 발달하였고, 대외교역 또한 아라비아, 인도, 그리고 중국 등으로 확대되면서 중국의 비단을 수입했다. 경제활동의 중심은 동부 지중해 지역에 있었지만, 서유럽 또한 이 시기에 포도와 올리브의 재배가 확대되고 도시의 발달로 인한 교역의 증대도 이루어졌다. 그러나 로마 경제는 부의 편중, 육체노동의 경시, 노예 노동력의 감소로 인한 생산력의 하락, 무역 역조, 그리고 정치와 사회의 혼란 등으로 인해 3세기부터 쇠퇴했다.

기독교의 발전

기독교(Christianity)는 제정초기에 로마의 속주인 유대(Iudaea) 지방에서 생성되었다. 기독교는 유대교에서 유래했지만, 유대교의 배타적인 선민사상(選民思想)과 형식적인 율법주의(律法主義)를 배격하고, 신의 절대적인 사랑과 최후의 심판에 의한 구원을 약속한 종교였다. 기독교는 처음부터 이런 종교적인 특징으로 인해 가난하고 힘없는 하층민들에게 호소력이 있었다. 그러나 기독교의 성장과 발전에는 어려움도 많았다. 기독교는 로마정부에게 심한 박해를 받는 가운데 타종교와 경쟁해야 했다. 기독교는 이런 악조건 하에서도 결국 로마제국의 국교로 성장했다.

로마에는 원래 그리스 종교와 흡사한 다신교 형태의 전통종교가 있었지만, 로마인들은 외래종교의 수용에 관대했다. 로마 세력이 헬레니즘 세계로 진출하자, 신비적이고 감성적이며 내세의 구원을 약속하는 다양한 동방종교들이 이탈리아로 유입되었다. 이중에 기독교와 경쟁관계에 있었던 종교는 미트라교와 마니교였다. 기원전 1세기에 전파된 미트라교는 서기 2세기부터 3세기말까지, 그리고 마니교는 3세기말부터 4세기말까지 기독교와 경쟁관계에 있었다. 그러나 기독교는 사회적으로 혼란했던 3세기부터 교세가 신장되기 시작하여 4세기말에 제국내의 모든 종교를 압도했다.

기독교는 정치적인 이유에서 박해를 받았다. 기독교도들은 제국에 대한 충성표시라는 정치적인 의의를 지닌 황제 숭배의식을 우상 숭배라고 배격하는 한편, 자신들의 은밀한 예배모임이 로마정부에 대한 음모로 오인되면서 1세기부터 4세기 초까지 가혹한 박해를 받았다. 그러나 기독교는 곧이어 성장의 길로 접어든다. 콘스탄티누스(Constantinus)대제는 제국의 재건을 위해서 313년에 밀라노칙령으로 기독교를 공인했다. 그는 이어 325년에 니케아 공회의를 통해 아타나시우스파의 삼위일체설을 정통 교리로 채택하고, 그리스도의 인성을 강조한 아리우스파를 이단으로 규정함으로써 교리 논쟁을 종결했다. 아타나시우스파는 제국 전역에 확산되었던 반면, 아리우스파는 게르만의 여러 부족으로 전파되었다. 또한 5세기에 이단으로 몰린 네스토리우스파는 중앙아시아를 거쳐 중국까지 전파되어 경교(景教)로 알려졌다가 소멸되었다. 결국 기독교는 391년에 테오도시우스 황제가 제국 내에서 다른 종교들을 금지시킴으로써 로마의 국교가 되었고, 이후 서유럽의 보편 종교로 발전했다.

4. 아메리카의 인디언

1492년 콜럼버스의 대서양 횡단 이후 아메리카 대륙이 서양의 세력권으로 재편되는 과정에서 잔인한 피의 정복이 나타났다. 콜럼버스는 사실상 명예와 부를 획득하기 위해 고국을 등지고 스페인에 안착했던 인물이다. 그는 이사벨라 여왕의 도움을 받아 대서양 횡단의 모험을 했다. 스페인 여왕이 자국인도 아닌 외국인에게 세척의 배를 주고 새로운 인도항로를 개척하게 한 것은 정치와 사회경제, 그리고 종교적 이해관계 때문이었을 것이다.

콜럼버스가 원주민이 태평양의 동인도로부터 왔다고 생각하여 인디오(Indio: 이 단어는 우리가 흑인을 니그로라 하는 것처럼 라틴아메리카 원주민을 낮추어 부르는 단어이다)라 불렀다. 콜럼버스도 나중의 이 땅의 정복자들과 마찬가지로 황금을 확보하기 위해 혈안이 되었다. 아메리카 대륙에 도착한 또 다른 정복자들도 금은을 얻기 위하여 잔인한 수법을 동원하여 인디오들을 약탈했다. 그 첫 번째 주자는 헤르난도 코르테스(Hernando Corte's)였다. 콜럼버스가 유럽인들을 신세계로 이끌었다면, 코르테스는 유럽의 체제를 신세계에 도입했다. 스페인령 히스파놀라 섬에서 생활하고 있던 코르테스는 보다 남쪽의 땅을 노리고 있었다. 1511년 그는 베라스케스와 함께 쿠바를 정복하는데 성공했다. 쿠바에 안주하려는 베라스케스와 달리 코르테스는 더 남쪽 땅 엘도라도(황금의 땅)를 노리고 있었다. 20년 후 남미의 잉카제국을 정복한 이는 프랜시스코 피자로(Francisco Pizzaro)이다. 피사로는 불과 300명의 군인으로 1,200만 명의 잉카 제국을 정복했다. 결국 유럽인의 무모함과 정복욕이 이들을 정복한 것이다. 이들은 구대륙에서 벌이던 방식으로 신대륙의 문명을 정복했다.

이들 정복자들의 공통점은 자신들의 문명을 몰랐을 뿐만 아니라 대서양 건너 신대륙의 인디오의 문명도 이해하려고 하지 않았고 알 필요도 없다고 생각했다는 것이다. 이후 신대륙의 역사는 피의 역사가 되었다. 인디오의 비극은 스페인인들의 살육과 전염병의 유입 때문이었다. 인디오들에게 생전 처음 노출된 병들은 천연두, 인플루엔자, 홍역, 발진티푸스, 수두, 매독 등으로 유럽에서조차

치유하기 힘든 것들이었다. 고의적으로 들여왔다고 보기는 어렵지만, 유럽인들은 이러한 병들에 대하여 오랜 시간 어느 정도의 면역성을 길러 왔지만, 인디오들에게 있어서 이 병들은 치명적인 것이었다. 수천만 명의 인디오들이 이 병으로 죽어갔다. 그 숫자는 아무도 모르고, 많은 학자들이 추정치를 내고 있으나 단지 추정일 뿐이다.

어떤 지역에서는 백인과의 접촉 이후 수십 년 이내에 모든 원주민들이 죽기도 했다. 중미 아스텍 문명의 원주민들은 대략 95%가 코르테즈의 도착 이후 죽었다고 한다. 물론 유럽인들과 접촉이 늦었던 인디오들은 덜 죽었다. 하지만 이것은 이전 수백 년간 흑사병이 유럽인들을 몰살시킨 것보다 큰 재앙이었다. 학자들은 대략 5,000만 명에서 8,000만 명 정도의 인디오들이 16세기 초의 50년간 거의 1천만 명으로 줄었다는 견해를 제시하고 있다.

만약 천연두와 온갖 전염병들이 아스텍에서 퍼지지 않았다면 스페인군이 이겼을 리가 없다는 것은 거의 확실하다. 남미 잉카에서도 마찬가지였다. 여기서 우리는 다음과 같은 두 가지 점을 염두에 두어야 할 것 같다. 먼저 스페인인이나 원주민 모두 전염병이 신의 처벌 형태로 나타났다고 믿었던 것이다. 흑사병이 신의 재앙이라고 해석하는 것이 스페인의 전통이었다. 그것은 구약성서와 가톨릭의 전통이기도 했다. 그런데 그런 병들을 경험한 적이 없는 원주민들이 그에 동의했다는 것은 이상하다. 아마도 원주민들의 종교 교리에서도 신의 분노가 병으로 나타났을 것이다. 따라서 원주민들은 이 병을 초자연적인 현상으로 이해하여 불가항력으로 받아들였을 것이다.

또 하나는 원주민들을 몰락시킨 병이 스페인인에게는 별로 해가 없었다는 점이다. 이것은 원주민이 정복자에게 열등감을 가질 수밖에 없는 것으로 작용하였을 것이다. 왜냐하면 백인이 이전부터 면역성이 있다는 사실은 모르고 백인은 신체적으로 우월했다고 생각하기 때문이다. 백인들이 도덕적으로 문제가 없고 경건하였기 때문이 아니고 그 면역성 때문이었는데도 그것을 원주민들은 몰랐고 백인들은 그것을 고의로 이용했다는 것이다. 전염병보다 더 심한 것은 스페인인의 악행이었다. 수많은 인디오들이 전투에서 살해되었고, 일부 인디오들은 자살을 택했다. 그들이 보여준 잔악함은 후대의 히틀러가 유대인을 학살한 것보다 더한 것이었다. 인디오들이 야만인이기 때문에 그들을 학살한 것만은 아니다. 아이러니컬하게도 중남미의 인디오들은 매우 수준 높은 수준의 문명을 이루었기 때문이었다. 정복자들이 믿었던 것처럼 인디오들이 미개하고 비조직적이었다면 그들을 모두 멸망시킬 필요가 없었을 것이다. 그러나 그들이 상당한 문명을 발달시켜 유럽 제국에 위협이 되었기 때문에 무자비하게 학살했다.

인디오의 비극은 인구 감소와 멸절만이 아니었다. 그들은 1만 년 이상 이어져 내려오던 인종과 민족의 단일성을 잃어버렸다. 그것은 바로 유럽인과 인디오의 혼혈이다. 식민지 관리들은 자신의 아내들을 신대륙으로 데려오는 경우도 있었지만 대부분은 총각이거나 유부남이라도 홀로 대륙으로 건너왔다. 그 결과 당연하게도 스페인인들은 원주민 여자와 성적 접촉을 가졌다. 강제로 이루어지던지 혹은 원주민 남자 수가 적어 인디오 여자의 동의를 받아 혼혈

아들이 태어났다. 오래지 않아 우리가 메스티조(Mestizo)라 부르는 혼혈인들이 식민지 인구의 대부분을 차지했다.

또 다른 문명의 척도인 건축물에서도 심각한 파괴가 있었다. 어떤 문명이 다른 문명을 지배하더라도 이처럼 고의로 심각하게 문명의 유산을 파괴하는 경우는 거의 없을 것이다. 우선 정복자들은 아스텍과 잉카의 신전을 파괴했다. 우상숭배라 생각하였으니 파괴는 정복자의 입장에서는 당연하겠지만, 그 위에 교회를 세우는 것은 문명의 파괴일 뿐만 아니라 문명의 이해에 대한 눈높이가 낮았음을 알 수 있다. 그들은 폐허가 되어 토대만 남은 잉카신전(태양의 신전) 위에 가톨릭교회를 세우고 그것을 기독교 신의 지배로 생각했다.

북미 인디언(현재의 미국과 캐나다 지방을 통 털어서 말하며, 남미에서는 인디오라는 스페인어, 북미에서는 인디언이라는 영어가 쓰인다)들은 유럽인 특히 영국인과 프랑스인이 북미에 도착하기 이전에는 대체로 수렵과 채취, 어로생활을 하면서 300여 개의 부족들이 여러 곳에 흩어져 살았다. 이들 부족은 문자나 언어의 통일성이 거의 없어서 백인들의 침략과 수탈에 효과적으로 대항할 수 없었다.

옛날부터 넓은 아메리카 대륙에서 소유권 개념이 없이 살던 인디언들은 토지 소유권 개념이 강한 백인들과 충돌했다. 백인들은 유럽 땅에 살 때부터 좁은 땅덩어리에 부대끼며 살았기 때문에 토지 소유 개념이 무척 강했다. 그리하여 아메리카의 넓은 땅을 보자 인디언에게서 땅을 빼앗고 싶은 마음이 생겼다. 인디언이 토지를 빼앗기는 원인은 싸움에 지고 질병을 피해서 스스로 서쪽으로 도망가는 경우도 있었고, 조약에 의해 빼앗긴 경우도 있었다. 학자들은 그 원인을 남미와 거의 마찬가지로 질병과 백인들의 살육 전쟁, 인디언 부족 간의 분열이라고 지적하고 있다.

아마도 이전에 스페인인이 뉴잉글랜드 근처에 상륙한 적이 있었고, 영국 측에서도 이미 상륙을 시도한 적이 있었기 때문에 인디언들은 이들을 환영한 것만은 아니었다. 다만 적극적으로 저항하지도 않았다. 문명의 충돌에서 의례 일어날 수 있는 일이 일어났을 뿐이었다. 그것은 무관심을 가장한 호기심, 이익과 실리의 충돌이다. 북미 인디언들도 남미의 원주민들처럼 큰 배와 말을 타고 온 백인이 정복민이 될 것이라고는 생각하지 못하였을 것이다. 1607년 최초로 북미에 도착한 영국인에 대한 포하탄 부족의 태도에서 우리는 그것을 찾아볼 수 있다.

포하탄(Pohatan)족은 부족연맹으로 외래인에 대해 일종의 호기심어린 눈으로 보다가 그냥두기로 했던 모양이다. 이들이 영국인을 모두 죽일 수도 있었지만 공존의 가능성을 자연스럽게 생각했다. 끝도 없이 펼쳐진 대륙에서 같이 살수도 있다고 생각했을 것이다. 1614년에 존 롤포(John Rolfe)가 포하탄 추장의 딸인 포카혼타스(Pochahontas)와 결혼한 것은 유명한 일화이다.

> 1607년 겨울 포하탄족의 추장은 사냥 중이던 존 스미스를 잡아서 사형에 처하기 직전에 추장의 딸 포카혼타스의 만류로 그를 살려주었다. 스미스를 살려준 포카혼타스는 1614년 담배 재배업자이던 존 롤프와 결혼하여 영국으로 건너갔다. 1616년 영국의 기후에 적응하지 못한 포카혼타스는 고향에 돌아오지 못하고 런던에서 21살의 젊은 나이에 죽었다. 그 다음해에 아버지인 포하탄 추장도 죽었다.

1620년 뉴잉글랜드 플리머스에 도착한 청교도들에게는 보다 우호적인 인디언이 기다리고 있었다. 기나긴 겨울을 겨우 버티자, 1621년 3월 한 인디언이 자발적으로 정착지에 나타났다. 사모세트(Samocet)라고 스스로를 밝힌 이 인디언은 정착민들과 부근 인디언 부족인 아브나키(Abnaki)족의 대추장 매서소이트 추장과의 교량 역할을 하면서 모피 등 물자를 거래할 수 있는 길을 터 주었다. 곧 이들 간에 비교적 공정한 협약이 맺어졌는데 이것은 아마도 아메리카 대륙에서 최초의 원주민과 외래인과의 협약일 것이다. 이들 간의 합의는 그 후 50여 년간 지켜지다가 1670년 추장의 둘째 아들이 추장(백인으로부터 필립이라는 이름까지 받았던)이 되자 사정이 달라졌다. 일대의 인디언들을 규합한 그는 소위 '필립왕의 전쟁'을 일으켰다. 1675년에서 1676년 까지 거의 2년간에 걸친 전쟁은 필립왕의 전사로 인디언의 완패로 끝났다. 이 전쟁 결과 청교도 정착민은 거의 600명-1000명이 죽었다. 이 숫자는 정착민의 거의 10%에 해당하는 것이었다. 인디언 측의 인명 피해는 훨씬 커서 약 3,500명 이상이 전사한 것으로 알려지고 있다. 이 전쟁 이후 뉴잉글랜드 지방의 인디언은 완전히 소멸되었다.

인디언들도 때론 저항했다. 1763년 유명한 폰티악(pontiac)의 저항을 들 수 있다. 영국인들이 조상 전래의 땅과 사냥터를 침식해 오자 그는 슈페리어 호수와 미시시피강 근처의 부족을 연합하여 디트로이트를 공격했다. 영국군과의 전투가 계속되다가 1764년 양측은 평화조약을 맺었다. 3년 뒤 폰티악이 다른 종족의 인디언에게 암살당하자 이 인디언의 역사상 최대 저항은 점차 사그라졌다. 그 후 19세기 까지 대평원지역의 인디언이 주로 저항의 중심이었다. 그 이유는 백인에 의해 인디언의 삶의 기본이자 터전인 들소가 대학살 당했기 때문이다. 1876년 커서터 대령(G. Custer)이 인디언 섬멸에 앞장섰으나 '앉아 있는 들소'(Sitting Bull)라는 별명을 가진 인디언이 주도하는 인디언 부족들에게 격파 당했다. 그것이 마지막 반항이었다. 그 후에는 인디언들의 수가 줄어들고 힘이 약하여 결국 저항이 점차 없어졌다.

19세기 초반 미국 연방정부는 인디언의 멸절에서 이주와 보호로 정책을 바꿨다. 앤드류 잭슨(Andrew Jackson) 대통령 시절인 1832년 5개의 개화된 부족을 먼저 이주의 대상으로 삼았다. 현재의 미국의 동남부 지역에 살던 촉토(Choctaw), 치카소(Chikasaw), 크리크(Creek), 세미놀(Seminole), 체로키(Cherokee)족들을 오클라호마로 이주시켰다. 이 이주정책을 보통 '눈물의 이주'(Trail of Tears)라 부른다. 인디언에 대하여 백인들은 오만한 인종차별 감정으로 섬멸하려 하다가 결국 동화정책으로 나아갔던 것이다. 이들을 이주시킨 배경에는 여러 가지가 있지만 결과적으로 인디언들을 고향땅에서 못살게 만들었다. 고향을 떠나 다른 곳으로 이주하게 됨에 따라 생활방식이 달라졌던 것이다. 새로운 기후와 자연, 새로운 생활방식에의 적응은 수 천 년 한곳에 살았던 사람들에게는 힘든 것이었다. 인디언들은 적응이 어려워 점차 기아상태에 빠졌고, 병에 저항력이 약해져 많은 사람들이 죽어갔다.

아메리카 대륙 남북 모두에서 양 문명의 만남이 인디언들에게 치명적인 결과를 낳았지만, 정복자들은 살육과 정복, 약탈 외에

몇 가지 농작물과 가축을 원주민들에게 전해주었다. 그 중에 중요한 것은 마차나 말과 소, 돼지, 양 등의 가축, 그리고 바나나, 사탕수수, 커피 등의 농작물이다. 북미의 인디언들은 옥수수 농사를 짓고 있었고, 그 외에의 여러 작물을 심고 있었던 것이 이들 작물은 중남미 보다는 다양하지는 않았지만 나름대로 자급자족할 수 있었던 것이다.

말과 돼지와 소의 도입은 북미의 인디언들에게 아중 중요한 변화였다. 산이 많고 좁은 땅에 살았던 중남미 인디오들에 비해 대평원이 펼쳐진 북미 땅은 소와 말들이 번식하기에 적합했다. 수백만 마리로 불어난 소와 말을 잡기 위해 북미 인디언들은 이전과 다른 생활양식을 가졌다. 그것은 바로 새로운 도구의 사용과 말과 소를 이용한 농사법과 가축을 키우는 것이다. 신석기 시대에서 청동기 시대로 변한 것은 구대륙의 동물들이 들어오고 난 이후의 일이다.

백인들에게 인디언와의 교류는 원주민을 지배할 수 있는 여건과 후에 '백인들의 시대'가 도래하는 시발점이었다. 수많은 금과 은의 도입은 가격혁명을 일으켰고, 상업혁명으로 인해 자본주의의 기초를 만들게 했다. 이것이 산업혁명과 서양의 지배로 이어지지만, 당시에 몰랐던 문명 교류의 일방적 이익이 있었다. 결국 대서양을 사이에 둔 문명의 교류는 상당히 일방적이면서 파괴적이었다. 문명사 측면에서 파괴된 아메리카의 문명은 결코 되찾을 수도 없고 회복할 수 도 없었다.

5. 향료 전쟁

(1) 지리상 발견의 동기

경제동기: 향료에 대한 수요 증가

십자군 이후 서유럽 상인들, 특히 이탈리아 상인들은 이슬람 상인들과 활발하게 교역했다. 이슬람 상인과의 교역품 중 가장 높은 비율을 차지하는 것은 육두구, 정향, 후추와 같은 향료이다. 향료는 서유럽의 음식 문화에서 필수품이었다. 동물들이 겨울을 날 수 있는 사료가 없었기 때문에 농사에 필요한 큰 동물이나 번식용을 제외하고 대부분의 동물들을 늦가을에 도살하여 소금에 절여 놓았다. 소금에 절인 고기를 장기간 보관하여 먹을 때 심한 악취가 났다. 악취를 잠시나마 없애는데 효과적인 것이 향료였다.

향료는 열대성 작물이기 때문에 서유럽 지역에서 재배할 수 없었다. 당시 향료는 이슬람 상인이 인도에서 가져와서 이탈리아 상인에게만 팔았다. 독점이었던 이탈리아 상인들의 폭리는 상당했다. 게다가 15세기 오스만 투르크가 레반트(Levant) 지역으로 진출했고, 콘스탄티노플까지 장악하면서 지중해를 통행하는 선박에 중과세를 부과했기 때문에 지중해 무역로는 안전하지도, 수익률이 높지도 않았다. 방법은 두 가지 뿐이었다. 이탈리아 상인을 배제하고 이슬람 상인과 거래하는 방법이 있었다. 그러기 위해서는 금이 필요했다. 이슬람 상인이 대금을 금으로 받고자 했기 때문이다. 이 방법은 원가에서 이윤을 더한 금액을 이슬람 상인에게 주어야 했기 때문에 이전만큼은 아니지만 향료 가격이 비싸다는 단점과 부의 기준이 되는 금을 무한정 유출시킬 수 없다는 단점이 있었다. 가장 좋은 방법은 새로운 항로를 개척하여 인도로 가서 향료를 직거래하는 방법이었다. 그럴 경우 금을 유출시키지 않아도 되고, 이슬람과 이탈리아 상인의 폭리를 피할 수 있고, 지중해 무역로를 왕래하는데 내는 세금을 내지 않아도 되었다.

정치동기: 포르투갈과 스페인의 정치적 안정

신항로 개척은 강력한 국왕권과 정치적인 안정을 필요로 한다. 왜냐하면 엄청난 경비와 인력을 후원해 줄 수 있는 사람은 국왕뿐이었기 때문이다. 이탈리아 도시들은 이슬람 상인과의 교역을 독점하고 있었기 때문에 굳이 새로운 항로를 개척할 필요가 없었다. 영국과 프랑스는 백년전쟁과 장미전쟁을 거친 후 왕권을 강화할 필요성이 절박했기 때문에 탐험을 시도할 여력이 없었다. 반면 이베리아반도의 포르투갈과 스페인은 15세기 해외로 나갈 여건이 조성되었다.

8세기 이후 이슬람교도들이 이베리아 반도의 대부분을 장악하면서 전 유럽의 기독교 세력은 반도를 재탈환하기 위해 많은 노력을 기울였다. 특히 젊은 귀족들이 이슬람교도와의 투쟁을 위해 이베리아반도로 갔다. 11세기 부르군디공(Duke of Burgundy)의 아들인 헨리(Henry)가 이슬람교도와의 싸움에 상당히 공헌했다. 이 공로로 그는 포르투갈 백작의 칭호와 땅을 분봉 받았다. 그의 아들 아폰소(Affonso Henriques 1128-1185)는 교황에게 포르투갈의 왕이라는 칭호를 받았다. 12세기부터 성전(Temple)기사단, 산티아고(Santiago)기사단이 설립되면서 이슬람교도와의 싸움은 활기를 띠었다. 13세기 후반 포르투갈은 완전한 기독교 국가로 재탄생했다.

1384년 리스본(Lisbon)을 포위했던 카스틸랴(Castile)와의 국경선 분쟁은 주앙 1세(Don Joào I 1385-1433년 재위) 시대에 종식되었다(1411). 주앙 1세 시대 오랜 전쟁으로 귀족들의 세력은 약화되었고, 북유럽과의 해상교역으로 상인들의 세력은 커져 있었다. 따라서 주앙 1세는 귀족들의 불만을 외부로 분출하고, 교역 시장에 대한 상인들의 욕구를 만족시키기 위해 탐험을 시도할 필요가 있었다. 주앙 1세의 삼남인 엔리케(O. Henrique 1394-1460)가 새 항로의 개척에 적극적이었다.

포르투갈이 다른 유럽국가에 비해 탐험을 먼저 시도하는데 몇 가지 이점이 있었다. 첫째 포르투갈은 이베리아반도의 서부 해안에 위치했기 때문에 상업경제가 발달해 있었다. 둘째 포르투갈은 리스본과 오포르토(Oporto)와 같은 항구 도시들이 발달했기 때문에 상인들이 이들 도시를 기반으로 필요한 자금과 인원을 모집하기 쉬웠다. 셋째 안정된 군주정이 유지되어 군주가 상업과 탐험을 후원할 수 있었다. 안정된 군주정은 안정된 경제 성장을 가능하게 하는데 필수적이다.

스페인은 카스틸랴, 레온(Leon), 아라곤(Aragon), 나바라(Navarra) 왕국, 그리고 이슬람 국가인 그라나다(Granada) 왕국으로 분열되어 있었다. 스페인 탄생의 중심은 왕권 강화 정책을 끊임없이 추구했던 카스틸랴와 아라곤이었다. 카스틸랴는 12세기 초 레온, 코르도바

(Cordoba)를 정복했고, 아라곤은 바르셀로나를 통합하면서 강대국으로 부상했다. 양국은 이슬람과의 재정복 전쟁을 치루면서도 주도권 다툼을 했다. 양국의 경쟁은 카스틸랴의 이사벨(Isabel I 1474-1504년 재위)과 아라곤의 페르난도(Fernando V 1479-1516년 재위)가 결혼함으로써 종결되었다(1469). 그러나 포르투갈이 신항로의 탐험을 시작할 때도 스페인은 이슬람국가의 축출이 우선 과제였다. 지중해 무역, 무어인(Moors)과의 무역으로 상업이 활성화되어 교역 시장에 대한 열망이 커져 있었지만 그것을 충족시켜 줄 정치적 안정이 없었던 것이다. 마침내 1492년 그라나다가 함락되면서 스페인은 비로소 신항로의 개척에 나설 수 있었다.

인구동기: 흑사병으로 인한 노동력 감소

흑사병으로 인해 유럽 인구의 1/3이 사망했다. 흑사병으로 인한 인구 감소는 노동력 감소, 곡물에 대한 수요 감소로 인한 곡가의 하락, 경작지의 황폐화를 가져왔다. 15세기 후반부터 서서히 인구가 증가했지만 그 속도는 완만하여 흑사병 발발 이전의 수준으로 회복하기는 어려웠다. 포르투갈과 스페인이 무어인과의 노예무역을 통해 부족한 인력을 충당했지만 그것으로는 미흡했다. 노동력이 부의 원천이었던 시대였기 때문에 노동력의 필요성은 절실했다.

종교동기: '선교사 존(Priest John)'에 대한 열망

3차 십자군 때부터 이슬람 세력 뒤쪽에 존사제가 다스리는 기독교 왕국이 있고, 그 왕국이 이슬람교도와의 전쟁에서 승리하여 예루살렘으로 향하고 있다는 소문이 퍼져나갔다. 이 소문은 13세기 몽골과의 접촉 후 네스토리우스파(경교)의 선교 활동에 근거하여 나온 것이다. 네스토리우스파는 예수가 하나님이 성육신한 존재이고, 마리아는 예수의 어머니인 동시에 하나님의 어머니가 된다는 정통 가톨릭 교리는 문제가 있다고 주장했다. 그들은 지상의 예수가 인성만을 가지고 있으므로 마리아가 예수의 어머니이기는 하지만 하나님의 어머니는 아니라고 보았다. 동방에서 네스토리우스파의 영향력을 알게 된 서유럽인은 동서양의 기독교도들이 통합하여 이슬람 세력을 몰아내고자 하는 종교적 열망을 가지게 되었다. 이런 열망이 선교사 존의 왕국을 찾으려는 행동으로 나타났다.

기술동기: 나침반의 사용, 조선술과 지도의 발달

항해에 필요한 각종 도구들이 사용되기 전에 유럽인들은 육지에서 멀리 떨어져 항해할 수 없었다. 물론 육지와 가까이 항해한다는 것은 바위와 모래톱으로 배가 부서질 위험을 항상 안고 있었다. 그러나 선원들이 현재의 위치도 파악할 수 없는 망망대해에서 죽을지도 모른다는 불안감에 떠는 것보다 나았다. 항해 기술이 발달하면서 그러한 불안감은 줄어들었다.

자석이 극지방을 가리키는 성질을 항해에 이용한 것은 중국인들이었다. 중국에서는 지남어를 사용했다. 이것은 나무로 물고기 모양을 만들어 그 복부에 자석을 집어넣고, 밀랍으로 메운 것이다. 이 나무 물고기를 물에 띄우면 자석 때문에 물고기의 머리가 남쪽을 가리켰다. 지남어는 12세기 이슬람 상인들에게 전해졌다. 이슬람 상인들은 지남어를 발전시켜 그릇에 물을 붓고 나무를 띄워 그 위에 자석을 놓는 수침을 사용했다. 14세기 베네치아 상인들이 이슬람 상인들로부터 수침을 전수받았다. 이들은 15세기 자침을 핀으로 고정시켜 수평으로 회전하도록 하는 오늘날의 나침반의 형태로 개량했다. 초기에는 나침반이 방향을 가리키는 이유를 몰랐다. 미신적인 일부 선원들이 불길한 어떤 기운에 이끌려 간다고 생각했기 때문에 선장들은 나침반을 몰래 사용했다.

유럽인들이 전통적으로 사용했던 사각돛은 돛의 크기가 넓어 순풍일 경우 많은 바람을 받아 빠르게 운항할 수 있으나 역풍일 경우 항해가 쉽지 않았다. 유럽인들은 이슬람 상인들의 삼각돛이 역풍일 경우에도 운항할 수 있다는 것을 알고 삼각돛을 단 캐러벨선(Caraval)을 도입했다. 그러나 1488년 바르톨로뮤 디아스의 항해 이후 사각돛과 삼각돛을 동시에 만들어 운항할 경우 순풍과 역풍일 때 적합한 돛을 선택할 수 있다는 것을 알게 되었다. 이로써 삼각돛과 사각돛을 2-3개, 나중에는 4개까지 달고 있는 캐러벨라선(Caravela)를 개발했다.

항해 중 우선적으로 알아야 하는 것은 배가 있는 현재의 위치이다. 위도를 측정할 수 있는 도구로 직각기, 아스트롤라베(astrolabe), 사분의 등이 있었다. 이 도구들로 낮에는 정오의 태양, 밤에는 북극성을 기준으로 위도를 측정할 수 있었다. 십자형의 직각기에 눈금이 새겨져 있는 가로 막대와 앞뒤로 움직일 수 있는 세로 막대가 있었다. 세로 막대를 앞뒤로 움직여 한 쪽 끝은 지평선, 다른 한

쪽 끝은 태양이나 북극성을 맞춘다. 이 때 가로 막대의 눈금에 새겨져 있는 각도를 기준으로 위도를 알아내었다. 예를 들어 북극성이 지평선에서 40도의 각도에 있으면 위도가 대략 40도인 것으로 짐작했다. 이 도구는 간편하기는 하지만 낮에 항해할 경우 태양을 직접 눈으로 보아야 한다는 점에서 부정확한 측면이 있었다. 이보다 정확한 것은 이슬람교도들이 주로 사용했던 아스트롤라베이다.

문제는 적도로 갈수록 북극성의 고도가 낮아져 적도에 이르면 북극성을 더 이상 볼 수 없다는데 있다. 1484년 포르투갈의 주앙 2세(Don Joào II)가 학자들에게 해결책을 요청했다. 학자들은 북극성보다 태양에 관심을 가졌다. 정오에 태양의 그림자가 드리워지는 길이를 여러 지역에 걸쳐 조사하여 경도를 파악했다. 북극과 남극에 가상의 선인 자오선을 기준으로 15도 변할 때마다 자오선의 시간과 그 지역 시간이 한 시간씩 차이가 나는데, 이를 기준으로 항해하고 있는 지역의 경도를 알 수 있다. 문제는 기준이 되는 자오선, 즉 본초 자오선을 어디로 잡느냐는 것이었다. 1675년 영국 그리니치 왕립 관측소가 세워지면서 이 문제는 해결되었다. 18세기에 항해용 정밀 시계인 크로노미터(chromometer)가 발명되면서 정확한 경도 측정이 가능하게 되었다.

(2) 인도 항로

항해 왕 엔리케: 서아프리카 탐험

엔리케는 1415년 북아프리카의 세우타(Ceuta) 정복부터 탐험을 위한 항해를 후원하기 시작했다. 세우타 정복 이후 대서양 연안의 마데이라(Madeira)와 아조레스(Azores) 군도를 발견하여 영구 점령했다. 아조레스 군도가 언제 발견되었는지 정확히 알 수 없으나 1419년 마데이라 군도 발견 이후로 추정된다. 이후 알폰소 5세(Alfonso V 1438-1481)는 북아프리카의 알카세르 세게르(Alcacer Ceguer), 아르질라, 탕제르를 정복했다(1481). 아프리카 서해안의 탐험도 계속되어 세네갈(Senegal) 강, 기니(Guinea) 연안을 발견했다.

바르톨로뮤 디아스(Bartholomeu Dias 1450?-1500): 희망봉 회귀

아프리카 서해안을 따라 항해한 디아스는 아프리카 최남단의 모젤(Mossel)만에 도착했다. 네덜란드가 인도 항로를 빼앗을 때까지 포르투갈은 모젤만을 150년간 사용했다. 디아스는 해안에서 가까운 곳에 신선한 우물을 발견했다. 이 우물을 둘러싸고 유럽인과 남아프리카 원주민 사이에 최초의 충돌이 발생했다. 디아스는 해안을 따라 항해하여 피셔강(Great Fish River)까지 갔으나 악천후로 고생한 선원들이 계속 항해하는 것을 거부했다. 그는 귀항하던 중 희망봉을 발견했다. 원래 디아스는 이곳에서 심한 폭풍우로 고생하여 '폭풍우 곶'이라고 명명했으나 주앙 2세가 인도 항로의 발견을 희망한다는 의미에서 '희망봉'이라고 지었다고 한다. 1500년 디아스는 인도 항로로 2차 탐험에 참여했으나 항해 도중 희망봉 해역에서 익사했다.

바스코 다 가마(Vasco da Gama 1469-1524): 캘리컷(Calicut) 회귀

1498년 5월 다 가마는 인도의 캘리컷에 도착했다. 항구에 정박하자마자 그는 튀니스에서 데리고 온 두 명의 무어인을 상륙시켰다. 캘리컷 관헌들이 "이렇게 먼 곳까지 온 이유가 무엇이냐?"고 묻자 무어인들은 "기독교와 향료를 찾으러 왔다"고 대답했다. 다 가마는 캘리컷을 다스리는 통치자와 협상하는데 3개월이 걸렸다. 왜냐하면 그 통치자는 다 가마가 헌상한 물건이 보잘 것 없는 것에 실망하여 협상에 소극적인데다 이슬람 상인들이 캘리컷과 기독교도와 조약을 맺는 것을 방해했기 때문이다. 우여곡절 끝에 다 가마는 1498년 10월 배 가득히 향료를 싣고 인도를 떠났다.

(3) 아메리카 항로

콜럼버스(Christopher Columbus 1451?-1506): 아메리카 발견

콜럼버스는 총 4차에 걸쳐 항해했다. 1차 항해(1492. 8-1493. 3) 후 포르투갈과 스페인 사이에 영토 분쟁이 발생했다. 포르투갈의 주앙 2세는 콜럼버스가 발견한 땅이 포르투갈의 영토인 대서양 연안의 섬들과 근접해 있다는 사실을 들어 콜럼버스의 땅 역시 자신들의 영토라고 주장했다. 이에 스페인은 교황에게 중재를 요청했다. 당시 교황이었던 알렉산더 6세(Alexander VI 1492-1503)는 1493년 인테르 카이테라(Inter Caetera) 교서를 내렸다. 그 내용은 아조레스 군도와 케이프베르데 군도(Cape Verde Islands)를 기준으로 서방 100리그(league=약 482.7km) 상에 남북으로 가상의 경계선을 그어 이 선 이동은 포르투갈의 탐험 영역으로, 이서는 스페인의 탐험 영역으로 규정했다. 그러나 주앙 2세는 그 경계선이 너무 동쪽으로 치우쳐 졌다는데 항의하면서 경계선을 서방 370리그(약 1,786km)로 이동시켜 줄 것을 스페인에게 요구했다. 스페인이 주앙 2세의 제안을 받아들임으로써 1494년 토르데실라스(Tordesillas) 조약을 체결했다. 이 조약으로 기존의 100리그 대신 370리그를 기준으로 포르투갈령과 스페인령이 확정되었다. 16세기 브라질(Brazil)이 발견되었을 때 브라질은 370리그 이동에 있었기 때문에 다른 남미 국가와 달리 포르투갈령이 되었다. 다른 중남미 국가들이 스페인어를 모국어로 하는 것과 달리 브라질이 포르투갈어를 모국어로 하게 된 것은 토르데실라스 조약 때문이다.

2차 항해(1493.9-1496.6)는 많은 선원의 죽음과 거센 폭풍으로 인한 배의 난파로 원했던 금을 발견하지 못하고 철수했다. 3차 항해(1498.5-1500.9)는 부하들의 반란과 약속한 급료를 지급받지 못한 선원들의 불만에 대한 보고서, 콜럼버스가 에스파뇰라를 제노바 인에게 팔아넘기는 계약을 체결했다는 소문이 퍼지면서 재산을 몰수당했다. 4차 항해(1502.5-1504.11)는 인도로의 수로를 발견하기 위해 파나마(Panama) 동해안을 따라 항해하다 악천후와 장기간의 항해로 인한 선원들의 사기 저하로 항해를 포기함으로써 콜럼버스의 탐험은 종결되었다.

발보아(Vasco de Balboa 1475?-1517): 태평양 발견

1510년 발보아는 빚을 청산하기 위해 엔시소(Enciso 1470?-1528)가 조직한 선단에 몰래 숨어들어 다리엔(Darien)으로 갔다. 당시 다리엔 지역의 총 책임자는 콜럼버스의 장남인 디에고 콜럼버스(Diego Columbus 1445?-1526)였다. 디에고가 발보아를 다리엔 식민지의 책임자로 인정해 주자 엔시소는 발보아가 자신의 권리를 침해했다는 사실을 국왕에게 제소했다.

스페인의 국왕 페르난도는 다리엔 식민지의 책임자로 다비야(Pedro Arias Davilla)를 임명했다. 발보아는 다비야가 도착하기 전에 황금을 발견하기 위해 1513년 스페인 군인 190명과 수백 명의 원주민으로 구성된 원정대를 출발시켰다. 발보아 일행은 다리엔 지협 맨 꼭대기에서 태평양을 발견했다. 태평양 해안에 도착한 이들은 원주민들로부터 진주와 황금 조각을 얻었고, 또 황금의 나라인 비루(Biru)에 대한 정보도 들었다. 이 비루에서 오늘날의 페루(Peru) 국명이 유래했다. 이 와중에 산타마리아에 도착한 총독 다비야는 발보아가 황금의 나라를 발견할 가능성이 많다고 보고 발보아를 다리엔의 총독으로 임명했다.

베스푸치(Amerigo Vespucci 1451-1512): 남미 대륙 탐험

1499년 항해에서 베스푸치는 베네수엘라(Venezuela) 앞의 보네르(Bonaire) 섬에 브라질우드(brazilwood)가 많이 자생하고 있는 것을 보고, 이 섬을 '브라질우드의 섬'이라고 불렀다. 남미 지역에 브라질이라는 지명을 최초로 사용한 사람은 베스푸치였다. 또한 이 섬의 사람들이 물위에 집을 지어 거주하고 있는 것을 보고 '작은 베네치아'라는 뜻으로 베네수엘라라고 명명했다. 1501년 베스푸치는 더 많은 남미 지역을 탐험하고, 1502년 스페인으로 돌아왔다.

그의 선원들이 지도 제작자들에게 자신들이 발견한 것을 이야기했다. 그 중 독일인 지도제작자 발트제뮬러(Martin Waldseemuller 1470-1518)는 아메리고 베스푸치가 새로운 대륙을 발견했다고 생각했다. 그는 유럽과 아시아라는 명칭이 여자 이름에서 유래되었음을 고려하여 발견자인 아메리고의 이름을 따서 '아메리고의 땅', 즉 아메리게(amerige), 또는 아메리카(america)로 부르는 것이 타당하다고 보았다. 발트제뮬러의 제안에 따라 베스푸치가 탐험한 남미 대륙만 아메리카로 불렸다. 그러나 1538년 지도 제작자인 메르카토르(Gerardus Mercator 1512-1594)가 새로이 발견된 북미도 아메리카로 지칭함에 따라 신대륙 전체가 아메리카로 불렸다.

마젤란(Ferdinand Magellan 1480?-1521): 세계 일주

인도 항해의 경험이 있었던 마젤란은 이전의 콜럼버스와 같은 방향으로 항해하면 향료 섬에 갈 수 있으리라 생각했다. 스페인의 후원을 받아 1519년 출항한 마젤란의 함대는 브라질까지 항해했다. 신선한 음식과 물을 저장한 후 대륙을 가로지르는 길을 찾기 위해 동남미 해안을 따라 내려왔다. 1520년 11월 말 오늘날의 마젤란 해협을 통과했고, 1523년 마침내 태평양을 횡단하여 필리핀에 도착했다. 원주민끼리의 전쟁에 관여한 마젤란은 사망했다. 마젤란 후임으로 지휘를 맡은 델 카노(Sebastian del Cano)는 최소한 한 척의 배라도 스페인에 되돌아갈 수 있도록 하기 위해 인도양쪽으로 항해했고, 결국 스페인으로 귀항했다. 1522년 9월 최초의 세계 일주가 완성된 것이다.

코르테스(Hernando Cortes 1485-1547): 아즈텍(Aztee) 문명 파괴

1519년 11월 코르테스 일행이 유카탄 반도의 테노츠티틀란에 도착하자 몬테주마 2세(Montezuma II 1502-1520년 재위)가 선물과 함께 사절을 보내 환영을 표시했다. 스페인과의 화의를 주장하는 왕에 대해 반대한 군중들이 왕에게 돌을 던졌고, 이 때 입은 상처로 왕은 곧 사망했다.

1521년 8월 오랫동안의 공방전으로 스페인인들은 수도를 점령했고, 약 12만 명에서 24만 명에 달하는 아즈텍인들을 살해했다. 1522년 10월 코르테스는 정복한 도시의 총독이 되었고, 거대한 부를 가지게 되었다. 그는 식민지 수도를 건설하기 위해 테노츠티틀란 주위의 호수를 메워 시가지를 넓혔다.

피자로(Francisco Pizaro 1471-1541): 잉카(Inca) 문명 파괴

1531년 1월 피자로는 3척의 배와 군인 180명, 27마리의 말과 함께 파나마를 출발해 1532년 11월 잉카제국으로 들어왔다. 아타후알파(Atahuallpa 1502-1533) 왕을 사로잡은 피자로는 금은을 가져오면 왕을 풀어주겠다고 약속했다. 잉카인들은 피자로의 요구대로 전국에서 금을 모아 그에게 바쳤지만 아타후알파는 1534년 6월 처형되었다.

피자로는 아타후알파의 동생인 투파크 후알파(Tupac Huallpa ?-1533)와 만코 잉카(Manco Inca 1516-1544)를 꼭두각시 왕으로 즉위시켰다. 이후 피자로는 수도인 쿠스코(Cusco)시로 쳐들어갔다. 피자로 일행은 만코 잉카의 협력을 받아 쿠스코 시내와 그 주위의 모든 신전, 그리고 주민들에게 금, 은, 보석을 약탈했다. 잉카에서 획득한 금은 스페인 왕의 몫으로 1/5를 보낸 후 탐험에 참여한 사람들에게 분배되었다. 만코 잉카가 사망한 후 그의 어린 아들인 사이리 투파크(Sayri Tupac 1535-1561), 투파크의 이복동생인 티투 쿠시(Titu Cusi 1529-1571), 쿠시의 동생인 투파크 아마루(Tupac Amaru ?-1572)가 연이어 즉위했다. 투파크가 스페인인들에게 처형됨으로써 잉카 제국은 종말을 고했다.

(4) 지리상 발견의 결과

역사에서 거론되는 사람들은 대부분 탐험에 성공하여 엄청난 부를 획득한 사람들이다. 성공한 사람보다는 실패한 사람이 더 많았다. 일확천금의 꿈을 안고 떠났던 사람들 중에 폭풍, 원주민 습격, 굶주림 등으로 죽거나 빚을 지고 힘든 여생을 보낸 사람들이 대부분이었다.

가격혁명

1545년 스페인인들은 원주민의 정보 덕택에 볼리비아의 포토시(Potosi)산에서 광맥을 발견했다. 16세기 후반부터 엄청난 양의 은이 정기적으로 유럽으로 흘러 들어가 유럽의 물가를 상승시켰다.

스페인의 카를로스 1세 말기와 펠리페 2세 시기에 제국주의 정책을 취할 수 있었던 배경에는 남미에서 착취한 풍부한 금은이 있었다. 그러나 역으로 이는 스페인의 쇠퇴를 가져왔다. 카를로스와 펠리페가 스페인 밖의 이해관계에 관심을 가지면서 전쟁으로 인해 막대한 금은이 유출되었다. 또 광산만 믿고 스페인 산업을 키우는데 소홀히 하여 제조품을 사는데 많은 금은을 유출시켰다. 상인들은 가격혁명으로 물가가 300-400% 오른 스페인 물건보다 가격이 싼 영국이나 네덜란드의 물건을 사서 국내에 팔았다. 스페인 국내 산업은 자연히 도산될 수밖에 없었다.

상업혁명

16세기까지 상업의 중심지는 지중해였다. 특히 이탈리아 상인들은 이슬람 상인들을 통해 구입한 동방 상품을 독점적으로 판매함으로써 막대한 이윤을 얻었다. 그러나 신항로가 개척되면서 아프리카와 동방 상품은 포르투갈 상인이, 아메리카 상품은 스페인 상인이 각각 독점했다. 이로써 상업의 중심지는 자연히 지중해에서 대서양으로 옮겨갔다.

신항로의 발견은 상품의 질과 수량 면에서 획기적인 발전을 가져왔다. 기존의 지중해 무역에서는 향료, 귀금속, 비단과 같이 부피가 작고 값이 비싼 물품에 국한되었다. 그러나 신대륙이라는 거대한 시장이 형성되고, 동인도 회사 같은 합자회사가 발달하면서 자본이 축적되자 향료를 비롯하여 설탕, 담배, 남미산 염색 염료, 면직물 등도 주요한 상품으로 거래되었다.

전염병의 확산

콜럼버스가 신대륙에 도착하기 전 아메리카 원주민의 인구는 약 1억 명이었다. 그 중 2,500만-3,000만 명이 멕시코 주민이었고,

안데스 지역에 그와 비슷한 수의 주민들이 있었다. 유럽인들이 온 후 상당히 많은 주민들이 죽었다. 1519년 멕시코의 인구는 대략 3,000만 명이었으나 1568년에 이르러 그 수가 300만 명으로 급감했고, 1620년에는 160만 명으로 줄어들었다. 원주민들이 농장이나 광산에서 적은 양의 식사로 엄청난 노동을 하여 인구가 줄었다고 보기 어렵다. 왜냐하면 단기간에 인구 감소의 폭이 너무 크기 때문이다. 이에 전염병에 의한 가능성이 제기되었다. 16세기 유럽인들은 어릴 적에 볼거리, 백일해, 천연두, 홍역 등을 앓았기 때문에 어느 정도 면역체를 가지고 있었으나 원주민들은 그렇지 않았다. 유럽인들이 신대륙에 퍼트린 전염병이 면역성이 없는 원주민들에게는 치명적이었고, 이로써 많은 사람들이 사망했다고 볼 수 있다. 그래서 아메리카 지역에 천연두가 발병하지 않았다면 유럽인들은 그 지역을 점령할 수 없었다고 할 정도로 전염병에 의한 피해는 컸다.

'지리상의 발견'은 기존의 지중해 국가들이 쇠퇴하고, 대서양 연안의 국가들이 강성해짐으로써 유럽의 세력 판도를 바꾸어 놓았다. 또 향료, 설탕, 담배, 노예무역을 통해 유럽에 부를 가져다 주었다. 그러나 인도와 아메리카 원주민들의 입장에서 신대륙이라는 말이나 발견이라는 말은 부적절하다. 이 시기는 유럽인들이 자신들의 거주지에 도착한 것 뿐이고, 지배자로 군림하면서 억압과 착취를 일삼았던 시기에 불과하다. '탐험의 시대', '모험의 시대'라는 말도 부적합하다. 탐험과 모험 정신보다는 금은, 향료, 노예에 대한 욕망으로 바다에 나갔기 때문이다. 따라서 이 시대를 세계사가 확립된 시대라고 보거나 지적, 물적으로 획기적인 발전을 이룩한 시대라고 보는 것은 상당히 유럽 중심적인 사고가 반영되었다는 점을 간과하지 않아야 한다.

6. 신 · 구대륙간의 작물 교류

(1) 신대륙에서 유럽으로 건너간 작물

감자

감자는 고추나 담배처럼 가지과에 속하며, 식물분류학상 솔라눔(Solanum)속, 페토타(Petota) 아속에 속한다. 학명 중 '솔라눔'은 감자의 기구한 운명을 보여준다. 이 용어는 '고통을 누그러뜨린다(진통제)'라는 뜻이다. 이는 무당이 환자의 아픔을 임시로 낫게 해준다는 좋지 않는 뜻으로 사용되었다. 15세기 아메리카 대륙에도 수백 종의 감자가 있었고, 현재는 훨씬 많은 아종이 있다. 중남미 대륙에서는 현재도 멕시코에서 안데스 산맥을 거쳐 아르헨티나에 이르는 광대한 지역에 감자의 사촌들이 다양하게 야생하고 있으며, 원산지는 표고 3천 미터에서 4천 미터의 안데스 고지로 추정된다. 또한 기원전 500년경의 유물에서 커다란 굵기의 감자를 본뜬 토기가 발견되는 것으로 보아, 오랜 옛날부터 감자를 재배했던 것으로 보인다.

현재 안데스 고지에 사는 원주민들은 츄뇨(chuno)라는 가공식품을 즐겨 먹는다. 이는 밤새 동결 건조시킨 감자를 낮 동안 햇빛에 녹인 다음, 발로 으깨어 물기를 빼내고 건조시키기를 여러 차례 되풀이해서 만든 음식이다. 회백색의 크기 2-3센티미터의 덩이로 만들어 분말이나 물에 풀어서 음식을 만들었다. 이것은 뜨거운 물만 부으면 곧 먹을 수 있는 간편하고 영양가 많은 음식이다. 그리고 저장 가능 기간이 무려 10년이 넘는다는 것은 어떤 작물도 따라갈 수 가 없다.

감자는 1530년대에 스페인으로 전래되었던 것으로 추정된다. 먼저 안달루시아 지방과 카나리아 제도에서 재배되었던 것으로 짐작되고, 감자를 트뤼프(송로: truffe)의 일종으로 생각했다. 처음에는 감자를 식용이 아닌 관상용으로 재배했다. 감자의 생긴 모습이 울퉁불퉁하고 생으로 먹으면 쓰고 독이 있었기 때문에 악마의 식물이라 생각했다. 유럽의 어느 나라에서든 감자가 쉽게 보급된 것은 아닌 모양이다. 그러나 배고픈 평민들은 무엇이든지 먹어야만 했다. 비록 못생기고 악마의 식물이라고 비난했어도 경험상 감자는 훌륭한 음식이라는 것을 알았다. 지배층이든 피지배층이든 훌륭한 먹거리가 있으면 먹어야 한다. 여러 사람들에 의해 그 효용성과 생산성이 증명되자, 군인과 일반인들의 필수 식량으로 자리를 잡는다. 1770년 프랑스에 기근이 일어났을 때 감자가 많은 사람들의 생명을 구했다. 19세기에 아일랜드의 감자기근의 예에서 보듯이 감자는 생산되지 않으면 기근이 일어날 정도로 중요한 작물이었다. 19세기에 서유럽에서 농업혁명이 진행되는 동안, 감자는 삼모작 농업의 사이클에 맞춰 휴경지에서 재배되기 시작했다. 감자의 열량은 보리의 1.5배이며, 먹다 남은 감자는 돼지의 사료이다.

감자는 요즘 원산지보다는 서양인이 훨씬 더 많이 먹고 있다. 재배량은 중국이 가장 많고 재배지는 유럽이 가장 넓고, 가장 많이 소비하고 있다. 감자는 신대륙이 유럽과 전 세계 인류에게 제공한 기적의 작물이었고, 이것이 없었다면 유럽의 산업혁명과 18세기 농업혁명과 과학 발전은 없었을 것이라는 말이 있을 정도이다. 17세기까지 온갖 작물을 도입하고 수확량을 늘려도 먹을 것이 부족하여 늘 배고파하던 유럽인에게 감자나 옥수수 같은 작물은 인구를 늘리는데 중요한 역할을 했다.

고구마

1492년 콜럼버스가 카리브해 제도를 발견한 이후 스페인은 카리브 해 지역에 식민 통치자들을 보냈다. 16세기 전반에는 코르테스나 피사로가 멕시코와 페루 등을 정복했고, 그때 남미에서 스페인 사람들이 재배종 고구마를 발견했다. 이 고구마가 스페인이 정복한 필리핀에 16세기 중반에 들어왔고, 그것이 1560년경에 중국으로 들어왔다. 중국에서 고구마는 전통작물과 경쟁관계가 아니어서 급속히 확산되었다. 게다가 고구마는 그동안 버려두었던 황무지에서도 잘 자랐으며, 18세기에 사람 사는 곳에는 어디든지 퍼져나갔다. 18세기 초에 고구마를 도입한 일본은 현재 세계에서 두 번째 생산국이며 오키나와에서는 고구마가 주식이었다.

한국에서는 1763년 조엄(趙曮)이 일본에 통신사로 갔다가 대마도에서 도입한 것이 처음이다. 감자와 관련한 주요한 정보를 담고 있는 작품이 '감저보(甘藷譜)'이다. 일설에 의하면 '고구마'는 전라남도 완도 인근의 '고금도(古今島)'를 한문으로 표기한 것이다. 일본에서 '고오고오리'라고 부르는 작물이 '고구미' 섬에 처음으로 도입되어 우리나라에 재배되면서 섬 이름을 따 '고구미'로 불리다가 '고구마'가 되었다는 것이다.

16세기에 유럽인들이 태평양 지역의 섬들에 도달했을 때 고구마는 이미 폴리네시아 인들의 중요한 작물로 자리 잡고 있었다. 이미 중남미의 고구마가 원주민들에 의해서 태평양 여러 섬으로 이동해 갔음을 의미한다. 먹고살기 위해서는 어떤 경우에도 작물을 구하기 위해 애를 쓴다. 또 다른 경로로 스페인 사람들에 의해서 스페인으로 도입된 고구마는 동으로 서로 이어지는 길고 긴 여행 끝에, 태평양에 떠 있는 섬들과 조선에까지 전래됨으로써 많은 사람들의 생명을 구했다. 고구마는 유럽보다 아시아 아프리카 같은 곳에서 훨씬 더 많이 생산하고 있으며, 우리나라나 중국 인도네시아에서도 많이 생산한다. 고구마는 뿌리가 커져 만들어진 덩이뿌리 식물이다. 감자는 덩이줄기지만 고구마는 덩이뿌리이다. 이 차이가 바로 감자와 고구마의 차이일 것이다. 줄기냐 뿌리냐의 차이가 고유의 맛과 색깔과 영양분의 차이로 나타난다.

옥수수

옥수수는 생긴 모습이 전혀 곡물 같지는 않지만 벼과에 속한다. 5,000년 이상 잡종 교배되는 동안 야생 옥수수의 모습을 잃어버리고 현재처럼 생겼다. 1만 년 전 이후 오랜 세월 번성했던 아메리카 대륙의 북부와 멕시코와 남미의 여러 곳에서 옥수수는 주식이었고, 종교행사에서도 중요하게 쓰였다. 옥수수는 신으로 추앙받았고, 옥수수 가루에서 인간이 만들어졌다는 탄생설화가 있을 정도이다. 전 지구상에 어느 나라에서도 옥수수가 신이 된 곳은 여기밖에 없다. 그만큼 중요한 곡물이기 때문이다. 지금도 멕시코인은 길가에 옥수수 알이 떨어져 있으면 반드시 주어야한다는 생각을 갖고 있다. 과거 우리들의 어머니가 부엌에서 쌀알이 떨어져 있으면 반드시 주운 것과 같다. 옥수수나 쌀이나 각자의 생존이고 삶이기 때문이다. 옥수수 죽은 아메리카 인디언들의 주식이었다. 사정에 따라 묽거나 진하게 끓이고, 꿀이나 고추를 넣거나 채소, 고기, 생선과 함께 먹기도 한다. 지금도 옥수수 요리는 중남미인들의 주식이다.

아스텍 인디언들 중에 잘 살았던 사람은 카카오(초콜렛 원료)를 넣어서 먹기도 했다. 요사이 우리들이 옥수수 케이크를 만들어 먹듯이 당시에 인디언들은 옥수수로 빻은 가루로 납작한 케이크를 만들어 먹었다. 스페인 사람들이 페루를 침략했을 때의 퀴츠나 인디언들은 싹이 튼 옥수수로 만든 발효 맥주인 치차를 많이 마셨다. 팝콘은 북아메리카 대륙의 인디언들인 이로쿼이족이 개발했던 음식이다. 그릇에 모래를 넣어 뜨겁게 달군 후에, 옥수수를 넣고 서서히 가열하면 팝콘이 된다. 옥수수는 비타민이 거의 없는 작물이다. 따라서 옥수수만 주식으로 하면 비타민 B 부족으로 피부병에 걸리기 쉬웠고, 옥수수에 야채를 섞는 요리가 발달할 수밖에 없었다.

인디언의 보물이었던 옥수수가 언제나 인디언의 친구였던 것은 아니다. 식민지 개척자들이 신대륙에서 옥수수나 감자를 확보하지 못했더라면, 그렇게 빠르고 효율적으로 정착하지는 못했을 것이다. 옥수수는 아무 땅이나 기후에서도 잘 자랄 뿐만 아니라, 인디언들이 오랜 세대에 걸쳐서 습득한 기술도 개척자들에게 큰 도움을 주었다. 잡종을 만들고, 거름을 뿌리는 일은 인디언들에게는 비밀이 아니었다. 산악지방의 인디언들은 옥수수와 콩이나 호리병박이 공생한다는 사실도 알고 있었다. 인디언들이 독자적으로 그런 기술을 개발했다는 사실은 놀라운 일이다. 옥수수 줄기 아래쪽에서 자라는 호리병박이 바람을 막아주고, 옥수수 줄기를 타고 올라가는 콩은 햇볕을 잘 받을 수 있다. 그 대가로 뿌리에 질소 고정 박테리아를 가지고 있는 콩은 땅을 더욱 비옥하게 만들어 주었다. 인디언들도 땅을 보호하고 비옥하게 만들 수 있는 삼포제를 쓰고 있었던 것이다. 삼포제는 각 지역에서 동시에 나타나는 것은 아니지만 필요에 따라 필연적으로 나타나는 농법이다.

옥수수는 지리적으로 벼 경작 지역과 밀 경작 지역에서도 잘 자라고 더운 날씨에도 잘 견딘다. 그렇기 때문에 유럽과 같은 지역에서도 많은 옥수수를 재배했다. 한편 17세기 후반에는 옥수수가 남중국에 전파되어 자라나고 있었다. 18세기 말에는 서남부의 고지대에 많이 재배되고 19세기에는 북중국에도 옥수수를 재배했다. 현재 중국은 세계에서 두 번째로 옥수수를 생산하고 있다. 세계 1등 생산국인 미국이 옥수수를 사료로 사용하는 반면 중국은 식용으로 사용한다.

현재 옥수수는 아프리카에서 가장 중요한 작물이다. 노예무역이 16세기 초반부터 시작되면서 옥수수가 아프리카에 도입되었다. 그 이유는 생산량에 있다. 당시 아프리카의 밀 생산량은 씨앗의 두 배나 세 배 정도였다. 따라서 씨앗을 빼면 겨우 한 알을 심어 한 알이나 두 알을 수확할 수 있었다는 얘기다. 이 정도이면 기아선상에서 헤맸다는 말이다. 갈수록 황폐화하고 사막화하던 아프리카 토양에서 밀 생산으로 살아가기 힘들었고, 옥수수를 도입하면 적어도 10배, 많으면 수십 배의 수확을 올릴 수 있었다. 단위 경작 면적당 소출량이 높다는 사실은 옥수수가 지니는 가장 값진 특징이고 혜택이다. 옥수수의 단위 면적당 소출량은 현재 세계 평균 대략 밀의 두 배 정도이다. 그러나 1400년대 중세의 유럽에서 보리는 8배, 콩은 6배, 밀은 5배 호밀은 7배 정도였을 것으로 추정하고 있다. 이에 비해 옥수수는 생산량이 두 세 배이니 획기적인 작물이 아닐 수 없다. 옥수수는 생육기간도 짧다. 이는 실제로 기근을 겪어야 하는 사람들에게는 대단한 도움을 줄 수 있을 것이다. 그렇게 짧은 생육기간으로 그렇게 많은 탄수화물, 당류, 지방을 만들어내는 작물은 아주 드물다.

물론 아메리카 원주민들이 감자와 옥수수만으로 살았을 때보다 유럽에서 여러 작물과 밀과 같이 섭취하면 보다 영양가가 높아진다. 그러면 유럽인들이 아메리카 대륙에서 원주민들을 지배할 수 있었든 것은 원주민들보다 더 나은 보다 다양한 작물들을 가질 수 있었기 때문이라 추정할 수 있다. 즉 전염병과 학살뿐만 아니라 영양 면에서 유럽인보다 훨씬 열악했기 때문에 경쟁이 되지 못했다고 추정할 수 있다. 옥수수만 주식으로 하면 치명적인 병에 걸릴 수 있고, 감자도 마찬가지였다. 유럽에서 옥수수는 주식이 아니었지만 보다 황량한 토지를 가진 아프리카에서는 주식이었다.

콩

우리가 16세기에 신대륙에도 다양한 콩이 있었다는 것을 안다면, 신대륙에서 여러 종류의 콩이 유럽과 아시아로 들어 온 것이 하나도 이상하지 않다. 그것은 대표적인 것만 해도 땅콩, 완두콩, 강낭콩 등이다. 신대륙 원산지인 콩들은 기름이나 탄수화물은 물론 단백질이 풍부하여 가난한 사람들에게 고기와 같은 역할을 했다. 한편 11세기의 유럽인들이 1년에 고기를 몇 번 밖에 먹지 못해 단백질이 부족했다는 것을 생각하면, 중국에서 도입된 콩이 얼마나 중요한 단백질원이었던 가를 쉽게 짐작할 수 있다. 대두가 유럽인들의 영양을 향상시켜 인구를 증가시켰고, 삼포제 농법에서 콩은 가을에 심어 봄에 수확하는 추파지의 작물로서 자리 잡는다.

유럽인들이 신대륙에 진출했던 당시에는 아메리카에는 이미 갖가지 기후에 적응한 다양한 콩들이 있었다. 그리고 구세계의 콩들에 비교해 신대륙의 콩들(땅콩, 강낭콩)은 식품으로서의 우수성이 몇 년이 지나지 않아서 드러났다. 그 우수성을 실감한 사람들은 다른 작물들처럼 저항감이 없었다. 이미 구대륙에 여러 종류의 콩이 있었기에 새로운 콩들을 빠른 시간에 심었다. 16세기 이후 유럽에서 콩들이 전파된 여정은 분명하게 알 수 없지만, 매우 빠른 기간에 유럽 전역에서 심었다. 그리고 가능한 빨리 아시아 아프리카 지역으로 퍼져나갔다. 다른 여러 작물들은 생긴 모습(감자)으로, 그리고 착각(고추는 후추로 착각하여 지금도 Hot Pepper로 불린다)으로, 색깔로(토마토, 초콜렛) 받아들이는데 시간이 걸렸지만 콩은 비슷한 것이 있었으므로 금방 받아들여졌다.

콩 요리가 전 세계적으로 다양하게 나타나고 있는 것을 우리는 경험적으로 알고 있다. 유럽이나 미국 혹은 중국이나 한국 요리를 위시한 세계의 모든 요리에 콩이 들어간다. 16세기 이후 유럽과 동양의 요리에 쓰이던 곡물이나 작물과 채소 등이 토착종과 섞여 이제는 요리 그릇에 눈을 박고 음식료를 뚫어지게 살펴보고 일일이 구분하여 어디 출신인지를 구분하기는 거의 불가능하다. 16세기 이후는 먹을거리가 혼합되어 토착종이라는 개념은 없어졌다.

(2) 구대륙에서 신대륙으로 건너간 작물

우리는 구대륙에서 신대륙으로 건너간 작물도 있다는 것을 잊어서는 안 된다. 소수의 주요 작물을 제외하고는 아메리카 원산 식물들은 이제 거의 사라져 버리고 황무지에 겨우 살아남아 있다. 반면에 사탕수수, 커피, 바나나, 밀, 보리, 포도 등 수입 작물들이 광대한 토지를 뒤 덮고 있다. 구대륙에서 신대륙으로 도입된 작물의 긍정적인 결과는 식량의 생산량과 인구가 엄청나게 늘었다는 것이다. 부정적인 측면은 생태학적인 안정성이 파괴되어 토양의 침식과 정글의 나무가 사라져버렸다는 것이다.

사탕수수는 1493년 콜럼버스가 두 번째 항해에서 사탕수수 줄기를 가지고 가서 서인도제도에 심었다. 16세기 후반이 되면 스페인 제국의 전 식민지에 사탕수수를 심었고, 200개가 넘는 정제공장이 들어섰다. 사탕수수는 설탕을 만드는 원료이지만 대농장에서 일하던 원주민과 외래인(아프리카 흑인과 20세기 초의 중국과 한국인)의 고통은 엄청난 것이었다. 인도네시아가 원산지인 사탕수수는 15세기 후반에 유럽으로 소개되었고, 신대륙에 도입되자마자 인디오를 노동력으로 쓰다가 인구가 격감하자, 아프리카 흑인들을 들여와 노예로 부려먹기 시작했다.

스페인인보다 포르투갈 사람들이 먼저 아프리카 흑인노예를 설탕 생산에 이용하려 했다. 그것은 포르투갈 인들이 아프리카 탐험 경험이 많으며, 흑인 노예를 본국에서 벌써 부리고 있었기 때문이다. 점점 더 많은 노예가 아프리카에서 중남미로 수입되었고, 역사상 유래가 없는 착취를 당했다. 1550년에 브라질에 300개가 넘는 정제공장이 있었고, 1635년경에는 네덜란드 인들 조차 설탕 장사에 손을 대기 시작했다. 그들은 17세기 후반에 자기들의 식민지에 설탕 생산을 위한 공장을 만들기 시작했다. 새로운 농장에서 일할 노예들이 점차 늘어나고 노동집약적인 대농장제도가 돈이 된다는 것이 입증되자 북미에서 담배와 면화재배에 같은 방식을 사용하기 시작했다.

면화는 북미 대륙에서 가장 생산이 많은 중요작물이다. 면화는 중국에서 유럽으로 전해졌다가 북미로 들어갔다. 북미의 토양에 맞은 면화는 남부 지역에 대량으로 생산되기 시작했다. 대농장에서 일을 시키려 아프리카 흑인을 처음에는 1년 계약노동자(Indentured Servants)로 들여왔지만 곧 노예로 부려먹기 시작했다. 미국의 북부와 서부 지역은 옥수수나 밀의 대량 생산지였지만 남부는 면화에 의존했다. 남부의 흑인노예를 중심으로 한 대농장제는 시대에 역행하는 독특한 제도로 발전해 가면서 남북 간의 갈등요인이 되었다. 특히 18세기 후반에 면화씨를 빼는 조면기가 발명되면서 생산지가 늘어났다. 그리고 새로운 품종이 도입되면서 농장이 더욱 확대되었다. 북미 면화는 대부분 영국으로 수출하여 영국 면 산업의 토대가 되었으며, 산업혁명의 기초가 되었다. 흑인 노예제도는 착취에 기반을 둔 작물농업이어서 결국 남북전쟁으로 없어졌다. 면화는 흑인 노예들의 피와 땀 위에 만들어진 작물인 것이다.

커피는 원산지가 아프리카 에티오피아이지만 현재는 남미에서 훨씬 많이 생산되고 있다. 선진국의 커피점에서 한잔에 우리 돈으로 몇 천 원하는 커피가 커피 농장 노동자들이 하루 종일 일해도 커피 반잔 값도 안 된다는 사실은 우리가 잊어버리고 있다. 얼마나 많은 노동자들이 사람들의 입맛에 맞는 커피 열매(커피콩)를 따기 위해 애를 쓰는지 알 수 없다. 커피는 15세기 중엽에 에티오피아에서 터키로 전파되고 16세기 후반에 경에 유럽에 전해진 것 같다. 영국인들이 아메리카 대륙, 특히 서인도제도에서 재배가 가능하다는 것을 알고 난 다음에는 아메리카 대륙에서도 생산을 시작했다. 현재는 아프리카와 중남미에서 생산되며 특히 브라질과 컬럼비아가 세계적인 커피 생산지이다. 검은 색의 유혹적인 커피는 검은 피부를 가진 노동자들의 눈물과 땀을 마시는 것이다.

바나나도 마찬가지이다. 바나나는 1516년경 아프리카 북서부의 대서양에 위치한 카나리아제도로부터 서인도제도로 들어왔다. 1520년경이 되면 바나나 나무가 엄청나게 번식해서 카리브 연안에 많이 자라고 있었다. 바나나는 대부분 동남아시아를 위시한 열대 지방 여러 곳에 자생하던 것을 개량시킨 것이다. 바나나는 중미로의 미국 자본의 진출과 거대한 지배력을 상징한다. 미국 다국적 기업이 중남미에 이르기까지 강대한 바나나제국을 세웠다. 바나나회사는 광대한 토지·철도·항만을 소유하고 바나나의 생산·수출을 독점함과 동시에 중앙아메리카 여러 나라의 내정에도 간섭하는 등 이 지역의 정치·경제에 큰 영향력을 행사했다. 바나나 기업이 중남미를 지배하고 있다고 해도 과언이 아니다.

밀은 스페인인이 아메리카에서 재배하려했던 주곡이었다. 아메리카 대륙에서 스페인 농부들의 농사짓는 법이 서툴러서 스페인 식민정부에서 그들을 가르치려고 애를 썼다. 그 결과 16세기 중반 많은 밀이 생산되고, 빵 값이 스페인 본국만큼이나 저렴해졌다. 16세기가 되면 남미의 페루의 고지대나 온대지방에서 밀이 대량으로 생산되기 시작했다. 페루는 제국의 많은 사람들이 소비하는 밀의 주 공급지였다. 스페인 사람들은 기후가 본국과 비슷한 곳에 밀을 재배했다. 세월이 흐르면서 아메리카 대륙 전체에서 밀이 생산되고 있다. 많은 스페인 정복자들의 기록에 따르면, 1600경 스페인 식민지 어느 곳에든지 밀 빵을 구할 수 있었다. 물론 노예들이나 원주민들이 밀을 쉽게 구할 수 없었겠지만 식민지 대부분에서 밀 빵을 쉽게 구할 수 있었다는 것은 그만큼 밀이 많이 생산되었다는 반증이다.

여러 가지 작물이 신대륙으로 들어오고 이들 중에 어떤 것은 다시 아프리카로 역수입 되었다. 커피와 초콜릿은 현재 아프리카의 주요 수출 작물이다. 커피는 아프리카 에티오피아 원산지이지만 아메리카 대륙에 가서 개량된 다음 다시 아프리카로 돌아왔다. 초콜릿은 남미가 원산지이지만 그 검은 색으로 인해 악마의 유혹이라는 별명을 얻었다. 작물의 교류는 느리게 진행되었다. 문명간의 정복전쟁을 통해 교류된 것이 아니고 사람들이 자연스럽게 교류를 시켰다. 인간은 먹고 살아야 하기 때문에 먹을거리의 교류에 공을 가장 많이 들였던 것이다.

7. 십자군운동과 문명의 교류

(1) 셀주크 투르크족의 중동지역 장악

셀주크 투르크족의 성지순례 방해

교황 우르바누스 2세에게 십자군을 일으킬 빌미를 준 것은 아랍인들이 쇠퇴한 후 이슬람세계의 주인이 된 셀주크 투르크족이었다. 페르시아를 장악한 후 소아시아와 팔레스타인으로 진출한 셀주크 투르크족의 기독교세계에 대한 도전이 교황에게 기회를 주었던 것이다. 1050년경에 페르시아를 중심으로 나라를 세운 셀주크 투르크족의 투그룰 슐레이만샤는 아바스(Abbas)왕조 칼리프의 요청으로 바그다드에 입성했고(1055), 그로부터 순니파 무슬림의 지도자가 되었다. 그들은 1050년대에 아르메니아와 아나톨리아로 진출하고, 다시 소아시아와 에게해까지 나아갔다.

셀주크 투르크군은 1071년 말에 로마노스 4세(Romanos IV)의 비잔틴군을 라즈기르트(만찌게르트)에서 패퇴시켰다. 로마노스 4세의 뒤를 이은 미카엘 7세(Michael VII)는 교황 그레고리우스 7세에게 셀주크 투르크족을 응징하기 위해 도움을 청했고, 교황도 기꺼이 응하려 했다. 하지만 그 무렵의 그레고리우스 7세는 하인리히 4세가 로마로 진격하여 대립교황을 세우고 그를 압박하는 상태에 있었기 때문에 십자군을 일으킬 수 없었다. 결국 소아시아의 대부분을 장악한 셀주크 투르크족은 니케아를 수도로 하는 새로운 이슬람제국을 창건했다. 이후 이란고원・소아시아・팔레스타인까지 장악한 셀주크 투르크족은 유럽 기독교도들의 성지순례와 동방무역을 방해하는가 하면 예루살렘의 기독교도들을 박해했다.

■ 기독교도의 성지순례 관습

성지를 순례하는 것을 영광스런 일로 여긴데다 죄를 사면 받는 한 방법으로 여겨지면서 기독교도의 성지순례는 하나의 관례가 되었다. 예루살렘이 이슬람세력에 정복된 이후에도 유럽 기독교도의 성지순례 열정은 끊이지 않았다. 아랍-이슬람 측도 유럽인의 성지순례가 경제적으로 이익을 주었을 뿐만 아니라 유럽문물을 접할 수 있는 기회였으므로 대체로 방해하지 않았다. 그리하여 8세기를 지나면서 서구 각지에서는 순례자의 수는 증대했고, 예루살렘과 베들레헴은 로마와 더불어 가장 중요한 순례지가 되었다.

비잔틴제국의 원조 요청

비잔틴제국의 황제 알렉시오스 1세(Alexios I)가 때맞추어 우르바누스 2세에게 군사적 원조를 요청했다. 비잔틴제국은 그 무렵 북쪽과 동쪽으로부터 침공한 적들로 인해 영토는 줄어들고 수도 비잔티움까지 위험했지만 권력 장악을 위한 음모와 분열이 그치지 않았다. 그런 상황에서 1081년에 제위에 오른 알렉시오스 1세는 베네치아와 동맹을 맺고 달마티아의 노르만족을 격퇴시켰으며, 셀주크 투르크족과 평화협정을 체결하는 데도 성공했다. 그러나 그는 당시 내분에 휩싸인 그들 이교도들의 힘을 꺾을 기회가 왔다고 생각했던 것이다.

투르크족의 지역 유력자들을 서로 반목하게 하는 등 비잔틴제국의 안정을 위해 노력해온 알렉시오스 1세는 교황에게 사절을 파견하여 셀주크 투르크족의 힘이 약화되었으므로 공격할 적기임을 주장했다. 셀주크 투르크는 1092년 3대 술탄 말리크샤 사후(死後) 그의 아들들 사이에 내전이 일어난 데다 아나톨리아와 에게해 연안 등지로 진출하는 동안 뜸했던 지방 세력의 저항이 재개되었다.

(2) 8회에 걸친 원정과 거듭된 실패

제1회 십자군

은자 피에르가 프랑스와 독일 등지에서 모집한 1만 5천-2만 명의 민중 십자군은 1096년에 보스포러스해협을 건너 소아시아에 도착했으나 셀주크 투르크족과의 싸움에 패해 소수를 제외하고 대부분이 죽거나 포로가 되었다. 민중십자군의 비극적 실패 후 영국과 프랑스 국왕의 동생들, 로렌공(公) 갇프리(Godfry)와 그의 동생 볼드윈(Baldwin), 툴루즈백(伯) 레이몽(Raymond), 남이탈리아의 보에몽(Bohemond) 등이 참가한 귀족십자군이 발진했다.

무기와 기율을 어느 정도 갖추었고 비교적 통일된 모습을 보인 귀족십자군은 보스포러스해협을 건넜다. 사가들은 1회 십자군의 규모를 5천-1만 명의 기사와 1만 명 전후의 보병이었을 것으로 본다. 물론 순례자나 노예 등 다수의 비(非)전투원도 십자군을 동반했다. 그들은 1097년 5월에 셀주크 투르크군을 제압하고 니케아를 함락시켰다. 주력부대는 안티오키아로 향했지만 볼드윈은 유프라테스강 유역의 고대도시며 시리아 방어의 요충지인 에데사로 진격했다. 에데사를 점령한 볼드윈은 그곳 십자군 국가의 영주가 되었다. 안티오키아로 향했던 십자군 주력군도 7개월 동안 포위해 공격한 후에 안티오키아를 점령했다. 그리고 보에몽은 안티오키아에 제2의 십자군 국가를 세웠다.

십자군의 주력부대는 많은 인적, 물적 손실을 당하면서도 예루살렘으로의 진격을 계속해 1099년 6월 7일에 예루살렘에 입성했다. 이슬람 측이 완강히 저항한 예루살렘 공격은 피비린내 나는 살육을 수반했다. 당시의 기록에 따르면 솔로몬사원에서 살해된 사람만 해도 1만여 명이었다. 예루살렘에도 십자군왕국이 건설되고 갇프리가 '성묘의 방어자'로 선출되었다. 그리고 레이몽은 안티오키아와 예루살렘 사이의 트리폴리를 중심으로 4번째의 십자군 국가인 트리폴리백령을 건설했다. 하지만 십자군이 유럽으로 귀환한 후에는 예루살렘왕국마저 무너졌다.

■ 십자군 기사단

십자군의 종교적 열정과 군사력 확충의 필요성은 성전기사단과 병원기사단 같은 기사단을 등장시켰다. 십자군 기사단은 수도원적 규율인 신앙, 청빈, 자애, 복종 등의 공통규율을 지키는 일방 성지를 방어하는 일에 나섰다. 최초의 기사단은 성전기사단이다. 유그(Hugh de Payns)가 성지순례단을 보호하기 위해 1118년경에 결성했다. 트로이종교회의에서 공식적으로 승인받은(1128년) 그 기사단의 근거지는 예루살렘성전 주변에 있었다. '전장의 사자들'로 불린 성전기사단 기사들은 무슬림과 싸워 사페드, 토르토사, 아트흐리트 같은 성들을 방어했고 여러 전투에서 활약했다. 그들은 흰옷에 붉은 십자를 달았다. 예루살렘의 성존(St. John)이 설립한 병원기사단의 뿌리는 아말피의 상인들이 11세기 중엽에 성지순례자들을 위해 세운 숙소와 병원으로 거슬러 올라간다. 예루살렘왕국이 세워진 후 병원기사단의 규모와 활동영역이 확대되어 성전기사단처럼 무슬림과의 전쟁에도 참가했다. 병원기사단은 트리폴리의 크라크 드 쉬발리 및 마르가트 등의 성을 관할했다. 후일 키프로스, 로도스, 말타 등지로 활동영역을 옮긴 병원기사단은 검은 옷에 흰 십자를 붙였다. 튜턴기사단의 뿌리는 1127년에 예루살렘에서 설립되었으나 예루살렘왕국이 붕괴된(1187년) 후에 아크레로 옮긴 성메리(St. Mary)병원이었다. 구상으로 끝난 하인리히 6세(Henry VI)의 십자군에 참가하기 위해 아크레에 온 독일 출신 가사들은 메리병원 중심의 우애단체를 모체로 삼아 1198년에 기사단을 만들었다. 하지만 그들은 헝가리에 이어 발트지역으로 활동영역을 넓혔다.

제2, 3회 십자군

모술 총독 장기가 티그리스강 유역의 이슬람세력을 통합하는데 성공한 이후 이슬람세계는 다시 결속하기 시작했다. 그로 인해 십자군 국가들의 입지가 흔들리자 유럽은 다시 십자군을 일으켰다. 하지만 프랑스의 루이 7세(Louis VII)와 독일의 콘라트 3세(Conrad

III)가 참가한 2회 십자군(1147-49)도 별다른 전과를 올리지 못했다. 유럽은 다시 새로운 십자군을 일으켰다. 영국의 사자심왕 리처드 1세(Richard I) · 프랑스의 존엄왕 필리프(Philip) · 독일황제 프리드리히 1세(Friedrich I) -그는 셀레우키아 근처 칼리카드누스강에서 멱을 감다 익사했다(1190. 6)- 등이 차가한 3회 십자군도 당초의 뜻을 이루지 못했다.

■ 살라딘 이야기

정력적 장군이며 인도적 기사였던 그는 가위 전설적 인물이었다. 1177년경에 이집트와 시리아의 지배자가 된 그는 1187년에 갈릴리해 부근의 하틴에서 십자군을 결정적으로 패배시킨 후 여세를 몰아 예루살렘을 정복했다. 당시 십자군은 살라딘의 군세와 비슷한 2만여 병력으로 저항했지만 패했고 포로로 잡힌 십자군의 지휘자 레이날드와 구이 등은 석방금을 내고 풀려났다. 예루살렘에 입성한 그는 기독교도를 약탈하거나 학살하지도 않았으며 어떤 것도 파괴하지 않았다고 한다. 그는 무슬림의 다수 종파인 수니파를 결속시켜 대(對)십자군투쟁을 성공적으로 이끌었다.

제4회 십자군

강력한 교황권을 자랑한 인노켄티우스 3세가 발의한 제4회 십자군은 파문을 당하는 등 십자군 역사에 추악한 십자군으로 기록되어 있다. 볼드윈과 북부 프랑스의 기사들이 지휘한 십자군은 이집트를 향해 1202년에 발진했다. 하지만 베네치아에 지불해야 했던 운송료를 마련하지 못한 십자군 지휘부는 베네치아의 요청에 응해 1202년 11월에 아드리아해안의 자라를 함락시켰다. 교황은 기독교 도시 자라를 점령하고 노략질하는 십자군을 파문했다.

자라에서 겨울을 난 십자군은 이번에는 이집트가 아닌 비잔티움으로 쳐들어갔다. 당시 동생 알렉시오스 3세(Alexios Ⅲ)와의 권력투쟁에 패한 비잔틴제국의 이사키오스 2세(Isakios Ⅱ)와 그 아들 알렉시오스 4세가 제위를 되찾아줄 경우 베네치아에 진 빚을 갚아주고 이집트원정을 재정적, 군사적으로 후원할 것이며, 심지어 그리스정교회를 로마교회로 귀속시키겠다고 십자군에 제의했다. 당근에 이끌린 십자군은 1203년 7월에 비잔티움을 함락시켰고 이사키완 부자는 나라를 되찾았다. 하지만 그들이 약속을 이행하지 못하는 상황에서 반란으로 살해되자 기어이 빚을 받아내기로 작정한 십자군은 1204년 4월에 제국의 수도 비잔티움을 점령·노략질했다.

십자군들은 비잔티움을 3일간 약탈했다. 그들은 성소피아성당 안으로 말이나 당나귀를 끌어들여 성물들을 실어 날랐다. 그들은 칼이나 창을 휘두르며 닥치는 대로 죽이고 뺏었다. 말이나 당나귀가 넘어지면 칼로 찔러 죽였으며, 창녀를 성소피아성당의 총주교좌에 앉혀놓고 희롱하기도 했다.

비잔틴제국도 십자군 지휘자들에 의해 분해되었다. 볼드윈이 황제로 등극한 라틴제국(비잔티움과 아드리아노플), 테살로니키왕국, 아테네공국, 아케아공국 등으로 쪼개어졌다. 중요한 항구와 전략상의 요충지를 손에 넣은 데다 동지중해 일대의 해상권을 보다 강화한 베네치아는 4회 십자군 이후 지중해세계의 강력한 해상세력으로 부상했다.

4회 이후의 십자군

5회 십자군도 이집트를 겨냥했다. 교황 호노리우스 3세(Honorius Ⅲ)의 주도 하에 각지에서 모여든 십자군이 1218년에 이집트를 향해 출진했다. 그러나 펠라기우스(Pelagius)가 이끈 5회 십자군도 겨우 다미에타를 장악했으나(1219년 11월) 때마침 나일강이 범람해 카이로로 진격하지 못했다. 결국 제2의 목표였던 예루살렘 쪽으로는 군대를 출전시키지도 못한 상태에서 다미에타마저 빼앗겨 아크레로 철수했다(1221년 8월).

6회 십자군은 독일 황제 겸 시칠리아 왕이었던 프리드리히 2세(Friedrich Ⅱ)가 주도했다. 십자군 참전약속을 이행하지 않아 교황 그레고리우스 9세(Gregorius Ⅸ)에게 파문 받은 프리드리히 2세는 1228년 여름에 6회 십자군을 일으켰다. 전투보다는 외교에 치중한 황제는 예루살렘의 대부분을 회복하고 베들레헴과 나사렛도 기독교도의 땅이 될 수 있게 했다. 그리고 10년간의 휴전도 성사시켰다.

프랑스의 루이 9세(Louis Ⅸ)는 이집트를 겨냥해 7회 십자군을 일으켰다(1248). 예루살렘과의 교환을 기대하면서 다미에타를 공격해 정복했지만(1249), 이집트 측의 완강한 저항에다 질병과 굶주림이 겹쳐 항복해야 했다. 루이 9세 자신도 1250년에 포로로 잡힌 후 막대한 배상금을 물고 풀려났다. 그는 1254년까지 이집트에 머물렀으나 별다른 전과를 거두지 못했다.

이집트가 1260년대에 시리아를 장악하고 이어 1268년에는 안티오키아를 손에 넣는 등 중동지역의 새로운 강자로 등장하자 루이는 다시 십자군을 일으켰다(8회). 하지만 루이는 튀니스에서 결국 병사했다(1270). 그 사실을 알게 된 이집트 왕 바이바르스(Baibars)는 공세를 취해 트리폴리에 이어 아크레를 점령했다(1291). 티레, 베이루트, 하이파, 아틀리트 등도 뒤이어 함락되었다. 그때 이슬람교도들의 보복으로 6만여 명의 기독교가 학살되었다. 오랜 기간에 걸친 십자군원정도 그렇게 막을 내렸다.

(3) 십자군운동의 영향과 역사적 의의

일반적 영향

십자군전쟁은 어떤 면에서 보더라도 성공할 수 없는 전쟁이었다. 제대로 무장하지 못한데다 훈련도 받지 못한 병사들이 다수를 차지한 것, 당시의 교통통신 수단으로는 감당할 수 없는 먼 지역으로 원정한 것, 국왕과 대영주들로 구성된 지휘부의 갈등이 심했던 것, 상업적 전쟁으로 변질 된 것 등을 실패의 중요한 원인으로 꼽힌다.

십자군전쟁은 성지를 탈환이라는 당초의 목적달성에 실패한데다 시간이 흐를수록 상업적 성격의 전쟁으로 변질되어 십자군이란 이름이 무색할 지경이었지만 정치, 경제, 종교, 문화 등에 심대한 영향을 끼쳤다. 그것은 효력은 서서히 나타났으되 바로 중세의 문을 닫고 근대의 문을 열게 했다.

경제적, 정치적 영향

십자군운동은 지중해를 다시 유럽인의 활동무대로 바꾸었다.

비잔티움-소아시아 항로나 베네치아, 제노바, 마르세유 등을 통해 지중해를 왕래한 십자군과 함께 각종의 군수물자가 대량으로 운송되었고 그로 인해 지중해는 다시 유럽인들의 교역로로 부활했다. 그리고 지중해무역은 그 무렵 등장하기 시작한 유럽의 내륙 시장들과 함께 유럽에 새 바람을 불러일으켜 결국은 유럽을 초기 상업자본주의적 사회로 이끌었다.

사실 십자군들은 귀금속이나 동방물산을 얻기 위해 노력했다. 특히 몇 배 혹은 십 수배의 이윤을 남기는 동방물산에 대한 서유럽인의 관심은 비록 2, 3백년 뒤의 일이지만 콜럼부스의 아메리카대륙으로의 항해가 잘 말해준다. 콜럼부스로 하여금 대서양 횡단이라는 모험을 하게 한 것도 바로 그 동방물산에 대한 관심이었다.

상업의 부활은 토지에 의지한 봉건세력을 서서히 몰락으로 이끌었다. 다수의 기사들은 물론 영주들이 십자군전쟁에 참전하여 입은 인적, 물적 손실도 봉건체제의 붕괴를 촉진했다. 반면 봉건세력의 몰락은 군주들로 하여금 왕권을 강화할 수 있는 기회를 제공했다. 군주들은 상공시민과 제휴하는 일방 봉건귀족을 억압하면서 통치권을 강화해갔다. 그 모든 것은 매우 느리게 진행되었지만 그런 정치적 변화는 결국 17세기의 절대주의로 이어졌다.

종교적 영향

십자군은 주된 목적인 성지회복에 실패했지만 교황청의 권위를 신장시키는 일에서도 결국은 실패했다. 제1회 십자군이 그나마 성공했기 때문에 교황의 지위는 일시 고양되었다. 사실 제4회 십자군까지는 동·서 교회의 통합이라든가 성지회복이란 대의는 크게 흔들리지 않았다. 하지만 인적, 물적 손실이 매우 큰 데다 연이은 실패는 탈선한 4회 십자군과 함께 십자군을 발의한 교황의 권위를 흔들기 시작했다. 십자군의 실패로 깊은 상처를 입은 교황과 교회 앞에는 '아비뇽유수'와 '대분열'이 기다리고 있었다.

문화적 영향

십자군전쟁도 여느 전쟁과 동일하게 문화의 교류와 지식의 확대에 기여했다. 물론 고대 이래 문물의 교류는 있어왔지만 십자군운동을 통해 기독교 유럽과 이슬람교 중동은 상당히 활발하게 문물을 교류했다. 물론 십자군운동이 문물을 통한 문화의 발전만을 가져다 준 것은 아니다. 그것은 약탈과 살육이 다반사로 행해진 무자비한 전쟁이었고 따라서 두 세계 사이의 대립과 증오를 크게 증폭시켰다.

십자군과 무슬림의 만남이 반드시 살육과 약탈 일변도로 시종일관한 것은 아니었다. 십자군에 종군한 수도사들이 아랍의 증류법을 배워 위스키를 개발했지만, 서양세계는 십자군을 통해 비잔틴제국과 이슬람제국의 우수한 문화에 접할 수 있었다. 주지하듯이 이슬람제국은 아라비아숫자가 상징하는 수학을 비롯해 화학과 의학, 문학과 예술(특히 건축) 등에서 뛰어난 업적을 남겼다. 비잔틴제국 또한 철학과 신학은 물론 문학과 예술 등에서 창조력을 발휘했다. 특히 비잔틴제국은 고대 그리스의 고전을 보전하고 연구함으로써 인류문화에 이바지했다.

십자군전쟁 이후 셀주크 투르크족은 쇠퇴했다. 그들을 몰락으로 이끈 것은 몽골족이지만 십자군도 그들의 쇠망에 일조했다. 셀주크 투르크족은 1101년의 프랑스군과의 싸움 및 1178년의 비잔틴군과의 싸움에서 승리하기도 했지만, 1차 십자군과의 싸움에서 패한 이래 여러 전투에서 패했다. 십자군은 그들을 멸망으로 이끌 만큼 치명적인 타격을 가하지는 못했지만, 분명히 그들로 하여금 국력을 소모케 하고, 나아가 국가적 통일을 다지고 영토를 넓히는 일에 매진할 수 없게 했다.

십자군이 이슬람세계에 미친 영향을 간략히 정리하기는 쉽지 않지만 대체로 다음과 같이 요약할 수 있다. 첫째, 적어도 초기에는 이슬람 측은 십자군에 대해 거의 무지했다. 그들은 처음에는 비잔틴제국 군대와 십자군을 구분하지 못했고, 또한 십자군이 갖는 종교적 성격도 알지 못했다. 유럽의 전면적 도전에 당황해 했을 뿐 그 의도를 정확하게 파악하지 못한 그들은 군사적으로 맞설 수 있는 조직을 쉽게 갖추지 못했다.

둘째, 십자군은 그때까지 기독교에 대해 비교적 관용적이었던 무슬림들로 하여금 관용적 태도를 버리게 했다. 결국 성전의식으로 무장한 투르크-아랍 무슬림들 모두 십자군의 지나친 만행에 분노했다. 당연하지만 무슬림들은 십자군전쟁을 겪으면서 기독교도에 대한 관용적 태도를 버렸다. 십자군운동은 그리하여 지중해, 특히 동지중해가 기독교와 이슬람교의 첨예한 대립의 장으로 만드는데 기여했다.

십자군운동의 역사적 의의

십자군운동은 총체적 실패를 기록한 데다 전사들의 일탈행위, 이슬람세계와 기독교세계 사이의 대립 격화 등 많은 부작용을 남겼다. 부정적으로 평가하는 측은 십자군을 인명·에너지·시간·자원의 무익한 낭비였을 뿐이며, 중동지역을 회복하기는커녕 종교적 불관용과 박해를 더욱 자극하여 순례여행을 더욱 어렵게 하고 동유럽의 기독교도들을 곤경에 빠뜨렸다고 말한다. 그들에 따르면 십자군은 영적 문제를 무력에 잘못 호소한 행위이고, 따라서 시간이 지날수록 더욱 물질적·세속적 전쟁으로 변해 갔다. 그러나 십자군을 긍정적으로 평가하는 사가들도 적지 않다. 그들은 십자군을 이상주의, 신앙, 영웅주의의 발현으로 평가한다. 그들에 의하면 십자군은 무슬림의 비잔티움 및 발칸반도 정복을 지연시켰고, 나아가 기독교를 처음으로 유럽 이외 지역으로의 확산시켰다. 그리고 십자군은 정치·경제·문화 등 여러 면에서 서구의 진보를 촉진시켰다.

200여년에 걸친 원정은 유럽 기독교세계로 하여금 일시 지중해를 되찾게 했지만, 기독교와 이슬람 세계의 증오심을 증대시키고 대립을 심화시켰다. 특히 이슬람교도의 기독교에 대한 적개심은 전쟁 중에 최고조에 달했고, 이후 두 종교는 화해는커녕 상대의 존재마저 인정하지 않으려는 상황으로 발전했다. 혹자는 오늘날의 이슬람세계의 유대·기독교세계에 대한 적대의식이 십자군에서 비롯된 것으로 진단하기도 한다. 십자군은 무슬림들에게 그만큼 깊은 상처를 남겼던 것이다. 앞에서 지적했지만 원래 무슬림들은 그들이 정복한 땅의 기독교도와 유대교도들에게 비교적 관용적이었다. 그러나 십자군의 무슬림에 대한 가혹한 행위는 투르크족의 술탄 등 무슬림 지배자들로 하여금 기독교도들을 관용하지 않게 했다. 투르크족과 몽골족도 책임이 있지만 십자군은 관용면에서나 지적 관심에서 서유럽의 그것보다 우월했던 아랍의 문화를 파괴했다. 그리하여 십자군원정이 끝날 무렵 아랍의 지적·문화적 창조력은 서양으로 옮겨갔고, 서양은 약 100여년 후에 이탈리아를 필두로 르네상스문화를 발전시켰다.

8. 지중해세계의 새로운 지배자, 오스만 투르크족

(1) 오스만 투르크족의 흥기와 발칸반도 진출

오스만 투르크족의 흥기와 그 배경

셀주크 투르크족이 몰락한 후 소아시아와 그 주변지역은 투르크족 부족들의 할거지가 되었다. 오스만제국의 개창자 오스만 1세(Osman I 1289-1326)의 오스만 투르크족도 그 중의 하나였다. '오스만'이란 명칭은 물론 오스만 1세에서 유래했다. 니케아 남쪽의 소도시 수구트가 그들의 근거지였다. 그 무렵 투르크족의 여러 토후국들이 서부 소아시아 내륙에서 각축했지만, 오스만족은 규모는 작았지만 마르마라해로 진출할 수 있는 부르사에서 멀지 않은 곳을 수도로 삼고 있어 비교적 유리한 입장에 있었다.

오스만제국이 진출한 소아시아해안과 그 배후지는 당시 비잔틴제국의 땅이었다. 오스만제국은 줄곧 소아시아해안으로 침공했고, 따라서 기독교도와 무슬림 두 세력은 매우 격렬하지는 않았지만 지속적 전쟁상태에 있었다. 오스만제국은 소아시아에서의 기독교 세력과의 지속적 투쟁을 통해 영역을 확장하는 등 국력을 신장시켜 가는 한편 강력한 중앙집권국가로 발전했다. 그리고 오스만제국의 급속한 성장은 여타 토후국의 전사들이 오스만의 깃발 아래로 모여들게 하는 상황을 초래해 투르크족 부족 사이의 세력균형이 무너지기 시작했다.

오스만 1세의 치세 말인 1326년에 부르사를 장악한 제국은 그를 이은 오르칸(Orkhan) 치세 때인 1331년에 니케아(이즈니크)를, 1337년에 니코메디아를 정복했다. 오스만 투르크는 1335-1345년 사이에 서부 소아시아해안의 작은 토후국 카라시를 병합했다. 그로부터 소아시아의 북서쪽 지역도 통제할 수 있었다.

오스만제국은 처음부터 비잔틴제국을 압박하면서 소아시아 서해안으로 영토를 확장해갔다. 물론 비잔틴제국이 십자군의 침략으로 수도가 함락되는 등 명목상의 제국으로 전락한 것도 그들을 도왔다. 그러나 그들로 하여금 비잔틴제국으로부터 소아시아를 빼앗을 수 있게 했을 뿐만 아니라 후일 발칸반도・중동・북아프리카에 걸치는 대제국을 자랑할 수 있게 한 원동력은 주로 '가자'와 성전의식이었다.

■ 가자(*ghaza*)와 가지스(*ghazis*)

'가자'는 소아시아에서 활동한 투르크족의 약탈원정대를 지칭하고 '가지스'는 그 원정대의 전사를 의미하는 투르크어다. 투르크족의 술탄들도 물론 '가지스'였다. 완전히 일치하지는 않지만 '가자-가지스' 관계는 원시 게르만족의 약탈전사집단 '코미타투스(*comitatus*)'의 '주군(主君)-종사(從士)'관계와 유사했다.

게르만족의 주군은 전사들을 지휘해 생계수단을 마련해주고 전사(종사)들은 주군을 중심으로 뭉쳐 싸웠다. 투르크족의 가지스들도 가자의 지도자를 중심으로 결속하여 싸우는 것이 곧 생활이요 생업이었던 것이다. 양자 사이에 다른 점이 있다면 게르만족 전사들에게는 종교적 동기가 없었는데 반해 이슬람교 전사인 가지스에게는 종교적 동기도 작용했다는 것이다.

■ 성전(*jihad*)

투르크족으로 하여금 대제국을 건설하고 보전할 수 있게 한 또 하나의 자원은 성전의식이었다. 모든 무슬림에 있어서 '알라'를 위한 전쟁은 곧 성전이었지만, 이슬람교에 귀의해 무슬림이 된 오스만 투르크족에 있어서도 성전의식은 다르지 않았다. 중동지역에서 발아한 무슬림의 성전의식과 전통적 문화는 사실 이슬람세계 전체의 의식이고 문화였던 것이다.

거기다 오스만제국은 이슬람세계의 중심지들인 다마스쿠스, 카이로, 바그다드로 진출하는 길목에 위치해 이슬람적 법률·행정·재정의 이론과 실제에 능숙한 인재들을 얻을 수 있었다. 가자와 지하드의 이상이 오스만 투르크족을 새로운 승리로 이끌었다면, 이슬람적 전통은 확고하고 안정된 지배체제를 새로이 정복한 땅에 확립할 수 있게 했던 것이다.

오스만 투르크제국의 발칸반도 진출

오스만제국은 토후국 카라시를 1345년에 이르러 완전히 병합했고, 그로 인해 북서 소아시아의 진출이 보다 용이해졌다. 카라시를 병합한 오스만제국은 곧바로 발칸반도에 교두보를 구축했다. 2대 술탄 오르칸의 전사들이 발칸반도의 갈리폴리를 점령한 다음 그곳을 발칸반도 진출을 위한 최초의 영속적 거점으로 만들었던 것이다. 사실 갈리폴리는 정치적, 군사적, 경제적 중요성은 물론 지리적, 인종적 중요성 때문에 그들이 오랫동안 노려온 땅이었다.

오스만제국이 노리던 발칸반도는 그 무렵 큰 혼란에 빠져있어, 제국으로서는 다행이었다. 그리스는 베네치아령 · 비잔틴제국 · 기타 소국들의 집합체로 전락했고, 세르비아는 국왕 두산(S. Dushan)이 죽은 후 정치적 분열 상태에 있었으며, 불가리아 역시 1365년 이후 세 나라로 분열되었다. 갈리폴리 점령 이후 다수의 오스만 투르크족 전사들이 보스포러스해협을 건너 발칸반도로 들어갔다. 소아시아로부터 건너온 여타의 투르크족 전사들 또한 14세기 전반 이래 발칸반도에서 제국의 동맹세력 역할을 했다.

오스만제국의 발칸반도 진출은 갈리폴리 점령 이후 속도가 붙기 시작했다. 아드리아노플를 빼앗은(1362) 다음 남세르비아를 꺾었다(1371). 1386년에는 소피아와 니스를 함락시킴으로써 제국은 발칸반도의 중앙부도 장악했다. 코소보전에서 전사한(1389) 무라드 1세(Murad I)를 이은 바야지드 1세(Bayazid I)는 1393년에 이르러 결국 불가리아를 정복했다. 이어 세르비아가 오스만제국의 속국이 되었다. 제국의 군대는 남쪽으로 방향을 돌려 비잔티움을 봉쇄

했다. 오스만군은 헝가리가 서유럽의 도움을 받아 일으킨 기독교십자군을 1396년의 니코폴리스전투에서 패퇴시켰다.

소아시아와 발칸반도에서 승승장구하던 오스만제국도 뜻하지 않은 역풍을 만나 한때 위기에 빠졌다. 중앙아시아에서 강력한 세력을 구축한 티무르(Timur)에 패했기 때문이다. 바야지드 1세의 오스만제국은 1402년의 앙카라전에서 티무르군에 완패했다. 포로가 된 술탄은 결국 티무르의 감옥에서 옥사했다. 앙카라전 후 로도스섬을 근거지로 삼아 활동하던 성존기사단을 이즈미르로부터 축출한 티무르는 오스만 투르크군을 유럽정복의 선봉대로 삼으려 했으나 성공하지 못했다.

앙카라전 후 오스만제국은 바야지드 1세의 아들들이 지배한 몇 개의 집단으로 쪼개어졌다. 이사(Isa)는 부르사를, 메흐메드(Mehmed)는 아마스야를, 술레이만(Suleiman)은 에디르네를 차지했다. 물론 형제들은 제국의 주인 자리를 놓고 혈전을 벌였고, 메흐메드 1세가 결국 제국을 재통일했다(1413).

성전이념을 다시 실현하는 길로 나선 제국은 메흐메드 1세와 무라드 2세(Murad Ⅱ)의 치세 중에 소아시아와 유럽에서 느리되 확실하게 성장했다. 1451년부터 1482년에 걸쳐 소아시아의 토후국들을 단계적으로 병합했다. 제국은 모레아, 에피루스, 알바니아, 세르비아까지 장악하는 등 발칸반도에서도 착실히 성장했다. 그리하여 제국은 소아시아와 발칸반도의 대부분을 통치했다. 당시 오스만제국의 팽창에 가장 큰 위협을 느낀 헝가리가 폴란드 · 세르비아 · 왈라키아(루마니아) 등의 지원을 받아 저항했지만 1444년 11

월에 바르나에서 결정적으로 패했다. 헝가리는 1448년에 다시 대군을 동원해 도전했으나 이번에는 코소보에서 패배했다.

(2) 비잔틴제국 정복과 비약적 성장

오스만제국의 비잔틴제국 정복

메흐메드 2세(Mehmed II)는 비잔틴제국으로 눈을 돌렸다. 그는 비잔틴제국의 황제 콘스탄티노스 11세의 항의를 일축하고 마르마라해협의 유럽해안에 성을 만드는 일에 착수했다 - 그 해협의 아시아 쪽에는 그의 조부 메흐메드 1세가 만든 요새가 이미 있었다. 1452년 8월에 '루멜리 히사르' 성이 완성되어 제국은 마르마라해협을 포함해 포스포러스해협을 통제할 수 있었다.

메흐메드 2세는 비잔틴제국이 항복을 거절하자 1453년 5월에 비잔티움을 포위 공격했다. 콘스탄티노스 11세가 제의한 십자군이 결성되지 못한 상태에서 베네치아와 제노바만이 소규모 원군을 파견했다. 예니체리의 정예병을 비롯한 오스만 투르크의 전사들은 5월 29일에 결국 비잔티움을 함락시켰다. 콘스탄니노스 11세는 전사했고 일부를 제외하고 비잔틴제국의 시민들은 피살되거나 항복했다.

젊은 정복자 메흐메드 2세는 성소피아성당에 들어가 알라에게 감사한 후 성당의 제단(祭壇)을 파괴했고, 투르크군은 관례대로 비잔티움을 3일간 약탈했다. 그 후 술탄은 자신이 기독교 교회의 보호자임을 선언하고 그리스인 대(大)교구장을 임명했다. 그는 비잔티움을 이스탄불로 개칭하고 제국의 수도로 삼았다.

■ 성소피아 성당(Hagia Sophia)

유스티니아누스 때 지어진 성소피아성당은 로마의 바실리카 양식과 페르시아의 둥근 지붕 양식이 결합하여 만들어낸 걸작이었다. 1천 5백여 년 동안 풍우는 물론 여러 차례에 걸친 지진도 견디어 온 성소피아성당. 눈부신 색채 대리석과 에나멜, 금은보화와 견직물, 벽과 천장의 그림과 선명한 모자이크 등을 자랑하는 성소피아성당. 40개의 창문이 받아들이는 빛이 내부의 현란한 모자이크와 대리석 장식을 비춘다. 성소피아성당은 제국의 패망과 더불어 기구한 길을 걷게 되었다. 전술했듯이 메흐메드 2세는 비잔틴제국이 망한 후 성당에 들어가 알라에 감사한 후 성당 내부를 파괴했다. 이미 1402년에 십자군으로부터 한 차례 약탈당한 성당은 이번에는 이교도의 소유물로 됨으로써 더 큰 수난을 겪어야 했다. 오스만제국은 다음해인 1453년에 그 성당을 개조하여 이슬람교 사원으로 사용하기 시작했던 것이다. 그리하여 벽과 천장의 아름다운 그림과 선명한 모자이크들은 거의 모습을 감추었으며, 새로이 세워진 4개의 첨탑은 그것이 이슬람교 사원임을 일깨워준다.

메흐메드 2세의 정복욕은 비잔티움 점령으로 그치지 않았다. 그는 느슨한 연합체에 불과한 제국을 견고하고 강력한 나라로 성장시키는 일방 아테네, 모레아, (베오그라드를 제외한) 세르비아 전역, 보스니아 등을 점령했다. 1461년에 소아시아의 대부분을 제국에 편입시킨 메흐메드 2세는 흑해 연안도 오스만제국의 땅으로 만들었다.

비잔틴제국의 멸망은 르네상스문화의 성장에 이바지했다. 오스만제국에 의해 비잔틴제국이 무너지자 다수의 비잔틴학자들이 이탈리아로 망명했고, 그들은 14세기 후엽부터 이탈리아를 중심으로 일어나고 있던 르네상스를 보다 풍부하게 했던 것이다. 르네상스가 그리스·로마 문화의 부활을 지향한 것, 그리고 비잔틴제국이 고전을 비롯한 고대 그리스문화를 보전해온 것을 염두에 둘 경우 이탈리아에 망명한 그리스인 학자들이 르네상스문화에 끼친 영향을 짐작할 수 있다.

술레이만 대제와 제국의 전성기

오스만제국은 대제로 불리는 술레이만 1세(Suleiman I 1520-1566) 때 전성기를 연출했다. 술레이만 1세 치하에서 제국은 소아시아를 중심으로 도나우강 이남의 발칸반도, 유프라테스강 동쪽의 중동과 북아프리카 일대에 걸치는 대제국으로 성장했다.

술레이만 1세의 오스만군은 1526년에 결국 헝가리에 대한 대공세를 감행했다. 슐레이만 1세는 모하치에서 (후일 페스트와 통합해 부다페스트가 된) 부다까지 진격했다. 부다의 시민들은 모두 도망가고 유대인들만 남아 있었다. 술탄은 부다에서 알라에 감사 예배를 드린 후 많은 전리품을 이스탄불로 운송했다. 그 중에는 헝가리가 자랑하던 두 개의 거대한 청동촛대와 귀중한 도서들도 포함되어 있었다.

오스만제국의 모하치와 부다 점령은 유럽 기독교세계에 큰 충격을 주었지만 그것이 끝은 아니었다. 술레이만 1세의 전사들은 1529년에 결국 오스트리아의 빈을 향해 진격했다. 투르크군은 부다를 경유하여 동년 9월에 도나우운하 맞은편에 본영을 설치하고 빈을 포위했다. 마침 우기여서 포격에 어려움을 겪었으나 투르크군의 총포병과 기병대는 성벽의 수비군을 효율적으로 공격했다. 오스트리아 측도 성벽 개축, 성문의 방어강화, 식량 확보를 서두르는 등 공격에 대비했기 때문에 투르크 측 전사들도 성을 쉽게 넘지 못했다. 빈 공방(攻防)은 15일 가까이 계속되었다. 가을에 접어들어 기온이 내려가고 식량 등 군수품의 수송이 여의치 않자 술레이만은 내키지 않았지만 전투를 중단시켰다. 투르크군은 1530년 1월 15일에 전리품을 가득 실은 낙타와 함께 철수했다. 빈의 수비병들은 기적과 같은 일에 종을 울리고 축포를 쏘며 환호했다고 한다.

술레이만 1세는 중동과 지중해로도 영역을 넓혀 동지중해와 북아프리카에서 강력한 세력을 구축하는데 성공했다. 술레이만 1세는 3차례에 걸쳐 페르시아를 공격했다. 1534-1535년의 첫 전쟁에서 에르주룸과 그 주변지역 및 이라크를 장악했고, 1548-1549년의 두 번째 전쟁에서도 레이크 반(Lake Van) 지역을 점령했다. 이후 술레이만은 페르시아와 평화협정을 맺고(1555) 현상을 유지할 수 있었다.

술레이만 1세는 지중해에서 더 큰 성공을 거두었다. 이미 1499-1503년에 베네치아와 치른 싸움에서 승리한 오스만제국의 함대는 1522년에 로도스섬을 점령했다. 1308년이래 로도스를 근거로 무슬림의 '이스탄불-알렉산드리아해로'에서 '기독교도 해적' 역할을 해온 성존기사단을 제압함으로써 동지중해의 제해권을 확실히 할 수 있었다.

오스만제국의 지중해에서의 약진은 그 후에도 중단되지 않았다. 1538년에는 제국의 함대가 수에즈에서 서인도의 디우까지 항해했다. 이후 바스라와 아덴을 장악해 페르시아만에 거점을 마련한 제국은 한때나마 홍해와 페르시아만에서 포르투갈을 견제하고 인도와 교역했다. 그로 인해 알레포가 1550년부터 1650년까지 100여 년 간 다시 국제무역의 중심지로 번영했다.

(3) 개혁 실패와 제국의 해체

레판토해전과 오스만제국

승승장구하던 오스만제국은 그러나 술레이만 1세를 이은 셀림 2세 치세 중에 심각한 위기에 처했다. 유럽 기독교세계의 신성동맹과 벌린 레판토해전에서 크게 패했기 때문이다. 셀림 2세(Selim Ⅱ)는 베네치아가 키프로스를 넘겨주기를 거부하자 키프로를 공격했다(1570). 동지중해 교역의 거점을 상실할 위기에 처한 베네치아는 교황 피우스 5세에게 대(對)오스만 투르크십자군을 제의했고, 1566년 이래 오스만제국에 대항할 가톨릭동맹 결성을 시도해온 피우스 5세는 스페인을 끌어들였다. 이해관계가 상충했지만 베네치아와 스페인은 교황청과 함께 신성동맹을 맺었다(1571). 오스만제국이 결국 키프로스의 수도 니코시아를 함락시켰다. 투르크군은 거기서 멈추지 않고 파마구스타를 포위하는가 하면 베네치아가 줄곧 자국의 내해로 여겨온 아드리아해에도 출몰했다. 베네치아는 키프로스를 되찾아야 했고 스페인의 필리페 2세는 알제리와 튀니지 병합의 꿈을 포기할 수 없었다. 더 이상 지체할 수 없는 상황에서 교황이 23척의 전함을 출전시키고, 스페인과 베네치아가 각각 75척과 110척을 출전시키기로 합의했다.

4개월여의 공격 끝에 파마구스타를 함락시킨 후 오스만함대가 코린트만의 레판토해 부근인 파트라스에 집결해 있었다. 시칠리아의 메시나에 집결해 있던 신성동맹의 함대는 파마구스타 함락 소식을 듣고 레판토해로 출동했다. 지중해 역사상 노 추진 전선(戰船)이 동원된 최후·최대의 해전이 벌어졌던 것이다. 하지만 200여척으로 이루어진 오스만제국의 해군은 역시 200여척에 달한 신성 동맹군에 완패했다.

■ 레판토해전과 세르반테스

널리 읽히는 명작 『돈키호테』를 쓴 미구엘 데 세르반테스도 레판토해전에 참전했다. 당시 24세였던 그는 그 해전이 신성동맹의 완전한 승리로 끝나자 '과거나 현재의 사람들이 보았고 미래의 사람들도 보고싶어 할지도 모를 가장 고귀한 순간'이라고 말했다고 한다. 그러나 그는 전쟁 중에 가슴과 왼손에 부상을 입어 평생 왼손을 못쓰게 되었으며 스페인으로 귀국하던 중 자칫 생명을 잃을 뻔했다. 귀국선이 난파되어 형 로도리고와 함께 알제리에 노예로 팔려가게 되었으나 먼저 풀려난 형이 한 수도원의 후원으로 마련한 금화 5백 에스쿠도의 석방금을 지불해 감금 5년만인 1580년에 겨우 자유의 몸이 되었다.

튜립시대와 그 이후

로마제국이래 가장 확실하게 지중해세계를 지배한 오스만제국도 대체로 18세기 이후 흔들리기 시작해 20세기 초에 결국 오늘날의 터키로 변신했다. 제국이 동요하기 시작한 것은 이른바 '튜립시대'(17세기말-18세기중엽)부터였다. 그 시절 수도 이스탄불에서 튜립정원 가꾸기가 크게 유행했기 때문에 튜립시대로 불리지만 튜립에 어울리지 않게 제국의 위상은 크게 흔들렸다. 당시 제국은 발칸반도를 비롯해 여러 곳에서 연달아 패해 영토적 손실과 함께 국민의 사기가 크게 저하되었다. 베오그라드·왈라키아의 일부·바나트를 오스트리아에 넘겨주었고, 알바니아의 요새들과 달마티아를 베네치아에 넘겨주었으며, 페르시아와의 싸움에서 패했는가 하면 러시아에 바쿠와 데르벤트를 넘겨주는 상태에서 반란이 일어났다. 목욕탕 웨이터 출신의 카릴이 지휘한 반란군은 수상을 살해하고 술탄을 폐위시켰다(1730). 그리하여 튜립시대는 막을 내렸다.

이후에 페르시아와의 싸움에서 패한 제국은 무라드 4세 이래 점유해온 영역을 모두 페르시아에 돌려주어야 했다(1736). 1736-1737년에는 러시아군이 크림반도를 석권한 다음 아조브·킬부룬·오차코프 등을 점령했는가 하면 오스트리아 또한 보스니아와 왈라키아까지 진출하여 세르비아의 니스를 장악했다. 오스민제국은 다행히 베오그라드를 회복했고 러시아 또한 흑해에 함대를 두지 않기로 했다.

그처럼 군사적 패퇴를 거듭한 18세기 초 중엽의 오스만제국을 상징하는 것은 무지, 독재, 부패, 허약한 술탄이었다. 중앙과 지방 가릴 것 없이 혼란과 무질서와 부패가 만연했다. 특히 예니체리의 정치 간여는 제국의 행정체계를 마비시켰다. 트리폴리·튀니스·알제이의 반(半)자치적 영역들은 오스만제국과 형식적 관계만을 유지할 뿐 사실상 독립국으로 발전했으며, 국력이 강화된 이집트의 마메루크조(朝) 또한 예니체리와 결탁하여 이스탄불 중앙정부를 위협했다. 베오그라드를 비롯한 유럽 영토에서는 지방 귀족들이 중앙정부를 위협했다.

이상한 술탄 계승제

오스만제국은 장자상속제를 택하지 않았다. 군림 중인 술탄이 연로해지면 본격적으로 시작되는 형제들 사이의 싸움에서 승리한 왕자가 술탄이 되었다. 승리해 술탄이 되면 그는 관행에 따라 다른 형제들과 그들의 남성 자손들을 죽였다. 술탄 형제들의 살해와 아래에서 이야기하는 카페스의 유폐는 말할 것도 없이 술탄 도전자를 제거하여 새 술탄의 지위를 공고히 하기 위한 것이었다. 왕자들은 14살이 되면 특정 지역의 총독이 되었지만, 계승전쟁에서 이기기 위해서는 보다 중요한 지방의 총독이 되는 것이 필요했다. 물론 중앙정부 군대의 지지를 받을 경우 보다 유리한 입지를 확보할 수 있었기 때문에 아흐메드 1세(Ahmed Ⅰ)가 새로운 관행을 도입하는 1600년에 이르기까지 때문에 왕자·왕비·수상·장군들 사이에 음모와 술수가 끊임없이 되풀이되었다.

군사적 부패

제국의 회생을 방해한 것은 무엇보다도 무능한 술탄 자신들이었다. 특히 수상이 국정의 중심으로 등장한 17세기중엽이래 술탄들은 흔히 궁궐에서 고립적으로 생활하면서 유희에 몰두했고, 따라서 정치적 통제권과 군대 통수권을 제대로 행사하지 못했다. 거기다 일부 술탄은 무능한 사령관을 임명한 후 전쟁에 패배할 경우 처형함으로써 군사령관들로 하여금 창의적으로 이니셔티브를 취할 수 없게 했고 더불어 군대의 기강이 무너지게 했다.

무라드 3세(Murad Ⅲ)에 이르러 군대의 부패가 보다 현저해졌다. 군인이 증원되었으나 훈련과 기율은 그것에 따라가지 못했다. 각 부대의 병사들을 병영에서 훈련시키지 않은데다 군수품과 탄약의 보급 또한 무질서하게 이루어져 다수의 병사들이 굶주림과 보급품의 부족으로 고통받았다. 그 위에 예니체리의 농간은 제국의 군사력 약화를 더욱 조장했다. 즉, 예니체리의 지휘자들은 거리를 지나가는 불특정 남성의 이름을 예니체리 병적에 올려놓은 다음 그들의 급료를 가로챘던 것이다. 그로 인해 병적 상의 군인 수는 늘어났으나 실제로는 감소하는 기이한 현상이 발생했다. 오스만제국의 군대는 그리하여 '가자-지하드' 이념으로 결속해 용맹하게 싸우던 과거의 모습을 찾아보기 어려운 군대로 변해갔다.

문화적 후진성

정치적, 군사적 부패와 무능 못지않게 18세기 이후의 오스만제국을 괴롭힌 것은 문화적 후진성이었다. 오스만제국은 그 무렵 정치적, 군사적, 문화적으로 높은 성장을 구가하던 절대주의시대의 유럽 제국에 비해 전반적으로 후진상태에 있었다. 심지어 제국의 공직자 중에도 문맹자가 많았고, 재판관들마저 대개 무식했다. 오스만 투르크인들은 어떤 유럽 언어도 배우려 하지 않았고, 세계의 이곳저곳에서 일어나는 일들을 알려고 하지 않았다. 그들은 국제적으로 (자국과 관련 있는) 어떤 중대한 일이 일어날 경우 서유럽인이나 유대인을 고용해 사태를 파악하려 했고, 따라서 시간이 흐를수록 외국 전문가에의 의존도는 더욱 커져갔다. 문학 활동은 비교적 활발히 이루어졌으나 철학, 수학, 역사 분야의 책들이 출판되는 경우가 드물었다.

터키공화국으로의 변신

오스만제국의 개혁노력 중 가장 돋보이는 것은 압둘 메지드 1세 때의 '탄지마트(*tanzimt*)'였다. 서구화주의자 외무장관 무스타파 레시드(Mustafa Reshid)가 추진한 그 개혁은 공정한 세제와 징병제, 근대적 사법제도, 신앙에 따른 차별 철폐 등을 통해 정의롭고 평등한 사회를 지향했다. 당초의 계획대로 추진되지 못했지만, 제국의 근대화를 겨냥한 탄지마트는 이후 40여 년간 제국의 역사에 큰 영향을 끼쳤다.

탄지마트 이후에도 제국의 침체는 계속되었다. 1453년 이래 제국의 지배아래 있던 그리스가 독립하고(1820-32) 제국의 속주였던 이집트가 떨어져 나갔다. 그리고 북아프리카와 중동 영토의 대부분을 상실한 상태에서 '청년터키당' 혁명이 일어났다(1908). 혁명에 굴복하여 1876년의 헌법을 부활시키기로 약속한 술탄정부는 결국 총선거를 실시했고, 그에 따라 그 해 12월에 최초의 의회가 개원됨으로써 제국은 입헌군주체제로 되었다.

제국의 민주적 개혁을 지향한 민족주의적, 자유의적 청년들이 일으킨 1908년의 혁명 후 진보적이고 자유주의적인 세력들(연합진보위원회)이 입헌군주제 제국에 참여했지만, '병든 거인' 상태를 벗어나게 하지는 못했다. 그리고 제국은 1차 대전에 휩쓸려 들어갔다. 독일 편에서 1차 대전에 참전했지만 오스만제국은 독일 및 오스트리아와 더불어 패배했고, 이후 해체의 속도는 더욱 빨라졌다.

1차 대전 후 민족주의자들이 제국과 술탄정부에 더 이상 기대를 하지 않는 상황에서 1차 대전을 통해 국민적 영웅으로 부상한 무스타파 케말(Mustafa Kemal)이 전후 민족주의세력을 규합하여 앙카라를 중심으로 이스탄불의 술탄정부에 맞섰다. 1920년 4월에 앙카라에서 개원된 의회는 1921년 1월에 케말을 대통령으로 선출하고 국민주권을 선언한 헌법을 제정하여 공포했다.

9. 이스라엘의 건국과 중동 사태

(1) 이스라엘의 건국

유대인의 역사적 수난

유대인들은 '바빌론유폐'(B.C. 597) 이래 고국을 떠나 2천 5백년가까이 유랑했다. 그들은 오랫동안 나라 없이 유랑하는 민족의 비애를 겪어왔다. 유대인가(街) '게토'는 핍박과 박해, 가난과 범죄가 지배하는 슬럼가의 대명사가 되었다. 물론 모든 유대인이 가난하거나 무식한 하류층의 생활로 만족해온 것은 아니다. 특히 서구와 미국에 거주하는 유대인들 중에는 정치, 경제, 학문, 예술,

언론 등의 분야에서 탁월한 업적을 남긴 사람들이 적지 않다. 그러나 전체적으로 볼 때 유대인들은 바빌론유폐이래 가난과 무질서, 그리고 핍박 속에서 고통 받아 왔다.

유대인은 십자군전쟁 때에도 학살과 약탈의 대상이 되었다. 내부의 적을 먼저 박멸해야 한다고 생각한 기독교도들은 도처에서 유대인 살육과 약탈 극을 벌였다. 흑사병이 14세기 중엽에 유럽을 죽음의 공포에 빠뜨렸을 때도 유대인들은 심대한 화를 입었다. 병의 원인이 밝혀지지 않은 상태에서 고의로 샘이나 상수원에 독약을 넣었다는 풍문이 이전부터 독극물 유포의혹을 받아온 유대인들을 죽음으로 내몰았다.

중세의 반유대적 정서는 현대 독일로 이어졌다. 비스마르크가 국민적 결속을 다지기 위해 '반유대정책'을 편 이후 반유대주의는 오스트리아 · 러시아 · 프랑스 등지로 퍼져갔고, 결국은 '할러코스트(Holocàust)'로 불리는 히틀러의 유대인말살정책으로 이어졌다. '뉘른베르크법'(1935년 9월)과 '수정의 밤' 사건(1938년 11월)을 거치면서 반유대정책은 본격적 단계에 접어들었다. 나치스의 지도자들은 '유대인문제의 최종적 해결'을 본격적으로 논의하기 시작했고 결국은 '아우슈비츠의 가스실'을 등장시켰다. 소련군이 해방시킨 아우슈비츠의 한 강제수용소는 사람 머리카락, 의치(義齒)와 안경테, 인골(人骨) 가루 등이 산더미처럼 쌓여 있었다. 두 수용소는 독일군이 파괴해 흔적만 남아 있었다. 2백만 명의 유대인이 그곳의 세 수용소에서 희생되었다. 히틀러의 유대인말살정책으로 인해 목숨을 잃은 유대인은 5백만 내지 6백만에 달했다.

시오니즘과 이스라엘 건국

팔레스타인에 나라를 세우려는 유대인의 새로운 노력은 '시오니즘(Zionism)'과 더불어 시작되었다. 그것을 하나의 이념으로 체계화하고 구체적 운동으로 발전시킨 인물은 헤르츨(T. Herzl)이었다. 그가 쓴 『유대국가』(1896)와 『오래된 새로운 땅』(1903)은 시오니즘을 촉진하는 데 결정적 역할을 했다. 그는 유럽사회에 동화되지 않고 국외자로 존재하는 유대인도 나라를 세워야 하며, 그렇지 하지 못할 경우 유대인이 박해라는 역사적 · 현실적 고통을 벗어날 수 없다고 믿었다.

유대인 국가를 세울 땅을 찾는 일은 난제 중의 난제였다. 가장 바람직한 곳은 팔레스타인이지만, 그곳은 이미 2천년 이상 아랍인들의 주거지가 되어왔다. 우간다, 이집트, 아르헨티나를 포함한 여러 지역이 검토되었다. 영국은 1903년에 우간다의 빈 땅에 유대국가를 세울 것을 제의했으나 유대인들은 팔레스타인을 포기하지 않으려 했다. 사실 유대인의 동의 여하에 관계없이 팔레스타인 이외의 곳을 찾는 것은 불가능한 일이었다.

1차 대전이 막바지에 이르렀을 때인 1917년에 유대국가 건설과 관련해 획기적 사건이 발생했다. 바이츠만(C. Weizmann)이 이끈 영국의 시온주의자들이 시온주의운동에 대한 지원을 대가로 유대인의 적극적 전쟁지원을 제의했다. 수에즈운하를 지켜야 할 뿐만 아니라 중동에 구축해둔 이권을 포기할 수 없던 영국으로서는 유대인의 협력이 필요했고, 결국은 전후 팔레스타인에 유대국가의 건설을 약속한 '벨푸어선언(Balfour Declaration)'이 발표되었다. 그리하여 영국의 승리는 곧 시오니즘의 승리가 되었고, 런던은 시오니즘운동의 중심지가 되었다.

벨푸어선언은 이행되지 않았다. 대전 후 팔레스타인이 국제연맹의 결정에 따라 영국의 위임통치 하에 들어갔기 때문이다. 유대인들은 실망했지만 '팔레스타인 유대국가'라는 꿈을 포기하지 않았다. 그들은 팔레스타인으로의 이주를 늘리는 등 건국의 기반을 조성하는 데 게을리 하지 않았다. 그리하여 팔레스타인의 유대인은 1933년에 이르러 24만 여명으로 늘어났고 1936년에는 팔레스타인 전체 인구 28%인 43만 여명에 달했다.

아랍인들은 팔레스타인에 유대국가가 건설되는 것을 결코 용납하지 않으려 했다. 그들은 1929년과 1936-1939년에 무력항쟁에 나서는 등 시오니즘은 물론 그것을 지원하는 것으로 비친 영국에 완강히 저항했다. 유대인들은 팔레스타인을 유대인 국가와 아랍인 국가로 나누는 안에도 반대했다(1937). 팔레스타인의 유혈사태를 통제하기 위해 파병해야 했던 영국은 1939년에 팔레스타인을 계속하여 통치한다고 선언했다.

2차 대전의 발발과 더불어 히틀러의 유대인말살정책이 절정으로 치달았다. 유대인들은 팔레스타인에 대한 위임통치를 계속하려는 것에는 반대했지만 중동의 영국군에 입대하여 독일군과 싸웠다. 하지만 유대국가 건설문제는 대전 후에도 해결될 기미가 보이지 않았다. 대전 중에 팔레스타인을 유대인지역(17%)·아랍지역(40%)·영국 관할지역(43%)으로 나누되, 유대인과 아랍인지역은 자치기구를 갖게 하는 안이 제시되었지만 유대인과 아랍인 모두 반대했다. 해결책을 찾지 못한 영국은 팔레스타인문제를 U.N.에 넘겼고(1947), 유엔은 그 해 11월에 팔레스타인을 아랍국가와 유대국가로 분할하며 예루살렘을 국제도시로 만든다는 요지의 결의안을 통과시켰다.

팔레스타인에 유대국가가 건설되는 것을 결단코 막으려 한 아랍인들은 게릴라전으로 맞섰다. 그들은 모든 것을 서구의 음모로 인식했다. 영국이 1948년 5월 14일에 팔레스타인으로부터 군대를 철수시키자, 팔레스타인의 유대인지도자 벤 구리온(D. Ben Gurion)은 같은 날 유대국가 수립을 선포했다. 영국의 식민지 대표는 짐을 싸서 이스라엘을 떠났고 미국과 소련은 이스라엘을 사실상 승인했다. 이집트와 시리아 등 아랍국가들은 다음날 팔레스타인으로 군대를 집결시켰다. 이른바 중동전쟁의 막이 올랐던 것이다.

(2) 중동 사태

1, 2차 중동전쟁

이스라엘은 1948년 5월부터 다음해 2월까지의 첫 전투에서 승리했다. 이집트, 시리아, 이라크, 레바논, 요르단 등 아랍 5개국은 이스라엘이 독립을 선포한 5월 14일 밤에 이스라엘을 공격했다. 이집트는 네게브사막으로 침공했으며 레바논은 이스라엘 북부를 공격했고 시리아는 서안지구로 진격했다. 이라크는 서안지구의 북부를 공격했다. UN의 중재로 휴전이 성립되었지만(7월 20일) – 이라크는 끝내 휴전에 동의하지 않았다 – 아랍 측이 얻은 것이라곤 영토상실과 그 과정에서 생겨난 80만 팔레스타인난민 뿐이었다.

1952년 7월에 군사혁명을 일으켜 권력을 장악한 나세르(G. A. Nasser)가 1956년에 수에즈운하를 국유화한 다음 이스라엘로 향하는 선박의 통행을 거부했다. 이에 존망의 위협을 느낀 이스라엘이 1956년 10월 29일에 시나이반도로 침공하고 영국과 프랑스가 수에즈운하를 공격해 2차 중동전쟁(수에즈전쟁)이 발발했다. 이스라엘군은 전쟁발발 5일 만에 가자·라파·알라리시 등을 점령하고 수천 명을 포로로 잡았으며, 수에즈운하 동쪽의 대부분을 장악했다. 아랍 측의 패색이 짙어지자 유엔의 안전보장이사회는 미국의 제안을 받아들여 휴전을 성립시켰다(1956년 11월 3일).

3, 4차 중동전쟁

3차 중동전쟁은 1967년 6월 5일부터 6월 10일 사이에 치러진 이른바 '6일전쟁'이다. 1967년 초부터 이스라엘정착촌들에 대한 시리아의 포격이 잦아진 가운데 이스라엘이 1963년에 요르단강 수자원이용프로젝터[Water Pipeline Project]를 발표해 이스라엘과 시리아 사이는 물론 이스라엘과 아랍세계 사이의 긴장이 고조되었다.

이스라엘은 시리아의 게릴라전기지를 6월 5일에 공격했다. 이집트도 같은 날 시나이반도로 진격했지만 이스라엘군에 패퇴했다. 이스라엘군은 그 전인 5일 새벽에 카이로의 공군기지를 급습해 수 백 대의 전투기를 파괴했다. 안전보장이사회는 즉각적 정전을 결의했고, 6월 10일에 정전이 이루어졌다. 유엔은 동년 11월에 점령지철수를 규정한 결의안을 통과시켰지만, 이스라엘은 이집트와의 개별 협상을 통해 시나이반도를 돌려주었을 뿐 그 결의안의 이행을 거부하고 있다.

6일전쟁 후에도 아랍 측의 게릴라작전이 끊이지 않는 등 긴장은 해소되지 않았다. 소련 군사고문단을 초빙하는 등 군사력을 증강하는 일방 점령지 반환을 촉구하면서 아랍국가들을 자극하던 이집트의 사다트(A. Sadat)가 1973년 10월 6일에 이스라엘을 공격해 4차 중동전쟁이 시작되었다. 10월 6일은 유대인의 '대속죄일(Yom Kippur)'이기 때문에 4차 전쟁은 '욤 키푸르전쟁'으로도 불린다. 시리아도 4만 5천 여명의 병력, 180여대의 탱크, 300여대의 공군기 등을 동원해 골란고원으로 진격했다. 이스라엘의 공군기와 전차들을 겨냥한 이집트의 선제공격은 초반에 상당한 전과를 올렸다.

개전 하루를 지나면서 이스라엘이 전쟁의 주도권을 장악했다. 하지만 이스라엘군은 이번에도 다마스쿠스 가까이 진격했으며(10월 13일) 수에즈운하를 지나 이집트 내륙으로 진격한 이스라엘의 탱크들은 17일에 이스마일리아-카이로 도로를 차단했다. 아랍 측이 궁지에 몰리자 소련은 미국에 휴전주선을 요청했고, 미국 또한 중동에서 소련의 입지가 강화되는 것을 막고 중동의 긴장을 완화시켜야 했다. 안전보장이사회는 1967년의 결의안 이행을 요지로 하는 결의안을 채택했고, 양측은 정전을 수락했다. 전쟁 중에 '아랍석유수출기구'의 금수조처로 에너지위기가 발생했다.

아랍세계의 현황과 한계

내적 분열과 제국주의 국가들의 진출로 지리멸렬 상태를 면치 못했던 중동에도 1차 대전을 전후해 아랍-이슬람주의를 중심으로 새로운 기운이 싹트고 더불어 독립 국가들이 출현했다. 특히 '병든 거인' 오스만제국이 독일 편에서 1차 대전에 참전해 패배하면서 그 지배 아래 있던 여러 지역은 독립의 기회를 얻게 되었다.

이란을 비롯해 사우디아라비아, 예멘, 이라크, 이집트 등이 1, 2차 대전 사이에 독립했다. 시리아와 레바논도 프랑스군이 철수해 독립국가로서의 면모를 갖추기 시작했다. 그밖에도 리비아는 1951년에, 수단・튀니지・모로코는 1956년에, 쿠웨이트와 알제리는 1961년과 1962년에 독립국가 대열에 합세했다.

이슬람주의 혹은 민족주의의 기치를 내건 아랍연맹이 1945년에 결성되었다. 당초의 가입국은 이집트, 이라크, 시리아, 레바논, 사우디아라비아, 예맨, 리비아, 요르단 등이었다. 또한 이스라엘이 건국된 이후에는 이슬람주의가 새로운 단계로 진입하는 가운데 피를 부르는 충돌이 끊이지 않고 있다. 한편 사우디아라비아와 쿠웨이트 등 산유국들은 '석유수출기구'를 결성해 국제사회에서 발언권을 강화하고 있다.

석유개발과 OPEC

현재 경제적으로 중동지역 국가들을 지탱시켜주고 있는 것은 석유다. 아랍-이슬람 제국은 요르단 등을 제외하고는 대개 많은 매장량을 자랑하는 산유국이다. 특히 사우디아라비아, 이라크, 쿠웨이트, 리비아와 비(非)아랍계 이란 등은 풍부한 석유자원을 자랑한다. 중동의 산유국들은 세계가 소비하는 석유의 25%를 생산해 막대한 외화를 벌어들인다.

더욱이 중동의 산유국들은 여타의 산유국들과 함께 '석유수출국기구'를 결성해 석유자원을 보다 효율적으로 관리해왔다. 즉, 사우디아라비아, 이라크, 쿠웨이트, 이란 등은 베네수엘라와 함께 석유산업을 지배해온 '메이저'들에 맞서 1960년 9월에 '석유수출국기구(OPEC)'를 결성했다. 리비아, 인도네시아, 나이지리아, 에콰도르, 가봉 등도 그 후에 OPEC에 가입했다.

초기의 OPEC은 메이저와 적극적으로 투쟁하기보다 가격안정과 산유량 확보에 치중했지만 점차 석유산업을 지배하기 위해 노력했고 상당한 성과도 거두었다. 하지만 OPEC이 기대한 성과를 거두지 못하는 것으로 판단한 중동 산유국들은 1968년에 '아랍석유수출국기구(OAPEC)'를 결성했다. 그것의 결성을 주도한 사우디아라비아 · 쿠웨이트 · 리비아 외에 알제리 · 바레인 · 이집트 · 이라크 · 시리아 · 카타르 등이 그 회원국들이다

OPEC은 1967년의 3차 중동전쟁을 계기로 메이저들을 대신해 국제 석유산업과 석유시장의 주도권을 장악했다. OPEC은 1973년에 메이저와의 석유가격 조정에 실패한 후 70%의 가격 인상과 생산량의 제한을 결의했다. OPEC이 동년 12월에 다시 가격을 대폭 인상해 1973년 한 해 동안 원유가격은 4배나 인상됐다. 이른바 1차 석유위기였다. OPEC은 1979년의 이란사태, 1990년의 걸프전 등 기회 있을 때마다 산유량을 하향 조절하여 가격을 인상할 뿐만 아니라 국제적 석유부족을 초래하여 석유위기를 불러왔다. 그리하여 국제원유가는 1973년의 3달러에서 1990년에 30달러로 올랐다.

평화를 위한 노력과 자살폭탄테러

네 차례의 전쟁도 평화를 낳지 못했다. 평화는커녕 자살폭탄테러와 보복공격이 연쇄적으로 일어나고 있다. 팔레스타인난민과 아랍 제국은 이스라엘 타도를 다짐하고 있고 이스라엘은 '이(齒)에는 이' 정책으로 맞서고 있다. 물론 공존과 평화를 위한 외교적 노력이 없었던 것은 아니다. 미국은 캠프 데이빗(Camp David)회담(1979)을 중재하고 특사를 파견하는 등 중동문제의 해결을 위해 노력해 왔다. 그리하여 1993년에는 이스라엘-팔레스타인 평화조약이 맺어지고 1994년에는 팔레스타인난민들이 제한적 자치권을 얻었지만, 유혈 충돌을 종식시키고 평화공존을 실현하는 데는 이르지 못했다.

이스라엘-팔레스타인 평화조약 체결 이후에도 차량을 이용한 자살폭탄테러 등 팔레스타인 측에 의한 대소의 테러와 이스라엘의 보복공격은 끊이지 않았다. 하마스(Hamas)와 이슬람 지하드(Islam Jihad) 등 팔레스타인무장단체들은 이스라엘을 타도할 때까지 테러활동을 계속할 것을 천명한다. 더욱이 최근에는 쇼핑센터나 극장에서는 물론 대학 캠퍼스에서도 테러가 발생하며 여성도 자살폭탄테러에 가담하고 있다.

2001년의 9. 11사건 이후 팔레스타인 측의 투쟁은 더욱 격화되었다. 특히 이스라엘을 경악시킨 것은 2001년 12월 1일과 2일에 예루살렘과 하이파에서 일어난 자살폭탄테러였다. 예루살렘의 쇼핑센터테러 경우 30m 간격으로 서있던 테러범들이 연쇄적으로 폭탄을 터뜨려 16명을 현장에서 즉사시켰다. '테러와의 전쟁'을 선포하고 보복공격에 나선 이스라엘은 12월 4일에 헬리콥터를 동원해 서안지구에 있는 팔레스타인 자치정부 건물을 공격하는가 하면 F-16전투기를 동원해 가자지구의 팔레스타인자치기구 건물들도 공격했다.

2002년 이후에도 평화를 위한 외교적 노력이 경주되는 가운데 차량자살폭탄테러와 그에 대한 보복이라는 악순환은 되풀이되고 있다. 특히 2002년 3월의 잦은 테러 후 이스라엘은 종전과는 다른 차원의 작전을 폈다. 2002년 3월 4-31일의 수회에 걸친 테러로 사망자만 120여명에 달했다. 12일에는 무려 43명이 테러와 보복공격으로 목숨을 잃었다. 이스라엘은 테러집단의 캠프가 있던 서안지구를 점령했다. 인티파다(Intifada) 이후 팔레스타인 측이 가장 많은 사상자를 낸 라말라와 예닌 사건이 그것들이다. 팔레스타인인의 1987-93년의 저항을 1차 인티파다, 2000년 10월의 저항을 2차 인티파다로 부른다.

해결이 어려운 인종적, 종교적 분쟁

중동사태가 몇 차례의 전쟁과 다양한 외교적 노력에도 해결되지 못하고 있는 것은 인종적, 종교적 갈등과 대립이 작용하는 데다 그 뿌리가 깊기 때문이다. 하지만 우리는 다음의 세 가지를 오늘날 중동의 평화정착을 가로막는 현실적 장애물로 규정할 수 있을 것이다.

첫째 점령지 문제다. 이스라엘이 1967년의 6일전쟁 때 점령한 가자지구 · 서안지구 · 골란고원의 반환문제이다. 이스라엘은 시나이반도를 이집트에 반환했지만 위의 지역들을 점유하고 있다.

어떤 나라에 속한 적이 없으므로 점령지가 아니라고 주장하며 철수를 거부해온 이스라엘은 최근 평화를 위한 협상이 진전되자 서안지구에서 철수할 움직임을 취하고 있다.

둘째는 동예루살렘문제다. PLO는 동예루살렘을 수도로 삼으려 하지만 이스라엘은 예루살렘은 "통합되어 있어야 한다"고 주장한다. 유엔은 1947년에 예루살렘을 어느 나라에도 속하지 않는 신탁통치지역으로 남겨두기로 결의했지만 이스라엘과 PLO 모두가 예루살렘 전체를 차지하려 한다.

셋째는 팔레스타인난민문제다. 1948년의 1차 중동전쟁은 80여 만명의 팔레스타인들을 난민으로 전락시켰다. 1967년 전쟁에서도 다수의 난민들이 발생해 오늘날 1백 5십만명을 넘는다. 1백만명 이상이 거주하는 요르단을 비롯해 시리아·레바논·이라크 등지에 흩어져 있다. PLO의 통제 아래 있는 서안지구와 가자지구의 319만여 팔레스타인들도 난민캠프에서 연명하고 있다.

참고문헌

민석홍, 『**서양사 개론**』(삼영사, 1993).

진원숙, 『**증보 서양사 산책**』(신서원, 1999).

번즈, E. M. 외, 박상익 옮김, 『**서양문명의 역사 I**』(소나무, 1995).

보렌, H. C., 이석우 역, 『**서양고대의 역사와 문화**』(탐구당, 1999).

라종일 외, 『**문화사**』(한국방송통신대학, 1983).

정규영, 『**이집트**』(다빈치, 2000).

김명섭, 『대서양문명사: 팽창. 침탈. 헤게모니』(한길사, 2001).
가일스 밀턴 지음, 손원재 옮김, 『향료 전쟁』(생각의 나무, 2002).
앨런 브링클리, 김덕호 외 역, 『미국인의 역사1』(비봉출판사, 1998).
정지성, 『마야문명의 신비: 아즈테카』(한백, 1998).
정만득, 『미국의 청교도 사회』(비봉출판사, 2001).
권병조, 『잉카속으로』(풀빛, 2003).
칼토베저, 이응균외 역, 『아스텍과 마야신화』(범우사, 1998).
레리 주커먼 지음, 박영준 옮김, 『감자이야기』(지호, 2000).
다이몬트 지음, 김재신 옮김, 『유대민족사』(크리스챤다이제스트, 1994).
정수일 지음, 『이슬람 문명』(창작과비평사, 2002).

제3부 동양문명권과 서양문명권의 교류

1. 실크로드와 마르코 폴로

(1) 동서 교류의 하이웨이, 비단길

'비단길'은 누가 지었는가?

이 세상에는 수많은 길이 있다. 가수 god의 「길」도 있고, 오솔길, 바닷길, 하늘 길도 있다. 그 중에서도 가장 부드럽고 아름다운 길은 「비단길(Silk Road)」일 것이다. 길은 「도(道)」이기 길을 찾는 일은, 특히 자신만의 길을 찾는 일은 결코 쉽지 않다. 그렇지만 길은 처음부터 정해진 것이 아니다. 길은 누군가가 만들어 가는 것이어서, 있다가 없어지고 없다가도 생기는 법이다. 비단길도 처음부터 있었던 게 아니다. 비단이 길을 따라 움직이니까 그 길을 비단길이라 붙인 것이다. 어찌 비단길에 비단만 움직였을까? 소금 · 양모 · 비취 등 수많은 물건들이 함께 움직였을 것이다. 그러나 그 길을 비단길로 부른 것은 비단이 많은 물건 중에서도 가장 중요했기 때문일 것이다. 세상의 길과 이름은 그렇게 만들어지는 법이다. 그렇다면 누가 비단길의 이름을 붙였을까?

■ 실크로드의 개념

실크로드의 개념은 네 단계를 통해 확대되었다. 첫 번째 단계는 중국-인도로 단계이다. 이 단계는 1877년 리히트호펜이 처음으로 중국에서 중앙아시아를 경유해 트란스옥시아나와 서북 인도로 이어지는 길을 실크로드라 이름 붙임으로써 실크로드라는 개념이 형성한 단계이다. 둘째 단계는 중국-시리아 단계이다. 1910년 헤르만은 첫 번째 단계 기간에 탐험가와 고고학자들이 중앙아시아와 서북 인도뿐 아니라 지중해 동안 시리아의 팔미라(Palmyra)까지 중국의 견직물을 다량으로 발견한 사실을 감안하여 이 비단 교역 길을 시리아까지 연장하고 '실크로드(일명 오아시스로)'라고 재천명했다. 셋째 단계는 3대 간선로이다. 제2차 세계대전 후 학계에서는 연구성과를 토대로 오아시스로의 동·서단을 각각 중국 동쪽의 한국과 로마까지 연장하였을 뿐 아니라 실크로드의 범위를 넓혔다. 즉 유라시아대륙의 북방 초원지대를 지나는 초원로와 지중해부터 중국 남해에 이르는 남해로까지 포함시켜 동서를 관통하는 이른바 '3대 간선'으로 그 개념을 확대한 것이다. 넷째 단계는 환지구로(環地球路)이다. 15세기부터 해로에 의해 문명교류의 통로가 구대륙에서 신대륙까지 뻗어나가 실크로드가 명실상부한 환지구적 통로로 자리잡았다.

비단길이라는 이름을 붙인 사람은 독일의 지리학자 페르난트 폰 리히트호펜(Fernand von Richthofen, 1833-1905)이었다. 카를스루에서 태어난 1860-1872년 동안 극동경제사절단의 일원으로 스리랑카·타이완·필리핀·일본 등지를 방문했다. 그리고 1868-1872년 동안 중국과 티베트의 지질을 조사했다. 비단길은 리히트호펜의 땀의 결실로 탄생한 이름이지만, 이 길은 결코 하나의 길이 아니다. 비단길은 천산산맥(天山山脈)을 중심으로 천산북로와 남로가 있다. 후한(後漢)의 반초(班超, 33-102)가 서역과의 교역을 위해 연 북도(北道), 장건(張騫, ?-기원전 114)이 개척한 길을 중도(中道)라 한다.

북방의 초원로(草原路) 남쪽 동 터키스탄 지방은 건조지대이지만, 타림강이 흘러내려 곳곳에 오아시스가 흩어져 있다. 이 오아시스 부근에는 옛날부터 아리아 계통의 민족이 살면서 도시국가를 세워 동서 중개무역을 담당했다. 이들에 의해 중국의 비단은 서방으로 운반되었다. 한편 파미르고원의 서쪽 아무강과 시르강변에도 많은 오아시스국가들이 발달했다.

'모든 길은 로마로 통한다'고 하지만, 이 세상에는 영원한 길은 없다. 이제 모든 길이 로마로 통하지 않는 것처럼, 비단길로 영원할 수는 없다. 이제 비단길에는 중국의 비단이 사라지고 없다. 그러나 비단길에서 중국의 비단이 점차 위력을 발휘하지 못한 것은 이미 10세기말이었다. 이 시기에 교역의 관심이 실크로드에서 바닷길로 바뀌었던 것이다. 이는 장사꾼의 관심이 육지에서 바다로 바뀌었다는 것을 의미한다. 그러나 길은 하루아침에 바뀌지 않는다. 장사꾼의 관심이 육지에서 바다로 바뀌었다고 해서 비단길로 비단이 유통되지 않았다는 것은 결코 아니다. 마찬가지로 바닷길 역시 수백 년 동안 인도와 인도-말레이의 상선들은 인도 동해안의 항구에서 중국 남부의 광저우(廣州)로 항해했다. 바닷길은 기원전 2세기부터 페트라(지금의 요르단 와디무사)에 기지를 둔 그리스와 로마의 대상(隊商)들이 홍해 연안의 항구에서 인도를 향해 출범했다. 이 길이 바로 뒷날 '스파이스 루트(Spice Route, 향료길)'이다.

로마인은 왜 중국을 '세리카'로 불렀을까?

로마는 「로마제국」으로 불리고 있는 것처럼 유럽에서는 '제국(帝國)'의 전형(典型)이다. 로마가 유럽을 대표하는 제국이라면 중국은 아시아를 대표하는 제국이다. 동서양을 대표하는 제국간의 만남이 다른 것도 아닌 비단으로 이루어지고 있는 것만으로도 흥미롭다. 기록상으로 중국과 서양간에 이루어진 최초의 교역 상품이 비단이었던 것이다.

로마인은 중국인을 한번도 본적 없고, 중국인도 로마인을 한번도 본적 없다. 로마인은 중국인을 비단을 통해 이해했다. 그래서 로마인은 중국인을 비단 만드는 사람을 의미하는 '세레스(Seres)', 비단을 만드는 나라, 즉 중국을 '세리카(Serica)'라 불렀다. 로마인에게 중국과 중국인은 비단을 만드는 나라와 비단을 만드는 사람일뿐이며, 그 이상 중국과 중국인에 대한 정보는 없었다. 세리카는 비단을 의미하는 '사(糸)'와 무관하지 않다. 허신(許愼)의 『설문해자(說文解字)』에 의하면 사는 가는 실을 의미한다. 이 글자는 실을 묶어놓은 모양을 본뜬 글자이다. 누에가 실을 토해낸 것을 홀(忽)이라 한다. 사는 5홀이며, 우리가 흔히 사용하는 실(絲)은 사가 둘이니 10홀이다. 사의 음은 실멱, 다섯 홀 멱이다. 그런데 로마인이 이렇게 중국과 중국을 이해한 시기는 기원전 1세기경이었다. 그럼 누가 중국에서 만든 비단을 서양에 전해주었을까. 그리고 로마인에게 비단을 소개한 사람은 누구일까.

고대사회에서 중국의 비단을 외부로 전하는 일은 비단자체가 높은 가치를 가지고 있을 때만 가능하다. 그렇지 않으면 상인들이 관심을 가지지 않기 때문이다. 또한 비단을 전달할 수 있는 누군가가 존재해야만 한다. 중국 본토에서 생산된 비단을 중국인이 직접 외부에 판매한다는 것은 거의 불가능하기 때문이다. 과연 중국의 비단을 외부세계로 전달할 수 있는 자들은 누구인가? 그 주인공은 중국과 인접한 곳에서 살고 있는 자들이어야 한다. 그들은 누구인가? 그들은 바로 유목민족이다. 유목민족은 중국역사에서 중요한 위치를 차지한다. 중국의 역사는 유목민족과의 끊임없는 투쟁으로 이루어졌다. 때로는 중국이 유목민족에게 영향을 주었지만, 유목민족도 중국에 적지 않은 영향을 주었다. 따라서 중국의 역사에서 유목민족의 영향을 고려하지 않으면 중국의 역사를 이해하는 데 실패한다.

독일 출생의 미국 사회학자 비트포겔(Karl August Wittfogel, 1896-1988)은 중국 한족 중심의 역사관에 도전하기 위해 전형적인 한인왕조[漢人王朝: 진 · 한(기원전 221-기원후 220), 분열기 한인왕조들(220-581), 수 · 당(581-907), 송(960-1279)], 정복왕조(征服王朝: 5호 16국)와 침투왕조(浸透王朝: 요 · 금 · 원 · 청)으로 나누었다. 이런 분류로 보면 전형적인 한인왕조가 다스린 시기는 1447년, 비한인왕조가 다스린 시기는 1006년이다. 양자가 다스린 시기가 비슷하니, 어느 한쪽의 영향만을 강조하는 것은 부질없는 일이다. 서양에 중국의 비단을 전한 유목민족은 흉노(匈奴)였다.

흉노는 중국 고대역사에서 가장 위협적인 존재였다. 한나라 무제가 엄청난 국가재정을 소비한 대가로 중국의 변경에서 몰아내기까지, 흉노는 언제나 중국을 위험에 빠뜨릴 수 있는 막강한 힘을 가지고 있었다. 진나라 황제가 쌓은 만리장성은 흉노가 중국에 어느 정도 위협적이었는지를 상징적으로 보여주고 있다. 그런데 흉노가 서양에 중국의 비단을 전달하기 전에 그들 스스로 중국의 비단에 매료되었다는 사실을 기억할 필요가 있다. 그들이 중국의 비단을 외부에 팔아넘기기 위해서는 스스로 비단의 중요성을 알아야 하기 때문이다. 그러면 흉노는 어떻게 중국 비단의 가치를 알 수 있었는가?

흉노는 중국 최초의 황제인 진시황제가 건재할 동안에는 중국을 위협할 수 없었다. 그러나 진나라가 망하자 서서히 중국을 괴롭히기 시작했다. 중국은 한나라 무제가 등장하기 전까지는 흉노의 거친 도전을 물리칠만한 힘을 가지고 있지 않았다. 힘이 없을 때는 어떻게 할 것인가? 굴욕적인 외교는 힘이 없을 때 사용하는 중요한 방법이다. 조공(朝貢)은 중국과 중국 주변국간의 주요한 외교방식이었다. 한국은 늘 중국의 조공국이었지만, 유목민족은 힘으로 중국을 조공국으로 만들었다. 중국이 흉노에게 조공국으로 전락한 것도 바로 힘이 부족했기 때문이다. 중국은 1년에 여러 차례 흉노에게 조공품을 바쳤다. 조공품에는 비단이 들어 있었다. 그만큼 비단은 흉노의 마음을 달래기에 적합한 물품이었기 때문이다. 중국이 보낸 비단은 흉노가 소비하고도 남을 만큼 많았다. 그래서 흉노는 남는 비단을 서쪽의 다른 유목민족과 물물교환 했다. 이 유목민족이 비단을 다시 서양에 전했던 것이다.

비단으로 치장한 로마의 지도자들

중국의 비단이 로마까지 들어가기 위해서는 수많은 중개상인의 손을 거쳐야 한다. 로마인이 중국의 비단을 알게 된 것은 기원전 64년 시리아를 정복 한 후, 파르티아제국(기원전 247-기원후 226)과 우호관계를 맺으면서부터였다. 파르티아제국은 중국에서 안식국(安息國)으로 부르는 나라이다. 왕조의 창시자 아르사케스의 이름을 따서 아르사크왕국으로도 부르는 파르티아는 시리아 국왕 안티오코스 2세가 이집트전쟁을 일으켰을 때 독립했다. 미트라다테스 1세가 박트리아 · 바빌로니아 · 메디아 등을 정복함으로써 대제국으로 성장한 파르티아는 중국과 로마를 잇는 거점지역이었다. 중국과 파르티아 사이의 대상로(隊商路)는 곧 비단길이 되었던 것이다. 한나라 때 비단길이 열리면서 파르티아의 사절은 한 무제에게 타조알과 알렉산드리아의 마술사를 바치기도 했다.

중앙아시아의 대상무역을 장악한 파르티아로부터 로마로 들어온 중국의 비단은 로마인의 마음을 사로잡았다. 비단이 로마에서 인기를 끈 이유는 옷감의 특질은 물론 원산지에 대한 로마인의 호기심 때문이었다. 로마에서 비단은 염료나 유리잔과 마찬가지로 사치품이었다. 지금도 비단은 보통사람들이 쉽게 살 수 없을 만큼 비싼 편인데, 수많은 과정을 거쳐 도착한 기원전 시대의 비단이 사치품인 것은 당연하다. 로마인들은 처음에는 비단을 장식용이나 침구류에 사용하다가 옷감으로 사용했다. 비단은 아마포나 양모보다 가볍고 질길 뿐 아니라 감촉이 좋았기 때문이다. 그러나 비단은 장점도 있었지만 단점도 있었다. 그것은 다름 아닌

무겁다는 점이다. 로마의 멋쟁이들은 면을 변형시킨 모슬린을 선호했다. 대단히 가볍고 얇은 천인 모슬린으로 구름처럼 몸을 감싸면 더욱 몸매가 드러나기 때문이다. 특히 다양한 색으로 염색된 모슬린은 비단이상으로 유행했다.

중국산 비단이 로마의 미인들과 귀족들의 습관을 바꾸어놓기 위해서는 비단자체만으로는 어려웠다. 모슬린처럼 가볍게 만들려면 아마와 면을 섞어 다시 짜야만 했다. 이런 과정을 거쳐야만 한다면 완제품보다 원료인 견사와 생사를 수입하는 편이 나았다. 이제 비단은 로마에서 최고의 자리에 설 수 있었다. 중국에서 들여온 원료로 만든 비단이 로마에서 가장 좋은 제품으로 자리잡을 수 있었던 것은 원료의 우수성 때문이었다. 로마에서는 중국에서 들어온 비단 원료 외에도 얇고 투명한 아시리아산과 코스 섬에서 만든 것이 있었다. 아시리아 비단은 옅은 노란색이고 중국 비단은 아주 하얗다. 중국산 비단은 누에고치에서 만든 것이고, 코스 섬 비단은 야잠사(野蠶絲)에 가까웠다. 중국산 비단은 비단의 생명인 염색과 자수가 아주 잘 된 반면 코스 섬산 비단은 그렇지 못했다. 따라서 중국산 비단의 경쟁력은 그 어떤 제품보다 높았다. 그러면 질 좋고 값비싼 중국산 비단은 누가 입는가?

투니카(tunica), 즉 로마시대의 속두루마기는 중국산 비단으로 만든 상징적인 옷이다. 남자들이 입었던 이 옷은 1세기 초 남자가 여자처럼 보인다고 여겨 티베리우스(Tiberius Claudius Nero, 기원전 42-기원후 37; 재위 14-37) 황제는 이 관행을 금지시켰다. 그러나 그의 후계자인 칼리굴라(Caligula, 12-41; 재위 37-41)는 비단

옷을 입은 최초의 황제였다. 황제가 비단 옷을 입으면 신하들도 입을 수밖에 없다. 이제 비단은 옷 뿐 아니라 실내장식에서도 무늬 있는 비단인 능라(綾羅)도 널리 유행했다. 특히 자수 비단은 로마 귀족들이 아주 선호했다. 그 중에서도 금실 자수를 선호했다. 남자에게 비단옷 입는 것을 금지한 티베리우스의 아내 아그리피나는 푸키누스 호수에서 모의해전을 할 때 어떤 다른 천도 섞지 않고 금실로만 짠 망토를 입고 나타났을 정도이다.

흔히 역사학자들은 로마의 쇠퇴에 귀족층의 사치를 거론한다. 그런데 로마 귀족층의 사치품 중 중국산 비단은 앞줄에 위치한다. 중국산 비단으로 만든 옷이 귀족층에서 유행했다는 것은 그만큼 수입이 많았다는 것을 의미한다. 과연 로마가 중국산 비단 수입에 지출한 돈은 어느 정도였을까? 이것을 수치로 드러낼 만한 자료는 없다. 단지 로마의 수사가(修辭家)인 세네카(Lucius Annaeus Seneca, 기원전 55?-기원 후 39)와 로마의 정치가이자 학자인 플리니우스(Gaius Plinius Secundus, 23-79)는 비단 수입으로 생긴 막대한 재정지출이 로마의 쇠퇴를 재촉했다고 지적했다. 그러나 장-노엘 로베르는 『로마에서 중국까지』에서 이들의 주장을 신뢰하지 않는다. 그는 이 당시 로마는 제국의 초기일 뿐 아니라 교역도 물물교환으로 이루어졌다는 점을 지적한다. 그러나 분명한 것은 로마의 귀족층이 중국산 비단으로 만든 옷을 입고 거리를 활보하고 다녔고, 사교를 즐겼다는 점이다. 결국 중국의 비단은 로마 상류층의 생활습관을 바꾸어놓았을 뿐 아니라, 로마사의 평가에도 깊숙이 개입하고 있다.

(2) 마르코 폴로와 쿠빌라이의 만남

호기심 많은 보석상인 마르코 폴로의 아버지와 숙부

민중의 힘을 믿는 사람들은 흔히 역사를 민중의 역사로 생각한다. 이는 과거 한 영웅이 역사를 바꾼 것처럼 떠들어댔던 역사인식에 대한 반동이다. 민중이 없다면 인간의 역사는 불가능하다. 그러나 민중이 역사의 주인공이지만 민중이 모든 역사를 이끈 것은 아니다. 때론 한 개인이 엄청난 일을 한다. 13세기 이탈리아 베네치아 출신의 마르코 폴로는 한 개인이 역사에 어떤 영향을 주는 지를 잘 보여 주고 있다. 유럽은 폴로 이후에야 동양에 관심을 가질 수 있었으며, 아시아로 진출하는 지도 작정에 폴로가 제공한 수많은 정보를 이용했다. 이런 점에서 폴로가 어떻게 아시아로 왔는지를 살피는 것은 한 개인의 삶을 넘어 세계역사를 이해하는 주요한 단서를 제공할 것이다.

한 개인의 정체성은 후천적이기보다는 선천적이다. 그러나 선천적인 성격은 오랜 기간동안 축적된 사회환경의 산물이다. 폴로의 아시아 여행은 아버지의 피를 받았지만, 폴로 아버지의 여행은 당시 사람들에게는 그것이 많은 부를 가져다주었기 때문이다. 폴로의 아버지는 여행한 것이 아니라 장사하기 위해 목숨 걸고 해외로 나갔다. 폴로의 아버지는 보석상인이었다.

1253년 폴로의 아버지는 동생과 함께 장사하기 위해 그리스시대엔 비잔티움, 지금은 터키 최대의 도시인 이스탄블(콘스탄티노플)로 갔다. 여기서 6년 동안 머문 폴로의 아버지와 숙부는 더 많은 돈을 벌기 위해 흑해연안 크리미아반도의 소르다이야로 갔다가 다시 북쪽으로 향했다. 그곳은 바로 징기즈칸의 손자뻘인 베르케 한이 다스리고 있던 몽골 왕국 중 하나인 킵차크 한국(汗國)이었다. 이들은 베르케 한에게 보석을 보내 두 배 값이 나가는 물건을 받았다. 형제는 1년 정도 그곳에 머물다 고향인 베네치아로 돌아오려 했지만, 베르케 한이 이란의 몽골 인 왕국인 일 한국과 싸우는 터에 다시 중앙 아시아의 부하라까지 갔다. 그러나 그곳에도 전쟁이 일어나 형제는 3년 동안 오도 가도 못하고 있었다. 그런데 형제는 일 한국에서 귀국하던 중 부하라에 들린 원나라 황제 쿠빌라이 사절들을 만났다. 호기심 많았던 그들은 원의 사절들이 원나라로 가자는 권유를 받아들여 마르코 폴로가 '칸발릭'으로 불렀던 원의 수도 대도(大都; 燕京; 北京)까지 갔다.

호기심 많았던 원나라 세조 쿠빌라이는 폴로 형제가 말하는 유럽에 많은 관심을 가졌다. 쿠빌라이는 로마교황에게 보내는 친서를 주면서 형제에게 학예에 뛰어난 기독교 학자 100명, 예루살렘의 그리스도 성묘에 켜는 램프의 기름을 가져오라고 부탁했다. 두 사람은 정말 졸지에 몽골제국의 정식 사자가 되었다. 더욱이 그들은 몽골제국을 안전하게 여행할 수 있는 신분증까지 받아 아시아 대륙을 가로질러 서쪽 아르메니아의 라이스 항까지 갔다. 거기서 다시 팔레스티나의 아쿠르까지 갔지만 이미 로마 교황은 죽고 새 교황은 선출되지 않았다. 두 사람은 쿠빌라이에게 부탁 받은 것을 아쿠르에 있는 교황 특사에게 전하고 새 교황이 선출될 때가지 대기하기 위해 고향 베네치아로 돌아왔다. 실로 15년만의 귀향이었다. 그러나 집에는 그가 떠난 직후 태어난 15살의 폴로 뿐이었다. 폴로의 어머니는 돌아오지 않는 남편을 기다리지 못하고 죽었다. 호기심 많은, 역마살 낀 남편을 만난 아내는 언제나 슬픈 법.

대장정에 나선 마르코 폴로

17살의 폴로는 1270년 늦가을 아버지와 숙부와 함께 범선을 타고 원나라 수도로 향했다. 세 사람은 쿠빌라이가 부탁한 성묘 램프의 성유를 얻기 위해 예루살렘에 들렀다. 얼마간의 성유를 얻은 그들은 아르메니아의 라이아스까지 갔을 때, 아쿠르 주재 교황 특사인 테오바르트 주교가 교황(그레고리오 10세)으로 선출되었다는 소식을 들었다. 교황은 쿠빌라이 앞으로 친서를 쓰고, 쿠빌라이가 바랬던 100명의 기독교 학자가 아닌 토미니크회 수도사 2명을 폴로 일행과 동행케 했다. 그러나 두 수도사는 육로로 원나라로 들어가는 도중에 도망가 버렸다. 결국 세 사람만이 원나라로 가는 대장정에 올랐다. 『동방견문록』의 이야기는 여기서부터 시작한다.

세 사람은 고대 메소포타미아 지역인 이라크로 들어가 수도이자 13년 전 몽골 침략을 받아 상당히 파괴되어 있었던 바그다드를 거쳐 페르시아 만 북단의 바스라로 갔다. 그리고 페르시아 만 입구의 호르무즈에 도착, 해로로 가려했으나 항구에서 본 배가 너무 초라해 육로로 택했다. 그 뒤 폴로 일행은 3년 반 동안 페르시아 · 중앙아시아를 횡단했다. 이 기간 동안 힌두쿠시산맥 서북사면에 위치한 바다쿠샨에서는 마르코의 병 때문에 1년 가까이 요양했다. 5천 미터 산으로 둘러싸인 '세계의 지붕' 파미르 고원은 이들 일행에게 강한 인상을 주었다.

지붕을 넘은 그들은 타클라마칸 사막 남쪽에 한나라 때 본격적으로 뚫린 비단길이라 불리는 천산남로(天山南路)를 따라 동쪽으로 향했다. 폴로는 이 지역의 종교와 풍속, 그리고 생활을 생생하게 묘사하고 있다. 이윽고 그들은 로프 시(樓蘭)에 도착해 약 1개월에 걸쳐 사막을 넘었다. 이 곳은 600여 년 전 손오공의 이야기를 낳은 당의 승려 현장법사도 밟았다. 세 사람은 중국 당나라 역사를 이해하는 데 없어서는 안될 사주(沙州), 즉 돈황(敦煌)에 도착했다. 그들은 바로 중국 땅에 도착한 것이었다. 한숨을 돌리고 다시 그들은 숙주(肅州)·감주(甘州)·양주(凉州)·영하(寧夏)를 거쳐 다시 북상하여 내몽골로 들어갔다. 이 소식을 들은 쿠빌라이는 이들을 맞이하는 출영단을 파견했다. 3년 반 동안의 대장정이 막을 내리는 순간이었다. 고려와 원이 제1차 일본원정을 하던 1274년 세 사람은 마침내 쿠빌라이가 6-8월 3개월 동안 여름을 보내는 피서지 상도(上都)에 도착했다. 폴로의 아버지와 숙부는 두 번 째, 폴로는 처음인 쿠빌라이와의 만남은 이렇게 시작했다. 쿠빌라이는 폴로를 측근에 있게 했다. 총명한 아이임을 꿰뚫어보았던 것일까. 그는 그런 인연으로 17년 동안 쿠빌라이 곁에 있었다.

원나라에 도착한 폴로는 17년 동안 무엇을 했을까?

인간의 이해 범위는 자신의 경험에 비례한다. 수 천 년 동안 농경생활의 유산과 유전자로 살아가고 있는 우리에게 농경 생활과 전혀 다른 유목민족의 생활을 이해하기란 결코 쉽지 않다. 특히 농경문화에 속하는 경우라도 각 민족에 따라 문화가 달라 이해하기 어려운 마당에, 평생 거의 경험할 수 없는 유목문화를 이해한다는 것은 어려운 일이다. 역사학자들이 그간 유목민족이 세운 국가의 정치와 사회, 그리고 문화를 제대로 이해할 수 없었던 가장 큰 이유도 유목민족의 삶 자체를 정확하게 이해할 수 없었기 때문이다.

역사든 인간이든 완전하게 이해하기 위해서는 가능하면 선입견을 버리고 상대를 이해하려는 노력이 필요하다. 징기스칸과 그 후손들이 세우고 유지한 거대한 국가에 대한 이해도 그들이 살았던 몽골과 삶의 방식에 대한 이해 없이는 불가능하다. 그러나 그간 우리는 이들의 종족이름과 국가 이름에 대해 자신도 모르게 모독해 왔다. 원나라를 세운 민족을 몽골, 그들이 세운 나라를 몽골 등으로 불렀지만, 이러한 용어는 중화사상에 젖은 중국이 몽골족과 그들이 세운 몽골제국 원나라를 모독하고 낮추기 위한 의도적인 표현이었다. 중국인들의 이러한 행위에 대해 학자는 물론 일반인들도 그 이유를 모른 채 아무 비판 없이 최근까지 사용했다. 다행히 이제 일부에서나마 몽매한 몽골족을 의미하는 몽골이 아닌 몽골 족이 세운 몽골(골은 국가를 의미)로 사용하고 있다.

당나라 때까지 현재의 내몽골 자치구 동북방의 홍안령지대의 오르콘강 상류에 흩어져 살던 정말 보잘 것 없던 몽골 족이 세계를 제패할 수 있도록 터전을 마련한 사람은 테무진(鐵木鎭, 1162-1227; 재위 1206-27)이었다. 테무진이라는 이름은 그의 아버지 예쉬게이가 선조의 복수를 위해 타타르를 습격하여 그 수령인 테무진 위게(Temujin Uge)를 생포하여 돌아왔을 때 아들이 태어나 붙여졌다. 적장의 이름을 아들에게 붙이는 이러한 행위도 농경민족에겐 낯선 광경이다. 몽골 고원을 통일한 후 징기스칸에 오른 테무진은 그 동안 위구르 족에게 눌려 기를 펴지 못한 몽골 민족을 몽골 고원의 최강자로 성장시켰다.

제5대 쿠빌라이 칸(Khubilai Khan, 재위 1260-94)은 대하(大夏: 西夏)의 정벌에서 시작해서 대하의 정벌에서 죽은 징기스칸이 못다 이룬 중국 통일의 꿈을 이룬 사람이었다. 그가 바로 수도를 대도(大都), 즉 북경으로 옮긴 후 1271년 국호를 원으로 바꾼 주인공이다.

폴로가 아버지와 숙부, 그리고 신부와 함께 아르메니아를 출발해서 중국에 도착한 것은 출발한지 3년 반 만인 1274년이었다. 원나라의 제1차 일본원정해인 1274년은 폴로가 세조의 참모로 17년 동안 중국에 머물도록 한 첫해이자 두 사람간의 운명적 만남의 해이기도 했다. 그러나 두 사람의 이러한 운명적 만남과 폴로의 장기간 중국 체류도 대나무로 만든 궁전이 아니었다면 어려웠을지도 모른다. 두 사람의 운명적 만남은 내몽골 난하(灤河) 상류 왼쪽 언덕에 자리 잡은 석조 궁전과 정원 중앙에 위치한 대나무 궁궐에서 이루어졌기 때문이다. 더위에 약한 몽골의 지배자가 피서하는 별장인 이 궁궐에서 쿠빌라이와 폴로가 서로 존재의 가치를 인정하는 데 대나무의 역할에 대해 학자들은 관심조차 없지만, 쿠빌라이가 젊은 청년 이방인을 흔쾌하게 받아들인 것은 대나무로 만든 시원한 별장 덕분이었다고 해도 과언이 아닐 것이다.

물고기가 물속에서 자유자재로 노닐면서도 자신이 물 덕택에 자유로울 수 있다는 것을 잊고 산다는 중국 전국시대(戰國時代) 장자(莊子)의 말처럼, 사람들은 폴로와 쿠빌라이와의 운명적 만남이 대나무로 만든 별장에서 이루어졌다는 사실에 대해 관심조차 갖지 않는다. 물론 별장에 사용한 대나무가 어떤 종류의 대나무인지, 그리고 어디서 가져온 대나무인지에 대해 관심 갖는 것도 단순한 호기심 차원을 넘는 일이다. 지금 별장에 사용한 대나무 종류를 정확히 알기란 어렵지만 아마 집 짓는데 적합한 대나무는 왕대일 것이다. 별장에 사용한 대나무를 어디서 가져왔는지에 대해서도 정확히 알 수 없지만 중국의 대나무 주요 산지가 쓰촨(四川)·윈난(雲南)·구이저우(貴州)·광시(廣西)인 점을 감안하면 별장과 가장 가까운 곳은 사천이다. 과연 별장에 사용한 대나무를 덩샤오핑(鄧小平)의 고향이자 요리로 유명한 사천에서 가져왔을까.

폴로가 17년 동안 중국에 머물렀지만 그가 무슨 일을 했는지에 대해서는 『원사(元史)』를 비롯한 그 어떤 역사기록에도 그의 행적은 없다. 폴로가 원나라 쿠빌라이 밑에서 생활했다면 한 마디라도 역사기록에 있어야 정상이다. 그러나 아직 그가 중국에 머무는 동안 남긴 구체적인 행적은 알 수 없다. 단지 그의 직책이 『동방견문록』에도 중국에 관한 이런저런 얘기는 있지만 그가 구체적으로 어떤 직책을 맡아 일했는지에 대해서는 언급조차 하지 않고 있다. 그래서 어떤 사람은 폴로의 얘기를 믿지 않으려고 한다. 그러나 폴로의 중국 행적을 구체적으로 모른다고 해서 그의 말을 전부 의심할 수는 없다. 왜냐하면 역사는 기록한 것보다는 기록하지 않는 것이 많기 때문이다.

폴로는 외국어에 능통했다. 그래서 사람들은 그를 쿠빌라이의 비서로 생각하곤 한다. 그가 쿠빌라이의 일급 참모였다면 그의 행적은 기록되지 않을 수도 있다. 비밀을 다루는 사람의 행적을 기록할 리 없기 때문이다. 그는 명석한 사람이었다. 사리판단이 빨랐고 분석력도 뛰어났다. 그가 17년 동안이나 쿠빌라이 밑에 있었던 것도 탁월한 그의 능력과 무관하지 않을 것이다. 일개 외국 청년을 한 나라의 왕이 그냥 잡아둘 리 없기 때문이다.

『동방견문록』을 따라 간 사람

아무리 좋은 곳일지라도 고향만 한 곳은 없다. 특히 나이를 먹을수록 사람들은 고향을 그리워한다. 세 사람도 쿠빌라이의 후원아래 아쉬운 것 없이 지내고 있지만 오랜 타향살이에 지쳐 고향으로 돌아갈 날만을 기다리고 있었다. 그들은 쿠빌라이에게 귀국을 청했지만, 그는 그들을 돌려보낼 생각조차 하지 않았다. 그런데 마침 쿠빌라이의 동생 훌라구가 세운 일 한국에서 사자가 와, 아루군 한의 비(妃)가 죽어 원나라에서 새 비를 맞고 싶다고 쿠빌라이에게 전했다. 쿠빌라이는 제의를 받아들여 왕실의 열일곱 산 난 코카틴을 뽑았다. 이어 사자는 감사함을 전하고, 인도 여행을 마치고 해로로 막 돌아온 마르코 폴로를 코카틴과 자신의 호위로 동행시켜 달라고 청했다. 쿠빌라이는 내키지 않았지만 왕실의 딸 출가가 국가적인 일이었기 때문에 요청을 허락했다. 이런 생각을 누가 했을까. 일한국의 사자가 했을까. 아니면 폴로가 꾸민 일이었을까. 아마 폴로가 고향으로 돌아가기 위해 사자를 구슬린 것이 아닐까.

세 사람은 일한국에 일을 마치고 베네치아로 귀국했다가 다시 돌아오라는 쿠빌라이의 명령을 뒤로 한 채, 1290년 자이톤(泉州) 항을 빠져나갔다. 코카틴이 시집가기로 한 일 한국의 상대는 폴로 일행이 도착하기도 전에 죽어버렸다. 일행은 그녀가 아루군의 아들 카산과 결혼하는 모습을 보고 베네치아로 향했다. 자이톤을 출발한지 5년 만에 그들은 고향에 도착했다. 실로 17년만의 고국 땅을 밟는 순간이었다. 쿠빌라이는 폴로 일행이 고향에 도착하기 1년 전에 79세의 나이로 죽었다.

고향에 돌아온 폴로의 삶에 대해서도 자세하게 알 수 없지만, 그는 베네치아와 제노바와의 싸움에서 포로로 잡혀 5년 동안 감옥에 갇혀 있었다. 『동방견문록』은 그가 감옥생활 동안 무료함을 달래기 위해 얘기한 내용을 같은 방에 있었던 피사의 작가 루스티게로가 받아 적은 것이다. 당연히 작가의 상상력도 『동방견문록』에는 묻어 있다. 감옥에서 나온 40대 초반의 폴로는 결혼해서 세 딸을 두고 장사로 삶을 꾸려갔다. 그러나 그의 가정생활은 행복하지 않았다. 사람들도 그를 거짓말쟁이로 생각했다. 그 시대 사람에겐 폴로의 이야기가 거짓일 수밖에 없었을 것이다. 그리고 폴로의 얘기도 전부가 진실은 아니었다. 그러나 뒷날 많은 사람들이 폴로의 얘기에 자극 받아 아시아로 진출했다. 폴로는 유럽인들에게 꿈과 희망을 안겨주었다. 1324년 겨울, 그는 죽었다. 그의 유해는 폴로의 유언대로 이국땅에서 생사를 같이한 아버지의 무덤 옆에 묻혔다. 아버지와 아들, 두 사람의 가정생활은 불행했지만, 그 불행은 다른 사람에겐 행운이었다.

2. 화약, 나침반, 인쇄술

(1) 화약과 전쟁

화약의 제조기술

화약은 중국 연단술사들이 단약(丹藥)을 제조하는 과정에서 발명했다. 갈홍의 『포박자』에는 단약제조에 유황과 초석(硝石)을 사용한 사실을 언급하고 있으나, 아직 화약과는 거리가 멀다. 그러나 당나라 초의 약학자 손사막(孫思邈, 589-682)이 지은 『단경(丹經)』에는 이른바 '복화(伏火)'를 제조하는 처방이 자세히 기술되어 있다. 그에 따르면 유황과 초석이 각각 2냥씩 든 항아리에 조각자(皀角子, 쥐엄나무 열매의 씨) 3개를 넣고 불을 지펴 불꽃이 일어날 때 목탄 3근을 넣는 다. 목탄이 3분의 1쯤 탓을 때 불을 끄고 혼합물을 꺼내는 데, 그것이 바로 '복화'다. 복화는 곧 화약의 시초이다.

■ 연단술

연단술은 옛날 중국에서 도사(道士)들이 진사(辰砂, 수은의 가장 중요한 광물성분)로 황금이나 선약(仙藥)을 만들었다고 하는 일종의 연금술을 말한다. 일반적으로 연금술(鍊金術, alchemy)은 두 가지 화학기술로 구분한다. 하나는 비금속(卑金屬)을 동・연・주석・금・은 같은 귀금속으로 변화시키는 기술이고, 다른 하나는 불로장생의 선약을 제조하는 기술이다. 연금술의 기술은 로마시대의 이집트와 중국 도가의 출현시대로 소급할 수 있다. 전자는 귀금속 제조에 주력한 반면 후자는 선약의 제조에 역점을 두었다. 그러다가 자비르 이븐 히얀(723-815) 등 중세 무슬림 화학자들에 의해 양자가 비로소 결합되어 의학과 화학의 발전을 촉진시켰으며, 그것이 13세기 이후 유럽에 전파되어 현대 실험과학의 기초를 마련했다.

당나라 중기는 화약제조가 본격적으로 시작하는 시기이다. 이 시기에 쓰여진 도가의 책 『진원묘도요략(眞元妙道要略)』은 유황과 자황(雌黃, 비소와 유황의 혼합물), 초석을 혼합하여 태우면 강렬한 화염이 발생한다고 기술하고 있다. 또 도교의 경전을 집대성한 『도장(道藏)』에는 연단술과 더불어 화약에 관하여 여러 가지 언급하고 있으며, '화약(火藥)'이란 단어가 처음 나타난다. 화약의 단어에서 볼 수 있는 것처럼 오랫동안 화약은 일종의 '약'으로 생각했다. 명나라 이시진의 『본초강목(本草綱目)』「화약조」에도 '화약은 창선(瘡鮮)과 살충에 좋으며, 습기와 온역(溫疫)을 제거하기도 한다'고 일종의 약재로 소개하고 있다.

화약이 각광을 받은 것은 약용이 아니라 군사용 화기로 사용하면서부터이다. 그러나 화약이 언제부터 어떻게 화기로 이용되었는지에 대해서는 정확히 알 수 없다. 다만 문헌상 당나라 덕종 흥원원년(784) 이희열(李希烈) 반란군이 사용한 '방사책(方士策)'이 화기의 최초 사용이다. 북송대에 이르면 다양한 화기가 만들어져 송나라 군대가 늘 갖추고 있었다. 북송의 수도 변량(汴梁, 지금의 개봉)에는 11개의 작업장을 가진 '광비공성작(廣備攻城作)'이라는 병기공장이 있었다. 그 중에는 전문으로 화약과 화기를 제작하는 '화약요자작(火藥窯子作)'이라는 작업장이 있었다. 이러한 각종 화기는 연소성(燃燒性)화기에 불과했지만, 11세기 중엽에는 폭발성 화기인 벽력화구(霹靂火毬)를 제작함에 따라 화기의 위력이 한층 강화되었다. 얼마 후 이 화구는 한층 위력적인 벽력포(霹靂炮)로 발달하였으며, 많은 화기가 제작 · 사용되었다.

북송 때 만든 화약은 신종 원풍 원년(1083) 서하군(西夏軍)이 난주(蘭州)를 진공할 때 25만개나 사용되었으며, 1126년 금나라 군대가 남하하여 수도를 위협할 때 사용했다. 남송에서도 1161년 금나라 군대가 다시 60만 대군으로 남하할 때 벽력포로 물리쳤다. 벽력포의 탄환에는 화약과 석회가 들어 있어 화약이 폭발하면 석회가루가 사방에 흩어져 적군의 눈을 못쓰게 만든다.

남송에서는 잦은 금나라 군대에 대처하기 위해 화기를 개량했다. 1132년 진규(陳規)가 호북성 덕안을 방어할 때 만든 화창(火槍)이 바로 그것이다. 화창은 원형 죽통에 화약을 장착한 후 점화・발사하는 화기로 최초의 관형(管形) 화기이다. 이는 이전의 투사식(投射式) 화기에서 근대의 창포식(槍炮式) 화기로 옮겨가는 중간 단계의 화기이다. 이 화창을 다시 개량한 것이 남송 말에 나온 돌화창(突火槍)이다. 이는 굵은 죽통에 화약과 함께 자과(子窠, 일종의 탄환)를 장착하여 발사하는 한층 위력 있는 화기이다.

금나라에서도 송나라 못지않은 화약과 화기 제조술을 보유하고 있었으며, 몽골도 금에서 기술을 전수 받아 1231년 하중부(河中府)의 금나라 군대를 공격할 때 진천뢰(震天雷)라는 화기를 사용했다. 이는 철화포와 마찬가지로 철구(鐵毬)에 화약을 장착한 다음 점화・발사하는 하는 것으로 터질 때 큰 소리를 내면서 작렬하는 일종의 철제 화기이다. 그밖에 몽골군은 처음으로 죽통 대신 금속제 관형 화기를 사용했다. 이렇게 금속제 관형 탄환이나 포탄을 장착한 것은 군사 기술 분야에서 대단히 중요한 의미를 갖는다. 왜냐하면 이것이 바로 대포의 효시이기 때문이다.

화약의 교류

화약과 화기는 발명된 후 당시 중국의 주요 교류상대였던 아랍-이슬람세계에 전파되고, 그곳을 통해 유럽에 다시 전해졌다. 화약과 화기의 아랍-이슬람세계 전파는 두 단계로 나누어 볼 수 있다. 하나는 이들이 중국의 화약제조법을 수용하여 화약을 자체 제작한 단계이다. 이들의 중국 화약제조법 수용은 화약의 주재료인 초석에 관한 아랍-무슬림들의 인식변화와 관련 있다. 아랍-무슬림들은 처음 유황에 대해서는 알고 있었으나, 초석에 대해서는 몰랐다. 그러다가 8세기 경 중국의 연단술을 받아들이면서 처음으로 초석을 접했다. 다른 하나는 중국의 화약과 화기가 직접 들어간 단계이다. 몽골의 서정(西征)과 그로 인한 압바쓰조 이슬람제국의 붕괴(1258), 그 연장선상에서 일 칸국의 건립 등 몽골제국의 군사적 서행(西行)과 서아시아에 대한 침략은 중국의 화약과 화기가 아랍-이슬람세계에 직접 전파되는 계기가 되었다. 그 결과 아랍-이슬람세계에서는 중국의 각종 화기가 모조되었다. 1285-95년에 저술된 『기마술과 병기』에는 중국 화약의 성분과 화기 제조법이 구체적으로 서술되어 있다.

중국의 화약과 화기를 전수 받은 아랍-무슬림들은 단기간에 위력적인 화기를 만들어냈다. 화약을 자체 제조한 지 불과 반세기 만인 13세기 말부터 관형 화기를 제조하기 시작하였으며, 14세기 초에는 몽골인들이 전한 화통과 돌화창을 개조하여 한층 위력적인 아랍식 화포 2종을 만드는 데 성공했다.

아랍-이슬람세계에 보급된 중국의 화약과 화기는 여러 계기를 통해 유럽에 전파된 후 신속하게 확산되었다. 침체기에 있던 유럽은 12-13세기부터 선진 이슬람문명을 수용하기 위하여 아랍어 서적들을 라틴어로 대량 번역하기 시작했다. 그 중에는 13세기 중엽에 저술되고 후반에 번역된『항적연소화공서(抗敵燃燒火攻書)』가 있다. 이 병서에서 유럽인들은 처음으로 화약과 화기에 의한 화공법을 알았다.「88자연실험법」도 화공법을 서술하고 있다.

이탈리아를 비롯해 영국·독일·프랑스·에스파니아 등 유럽 국가들은 대체로 1348년 이전 수십 년간 동총(銅銃) 철포 등 화기를 집중적으로 만들었다. 이것은 그 사이 유럽국가들이 아랍-무슬림들과 몇 차례 무장 충돌하는 과정에서 화기의 위력을 체험하면서 그들에게 기술을 배울 수 있었기 때문이다. 그 결과 1326년 이탈리아가 처음으로 금속관형 화기인 철포를 제조한 데 이어 영국도 1342년경에 철포와 1347년에 아랍의 '마드파아'를 모조한 화포를 제조했다. 독일은 1348년에 장형홍동총(長形紅銅銃)을 만들었다. 당시 유럽의 관형 화기는 대개 철관이었다. 그런데 이 철관은 13-14세기 중국에서 만든 동관에 비해 주조가 어렵고 무거우며 쉽게 파열되었다.

중국에서 아랍-이슬람세계로 전해진 화약이 13세기 후반에 유럽에 알려지면서 유럽에서는 비로소 화약과 화기를 제조하기 시작했다. 그러다가 14세기 전반에 아랍-이슬람세계와 군사 충돌을 비롯해 전황(戰況)이 빈발하면서 화약과 화기 사용은 빠르게 확산되었다. 유럽에서 화약과 화기는 중세 봉건영주들의 근거지인 성채를 일격에 파괴할 수 있는 위력적인 무기였기 때문에 유럽 봉건제도의 붕괴에 촉매역할을 했다.

(2) 교류와 충돌의 야누스, 나침반

나침반(羅針盤)은 자침(磁針)이 남북을 지칭하는 특성을 이용하여 만든 지리적 방향지시 계기이다. 나침반에는 자석의 지극성(指極性)을 이용하여 방위를 결정하는 자기 나침반과 자석의 고속회전운동을 이용하는 회전나침반 두 가지가 있다. 자석의 지극성을 처음 발견하고 그것을 선박의 항해에 이용한 사람은 중국사람들이었다.

■ 중국인의 자석발견

중국인들이 자석과 그 지극성을 어떻게 발견했는지에 대해서는 정확히 알 수 없다. 전설에 의하면 황제(黃帝)와 치우(蚩尤)가 탁록 평야에서 회전할 때 '지남차(指南車)'를 발명했다고 한다. 전국시대에 이르러 점차 지남성(指南性)이 알려지기 시작했다.

자석과 그 이용에 관해서는 기원전 2세기말의 『회남자』나 기원전 1세기 말의 『논형』에 처음 기록하고 있다. 자석의 지남성을 발견함에 따라 우선 그것을 방향 판별에 이용하기 시작했다. 방향판별에 이용된 최초의 지남 계기는 송대의 지남차(指南車)와 지남어(指南魚)이다.

지남차를 어떻게 만드는지 알 수 없으나 지남어는 얇은 철 조각으로 만들었다. 철 조각은 길이 2촌, 너비 5푼 정도의 앞뒤가 뾰족한 물고기 모양이다. 이 철 조각을 탄불에 벌겋게 달단 후 끄집어내어 머리는 남쪽, 꼬리는 정 북쪽을 향해 놓고 꼬리를 물 속에 넣어 급냉시키면 곧바로 자화가 된다. 이 자화된 지남어를 바람 없는 곳에서 물그릇에 넣으면 물위에 뜨는데, 이때 머리는 남쪽을 가르킨다.

북송의 과학자인 심괄(沈括, 1031-95)의 저서 『몽계필담』에 다양한 지남침 사용방법을 언급하고 있다. 특히 여기서는 '자침'은 남향을 가르키지만 늘 약간 동쪽으로 기울어져 완전히 정남을 가르키지는 않는다는 사실을 언급하고 있다. 이는 이른바 지남침의 편각(偏角) 현상을 처음으로 밝힌 것이다. 유럽에서는 이러한 편각 현상을 400년 후인 15세기에서야 알았다.

언제 어디서나 고정 방향을 가르키는 자침(지남침)이 가장 필요한 곳은 그 때까지만 해도 지형지물이나 별자리 같은 것에만 의지해 망망대해를 어림잡아 항해하던 선박이었다. 11세기 말 중국인들은 이러한 선박의 항해에 처음으로 지남침을 도입했다. 당시 천문 기상에 의지하여 항진하다가 날씨가 흐리면 지남침을 사용했다. 그 사용법은 심괄이 말한 수부법(水浮法)이었다. 일반적으로 수부법에 쓰이는 나침반을 수침반(水鍼盤 혹은 水鍼)이라 하며, 이에 비해 오늘날처럼 지침을 핀으로 고정한 나침반을 한침반(旱鍼盤혹은 旱鍼)이라고 한다. 그러다가 13세기에 이르러 지남침이 항해의 유일한 도항용기(導航用器)가 되었다.

■ 나반

함순(咸順) 연간(1265-74) 오자목(吳自牧)이 저술한 『몽량록(夢粱錄)』(권 12) 「강해선함(江海船艦)」조에는 이러한 용기를 '침반(針盤)'이라 불렀다. 보통 이것을 나반(羅盤)이라고도 한다. 나침반은 이러한 수침반, 한침반, 침반, 나반 등에 대한 범칭이다.

나반이 항해에 널리 이용되면서 침로를 표시한 항해도가 제작되기 시작했다. 침로를 명시하면 항행이 안전할 뿐 아니라 항진 방향을 예정하고, 항행 소요 시간을 정확히 산출할 수 있다. 침로를 표시한 항해도는 남송 말엽에 출현한 후 원대에는 다양하게 제작・이용되었다. 특히 명초에 정화의 7차 '하서향'항로를 기술한 「정화항해도」는 그간의 항해도 제작기술을 집대성한 것으로 원도(原圖)의 분량만 해도 120여 면에 달한다. 이 항해도에는 남경을 기점으로 양자강 하구를 빠져나와 동해와 남해, 말라카 해협을 경유하여 인도양을 횡단, 페르시아만의 호르무즈와 아라비아반도 남부를 지나 동아프리카 케냐의 몸바사(Mombasa)에 이르기까지 항해 방향과 항해 일정, 천체 성상(星像) 등이 구체적으로 표기되어 있다. 이 항해도에 기록되어 있는 지명만해도 500여 개에 이른다. 유럽에서는 중국 항해도의 영향을 받아 1300년 전후에 항해도를 만들었다.

나침반의 교류

나침반이 남해의 항행에 도입됨에 따라 우선 그것을 수용한 사람은 남해를 주름잡던 아랍 항행가들이었다. 남송 당시 많은 아랍 선박들이 광주를 비롯한 동남해안 일대에 내왕했으며, 그곳에는 수많은 아랍-무슬림들이 번객(蕃客)으로 상주했다. 이들에 의해 중국의 지남침이나 나침반이 아랍 항행가들에게 알려지고, 이어 그들을 통해 아랍-이슬람세계에 전해졌다. 1180년대에 아랍세계에서는 나침반이 '배꾼들의 벗'으로 불렸으며, 13세기 초의 아랍 지리학자 아불 피다는 그의 지리학 저서에서 중국의 나침반을 소개하고 있다. 라틴어 문헌은 아랍에 전해진 시기와 거의 같은 시기인 12세기 말엽에 중국의 나침반이 아랍인들을 통해 유럽에 전해졌다고 기록하고 있다. 유럽 최초의 전수국인 이탈리아는 중국의 나침반을 한침반으로 개량하여 14세기 초부터 사용하기 시작했다.

중국의 나침반이 아랍인들을 통해 유럽에 전해진 후, 그것을 개량한 한침반이 다시 아시아로 역류했다. 한침반은 15세기말이나 16세기초에 포르투갈과 네덜란드 의 대동방 무역선에 의해 일본에 전해졌다. 중국이 일본을 통해 받아들인 것은 우산 모양의 면에 네덜란드 글자로 16방위를 표시한 한침반이었다. 이 16방위 한침반은 48방위 수침반보다 정밀하지 못했다.

(3) 지적 혁명을 낳은 인쇄술

인쇄술의 개념

인쇄란 판형에 잉크를 묻혀 판면에 새긴 문자나 그림 등을 종이나 깁 같은 데 눌러 문질러서 박아내는 일이며, 인쇄술은 그러한 기술을 말한다. 근대에 이르기까지 인쇄는 크게 단순 인쇄와 조판인쇄의 두 단계를 거쳐 발달했다. 첫째 단계인 단순인쇄는 인쇄의 기원이라 할 수 있는 날인과 탑본과 같은 원시적 인쇄단계이다. 인쇄의 최고(最古) 형태이자 원류는 도장을 찍는 날인이다. 메소포타미아에서는 기원전 3천년 경에 점토나 구리로 도장을 만들었으며, 그 영향을 받아 모헨조다로 유물에서 보는 것처럼 고대 인더스 문명에서도 원통 도장이 사용되었다. 중국의 경우 전국시대부터 구리를 비롯한 금속으로 도장을 만들어 사용했다. 날인은 도장뿐 아니라 호부(護符)나 경문(經文), 불인(佛印) 같은 것을 찍어내는 데 이용했다.

날인과 함께 탑본(혹은 拓本)도 단순인쇄의 한 형태이다. 탑본은 금석에 새긴 글씨나 그림을 재현물(再現物)을 이용해 종이에 박아내는 일종의 인쇄이다. 중국에서는 유교경전을 비롯한 귀중한 기록물을 보존하기 위해 석비(石碑)나 금속판에 글을 새겨 넣은 금석문이 일찍부터 출현했다. 기원전 175년에 채옹이 제작한 가평석각(嘉平石刻)은 그 대표작이다. 이처럼 단순 인쇄도 문명권과 비문명권간에 교류가 있었다.

인쇄술 발달의 두 번째 단계는 나무판이나 금속판 등에 각자(刻字)하여 인쇄하는 조판인쇄 단계이다. 이 단계는 목판인쇄와 활자인쇄의 전·후 단계로 나눌 수 있다. 조판인쇄에서 동방은 서방에 비해 확실히 앞섰으며, 동방의 조판인쇄술이 서방의 조판인쇄술에 많은 영향을 주었다. 지금까지 가장 오래된 목판인쇄술이 발견된 곳은 한국이다. 1966년 경주 불국사의 석가탑 탑두부에서 폭 6.66센티, 길이 6.3미터의 종이에 목판 인쇄된 「무구정광대아라니경(無垢淨光大陀羅尼經)」(706)이 발견되었다. 이것은 중국의 가장 오래된 인쇄물 유품보다 100여년 앞선 것으로 현존 유물로만 비교하면 한국은 세계에서 조판인쇄를 가장 먼저 시작한 나라이다. 중국에서는 조판인쇄술이 대개 당대에 나타났다. 1907년 영국의 중앙아시아 탐험가 수타인이 돈황문서 중에서 발견한 「금강

반야바라밀다경(金剛般若婆羅密多經)」이 그 증거이다.

조판인쇄의 후단계인 활자인쇄는 목활자 인쇄와 금속활자를 들 수 있다. 활자는 활판(活版)인쇄에 쓰는 자형(字型)을 말한다. 보통 모난 기둥 모양의 나무나 금속의 한 끝에 글자를 왼쪽 방향으로 철각(凸刻)한다. 이러한 자형으로 인쇄하는 것을 활자인쇄라고 한다. 목판인쇄가 발달한 중국에서는 이를 바탕으로 1313년에 왕정(王禎)이 처음 목활자를 만들어 『대덕정덕현지(大德旌德縣志)』를 인쇄했다.

인쇄술의 획기적인 변혁을 가져온 금속활자도 한국의 고려시대에 만들어졌다. 1230년경에 이미 금속활자가 출현하였으며, 1377년에는 금속(동)활자로 불전(佛典)을 인쇄했다. 이것은 지금까지 발견된 가장 오래된 금속활자본이다. 유럽에서는 독일의 구텐베르크가 1438년경에 납활자를 주조하고 인쇄기를 발명하여 1454년 처음으로 「31행속유장(三十一行贖宥狀)」을 인쇄한데 이어 「42행성서(四十二行聖書)」 등 성서를 인쇄・출간했다.

인쇄술의 교류

목판 인쇄술을 비롯한 중국의 인쇄술이 13-14세기에 몽골의 서쪽 진출에 편승하여 중앙아시아와 서아시아, 북아프리카 및 유럽까지 전파되었다. 1880년 이집트 파윰(fayum)의 아르시나(Arsinae) 유적지에서 출토된 중국 신강 투르판 지역에서 발견된 회골문(回鶻文) 인쇄품과 아주 유사한 약 50점의 아랍어문 인쇄품(900-1350년 제품)이 그 증거이다. 유라시아의 광활한 지역에 건립된 몽골 대제국의 대서방 교류는 중국 인쇄술의 서방 전파의 주요한 계기였다.

몽골은 일 칸국(현재 이란 중심)의 수도 타브리즈와 니주니 노브고로드(현재 러시아 고리끼 시)를 중계지로 유럽과 접촉하면서 동방문명을 전파했다. 당시 타브리즈는 명실상부한 국제도시로 이곳에는 이탈리아, 프랑스, 영국 등 유럽 국가들과 교황의 사절이 상주하였으며, 유럽 상인들과 많이 활동하고 있었다. 모스크바 동쪽에 위치한 니주니 노브고로드는 동아시아와 북유럽 제국의 물산 집산지이고 교역장이었다. 이곳을 통해 중국의 카드(紙牌)와 카드인쇄술이 늦어도 14세기 후반에 서쪽으로 건너갔다. 15세기 초에는 이탈리아 베네치아와 남부 독일 일대에서는 카드의 목판인쇄가 하나의 주요한 산업으로 부상했다. 카드의 대량 생산으로 카드놀이가 성행하자 독일(1377), 에스파냐(1397), 이탈리아(1423)등지에서는 카드놀이 금지령가지 반포했다.

유럽인들의 중국 방문도 중국 조판인쇄술의 서쪽 전파에 기여했다. 13세기 중엽부터 유럽의 사절이나 선교사, 여행가, 상인들이 원나라에 다녀가서 중국의 인쇄술과 지폐를 포함한 인쇄품을 유럽에 소개하였던 것이다. 그들 중 교황의 사절 까르삐니(1245)와 프랑스 루이 9세의 사신인 뤼브뤼끼(1253), 여행가 마르코 폴로(1292년 귀국), 선교사 꼬르비노(1294) 등이 포함되어 있다. 이들의 소개를 통해 중국의 조판인쇄술을 안 유럽인들은 여러 방면으로 그 모조를 모색한 끝에 14세기 말 목판인쇄를 만들었다. 반면 활자인쇄술은 목판인쇄술과는 달리 중국의 영향을 부정하기도 하고 긍정하기도 하는 등 아직 정확한 교류 내용을 알 수 없다.

금속활자 인쇄는 한국에서 발명된 후 곧 중국에 전수되었으며, 토요토미 히데요시의 조선 원정을 계기로 1593년 일본에 건너갔다. 금속활자 인쇄술을 전수 받은 중국인들은 이 새로운 문명수단으로 서방과 교류하였던 것이다. 교류의 중개자는 중앙아시아 일원을 아우른 티무르제국(1369-1500)이었다. 14세기말부터 15세기 중엽까지 티무르제국의 수도 사마르칸트는 동서교통의 중심에 있는 국제도시로 동서 교류의 교량 역할을 했다.

3. 칭기즈칸과 로마교황

몽골제국의 건설자, 칭기즈칸

어린 시절 이름 테무진(鐵木眞), 묘호(廟號)는 태조로 불리는 징기즈칸(1162-1227)은 바이칼호 근처에서 태어났다. 어린 시절 타타르 부족이 아버지를 독살하자 부족이 흩어져 가난하게 살았다. 그러나 그는 당시 힘이 센 케레이트 부족의 완칸 아래서 점차 세력을 키워 1189년 몽골씨족 연합의 맹주로 추대되어 징기즈칸(광명의 신)이란 칭호를 받았다. 1201년 자다란 부족의 자무카를 격파하고, 타타르 · 케레이트를 토벌하여 동부 몽골을 평정하였으며, 군제를 개혁한 후 서방의 알타이 방면을 근거지로 삼은 나이만 부족을 물리치고(1204) 몽골초원을 통일했다.

■ 칭기즈칸의 탄생

칭기즈칸의 아버지 이쉬게이에게는 두 명의 부인이 있었다. 한명은 메르키트 부족 칠레뒤에게 빼앗은 신부 회엘륀이고, 다른 한명은 벡테르와 벨귀테이의 생모이다. 이쉬게이가 타타르 원정을 마치고 돌아오던 그 때 회엘륀은 아들을 낳았다. 테무진은 이쉬게이가 잡은 타타르인 중 테무진 위게의 이름이다.

그는 1206년 오논 강변 평원에서 집회를 열고 몽골제국의 칸에 오르면서 씨족 공동체를 해체, 군사 조직에 바탕을 둔 천호(千戶)라고 하는 유목민 집단을 95개로 편성했다. 그는 중앙아시아를 침략했다. 칭기즈칸의 이러한 중앙아시아 원정을 '칭기즈칸의 서정(西征)'이라 부른다.

칭기즈칸이 직접 이끈 중앙아시아 원정은 몽골군의 제1차 서정(1219-25)에 해당한다. 몽골군의 서정은 세 차례 걸쳐 이루어졌다. 제2차 서정(1235-44)은 바투가 이끈 유럽원정으로 일명 '바투 서정'이라 부른다. 몽골군의 제3차 서정(1253-60)은 훌레구가 이끈 서아시아 정벌로 일명 '훌레구 서정'이라 부른다. 칭기즈칸이 서정한 표면적인 이유는 1219년 오트라르에서 몽골 사절단이 피살된 이른바 '오트라르 사건'때문이지만, 근본적인 이유는 몽골제국의 건국이념 때문이었다. 칭기즈칸을 비롯한 몽골제국의 건국자들은 정치적으로 세계대동주의(世界大同主義)를 제창하였으며, 경제적으로는 유목국가의 숙명인 중상주의(重商主義)를 추구했다. 문화적으로는 개방주의를 표방하여 교류와 수용에 적극적이었으며, 군사적으로는 기마 유목민족의 본성대로 기마병을 핵심으로 한 강력한 무력건설을 견지하였던 것이다.

사절단 피살 소식을 들은 칭기즈칸은 즉시 쿠릴타이(부족 수장 회의)를 소집하여 서정을 결정했다. 그는 20만 대군을 거느리고 넷째 아들 톨루이와 함께 여름에는 힌두쿠시 산중에 있는 고원에, 겨울에는 사마르칸트에 번갈아 기거하면서 인도에서 남러시아에 이르는 광활한 지역에서 이루어진 서정을 총지휘했다. 칭기즈칸은 1222년 사마르칸트를 떠나 1225년 2월에 귀향했다. 그 후 남방의 서하(西夏)를 멸망시키고, 1227년 중국 섬서성에서 병사했다.

■ 칭기즈칸의 죽음

칭기즈칸의 죽음에 대해서는 의견이 분분하다. 어떤 학자는 불치의 병으로 죽었다고 한다. 그러나 몽골의 역사를 담고 있는 『비사(秘史)』에는 칭기즈칸이 1226년 겨울 수렵 도중 야생마에서 떨어질 때 입은 상처로 죽었다고 기록하고 있다. 또한 그가 1227년 8월에 죽은 것은 확실하지만 몇칠에 죽었는지에 대해서도 의견이 분분하다. 그의 무덤에 대해서도 17세기에는 오르도스 지방을 지목하였으나, 어떤 학자는 그곳에는 칭기즈칸이 입었던 셔츠와 텐트, 그리고 가죽신발 뿐이었다고 주장한다.

몽골의 유럽 침략과 로마 교황

1227년 칭기즈칸이 사망한 후 4남 톨루이가 임시로 국정을 운영하다가 1229년 3남 오고타이가 2대 칸으로 등극했다. 그는 선친의 유업을 이어 서정을 계속하기 위해 1235년 큰형 주치의 차남인 바투를 통수로 삼고 수부타이를 선봉장으로 한 50만 대군을 서정에

투입했다. 맏아들을 출정시키면 '인마(人馬)가 늘어나고 위세가 높아진다'는 둘째 형 차가타이의 제언에 따라, 오고타이의 장자 구유그와 주치의 장자 몽케 등 칭기즈칸이 낳은 네 아들의 장자들 뿐 아니라 기타 제후와 부마들의 장자까지도 이 서정에 동참했다. 그런 까닭에 2차 서정을 '장자서정(長子西征)'이라 부른다.

제2차 서정의 목표는 우선 러시아를 공략한 다음 동유럽 나라들을 평정하고, 유럽 심장부로 진격하는 것이었다. 몽골군의 유럽 심장부 진입은 유럽 세계에 커다란 충격과 공포를 불러일으켰다. 혼비백산한 유럽인들은 불의의 내습을 '황화(黃禍)'라 부르면서 불안에 떨었다. 그러나 전유럽이 불안에 떨고 있을 때 오고타이칸이 죽었다는 소식을 접한 바투는 진격을 멈추고 회군을 결심했다. 회군길에 오른 그는 러시아 남부를 지나면서 볼가강 하류 일대에서 사라이를 수도로 한 킵차크 칸국을 세웠다.

칭기즈칸의 손자 바투가 러시아를 점령하고 폴란드·독일 기사단의 연합군과 헝가리군을 연파하던 1240년 당시 유럽은 분열되어 있었다. 13세기 초 인노켄티우스 3세(1198-1216)에 이르러 교황권은 모든 면에서 권력의 절정에 있었지만, 새로이 황제에 오른 프리드리히 2세(1215-1250)는 여러 면에서 뛰어난 인물로 교황의 가장 무서운 적이었다. 그는 당시로는 아주 드물게 종교적 관용을 알았던 사람으로, 시칠리아에 절대군주제를 수립하고는 이를 바탕으로 정열적으로 이탈리아 정책을 추진했다. 교황 인노켄티우스 4세(1243-1254)가 '타타르의 위험'에 대비하고 황제의 폐위를 결정하기 위해 소집했던 공회의를 리옹에서 개최할 수 없었던 것도 프리드리히의 영향력 때문이었다. 1237년 바투의 서방 원정군이 러시아에 나타났을 때, 헝가리 벨라 4세는 교황 그레고리우스 9세(1217-1241)에게 원정군을 청했지만, 그가 바라는 유럽 연합군은 실현될 수 없었다.

기독교 세력은 일단 몽골에게 받은 충격에서 회복하자, 그곳에서 새로운 전망을 발견했다. 로마 교회와 여러 군주들은 몽골족이 세계사 무대에 등장한 것을 아시아를 기독교로 귀의시키고, 특히 협공 작전으로 이슬람교와 투르크족을 괴멸시켜 성지를 회복할 수 있는 절호의 기회로 보았던 것이다. 이들의 기대는 두 가지 근거에 따른 것이다. 하나는 몽골인들이 실제 바그다드의 칼리프를 멸망시키고, 500년에 걸친 압바스조를 무너뜨렸다는 역사적 사실이고, 다른 하나는 '사제 요한의 전설'이다. 즉 이슬람의 뒤쪽 저 멀리 아득한 동방에 기독교의 나라가 있는 데, 그 우두머리인 요한이 페르시아의 수도를 함락하고 예루살렘을 향해 오고 있다는 것이었다. 기독교인들에게는 몽골의 지배층이 종교적으로 퍽 관대하다는 점이 그들의 기대를 더욱 높였다.

로마 교황은 몽골의 위협에 대처하고 성지를 탈환하기 위해, 즉 아시아를 개종하기 위해 여러 차례 공의회를 소집하는 한편 사절단을 파견했다. 종교심에 불탔던 루이 9세도 몽골의 지원을 바라고 적어도 두 차례나 몽골의 칸에게 사람을 보냈다. 동방에 파견되었던 이들은 주로 13세기 초에 탄생한 두 탁발 교단인 프란체스코회와 도미니크회의 수사들로 채워졌다. 교황 인노켄티우스 4세의 공식 사절 카르피니(여행기간 1245-1247), 루이 9세의 비공식 사절 기욤 드 루브룩(1253-1255), 중국에 파견되어 대도(大都, 지금의 북경)의 대주교가 된 몬테코르비노(여행기간 1291-1294), 또 다른 교황 사절 마리뇰리(1338-1342) 등은 프란체스코 수사였고, 인노켄티우스의 또 다른 공식 사절 아스켈리누스(1247-1248), 루이 9세의 공식 사절 롱쥐모(1249-1251) 등은 도미니크 수사였다.

기독교 세력의 접촉에 대해 몽골도 이들에게 기본적으로 우월감을 가지고 있었지만 호감을 가졌으며, 심지어 포교활동을 지원하기까지 했다. 게다가 몽골은 여러 차례 답방 형식으로 교황과 군주들에게 사절을 보냈다. 랍바 사우마(1287-1288)는 교황 니콜라스 4세, 프랑스의 필립 4세, 영국의 에드워드 1세 등을 만나고 『서방견문록』을 저술하기도 했다.

기독교 세계의 의도는 대부분 실현되지 않았다. 몽골지배층은 기독교로 개종하지 않았으며, 몽골의 지원을 받아 성지를 탈환하기는커녕 1291년에는 팔레스타인 지방의 마지막 거점인 아크레마저 잃었다. 여러 종교의 공존과 상생을 전혀 이해할 수 없었던 서방은 개종을 과신하였으며, 이후 킵차크 칸국과 일 칸국의 지배층이 이슬람으로 개종함에 따라 성지 수복의 꿈은 사라졌다. 그러나 '몽골의 평화'는 동서 교류의 새로운 장을 열었다. 서구는 전설로만 전해오던 동방을 직접 만나면서 인식의 지평을 크게 확대했다. '사제 요한'을 아시아에서 실패한 그들은 그가 아프리카의 에디오피아에 있을 것으로 생각했다. 1492년 콜럼버스가 대서양을 건너 서방 항행에 올랐을 때, 그는 '지팡구(일본)'나 '인도'가 아니라 대칸의 쿠빌라이가 지배하는 동방의 대제국을 찾아 나섰던 것이다.

4. 세계를 떨게 한 몽골

몽골의 세계 제패의 비밀, 역참제

몽골인들은 고정된 '길'이라는 개념이 희박했던 유목민이었다. 과연 이들이 유라시아 대륙을 정복하고 역사상 전무한 대제국을 건설했을 때 제국의 각 부분을 어떻게 연결했을까? 초원 깊숙한 곳에 위치한 제국의 수도에서 북경까지는 1,500킬로미터, 타슈켄트까지는 3천 킬로미터, 바그다드나 모스크바까지는 5천 킬로미터나 떨어져 있다. 훗날 수도를 지금의 북경 부근으로 옮겼으니 다른 지역과의 교통은 더욱 힘들어진 셈이다. 당시의 기록에 따르면 제국의 동쪽 끝에서 서쪽 끝까지 가는 데 말을 타고 아무리 빨리 달려도 최소한 200일이 걸렸다고 한다. 그럼에도 당시 몽골인들이 도로를 건설했다는 기록은 찾기 어렵다. 물론 기존의 도로를 정비하고 보수한 흔적은 있지만 단편적인 것에 불과하다. 그들이 만든 것은 도로가 아니라 역참이었다.

몽골 지배의 근간인 역체(驛遞)는 도처에 설치된 역참(驛站)들을 서로 연결하여 교통과 통신 수단으로 이용하는 제도이다. 역참에는 수참(水站)과 육참(陸站)의 두 종류가 있다. 수참은 선박으로 전달하는 역참이고, 육참은 축력이나 인력으로 전달하는 역참이다. 육참은 주로 축력을 이용한다. 축력에 따라 말을 이용한 마참(馬站), 소를 이용한 우참(牛站), 당나귀를 이용한 여참(驢站), 나귀를 이용한 나참(騾站), 양을 이용한 양참(羊站), 개를 이용한 구참(狗站) 등으로 구분했다. 인력으로 전달하는 역참에는 걸어

가는 보참(步站)과 가마를 타고 가는 교참(轎站)이 있었다. 중국 경내에만 1,519여 곳에 달했다. 그곳에 비치한 말과 노새는 5만 마리, 소가 9천 마리, 수레가 4천 량, 배가 6천 척이었다.

■ 역참의 기원

오늘 날 중국에서 정거장을 '짠'이라 부르고, 한자로 '참(站)'이라 표기한다. 이는 바로 몽골어 '잠'에서 온 것이다.

일반적인 역참외에 송대의 급각체(急脚遞)를 본받아 발전시킨 이른바 급체포(急遞鋪)도 있었다. 급체포는 주로 조정과 군·읍 등의 지방기관간에 긴급한 문서를 전달하는 특수 역참을 말한다. 10리나 15리, 20리마다 급체포를 설치하고 10포에 우장(郵長) 1명과 포졸(鋪卒) 5명을 배치한다. 문서 전달자는 허리띠에 매단 방울을 울리고 밤에는 횃불을 들어 전달자임을 알리면서 질주한다. 1주야에 400리를 달려야만 했다. 호라싼에서 타브리즈까지 일반 역체로는 6일 이상 걸리지만 급체포로는 3, 4일도 채 걸리지 않았다.

몽골제국의 역참 제도는 동방을 방문한 유럽인들에게 깊은 인상을 주었다. 마르코 폴로는 이를 '얌(iamb)'이라 부르면서 도로를 따라 25마일이나 30마일에 하나씩 설치한 "매우 크고 멋있는 기숙사"는 물론 "도로에 벗어나 집도 숙박소도 찾아볼 수 없는" 즉 초원이나 사막에도 "마찬가지로 숙사와 말과 마구 등 모든 물건들"이 갖추어져 있는 '잠'이 배치되어 있었다고 적고 있다. 폴로와 거의 같은 시기 몽골의 대칸을 찾아갔던 교황의 사신들은 실제로 이 '잠'을 이용하여 신속하게 여행할 수 있었고, 이것이 얼마나 효율적으로 운영되고 있었는지를 전하고 있다.

몽골인이 만든 역참제도는 표면적으로 다른 제국이 실시했던 역참제도와 비슷하다. 그러나 몽골제국의 역참제도와 중국 왕조의 역참제 간에는 근본적인 차이가 있다. 중국의 역참제도는 기본적으로 도로를 전제로 성립한 것이고, 몽골의 역참제도는 도로가 존재하지 않는 초원에서 처음 도입한 것이기에 도로는 이차적인 의미를 갖는다. 따라서 중국의 역참제도가 '선'의 네트워크였다면 몽골 제국의 역참제도는 도로가 있는 농경 지역은 물론 도로가 없는 사막과 초원까지 포함하는 '점'의 네트워크였다. 몽골인이 만든 역참제도는 상황 변화에 적응할 수 있는 유연성을 갖추고 있었다. 예컨대 어느 지역에 전쟁이 벌어졌을 때, 그곳을 피해 우회하는 곳에 역참들을 배치함으로써 새로운 교통망을 구축할 수 있었던 것이다.

몽골 제국이 남긴 것

인류 역사상 최대의 영역을 자랑하던 몽골 제국의 출현으로 유라시아 대륙은 하나의 교역권에 들어갔다. 두 대륙을 연결하는 육로나 해로가 이 시대에 열린 것은 아니지만 두 세계간의 거리는 한층 좁혀졌고, 왕래자도 크게 늘어났다.

5대 몽골 대칸 쿠빌라이(재위 1260-1294)는 점차 독립 영역화 경향을 보이고 있던 서방의 3대 지역을 묶어 세계 연방을 구축할 필요성을 느꼈다. 그는 경제와 유통을 통제하여 몽골제국 전체를 연결하려 했다.

쿠빌라이가 남송을 그 영역에 넣고 중국의 주인이 된 것은 두 가지 의미를 갖는 다. 하나는 남중국, 즉 강남이 기존에 갖고 있던 거대한 유산의 획득이다. 야콥 단코나가 13세기 중국의 무역 도시 '짜이튠(剌桐: 泉州인 듯)'은 불빛이 꺼지지 않는 '빛의 도시'였고, 마르코 폴로가 쿠빌라이 칸의 신하로 활약하면서 방문한 후 "하늘의 도시 칸사이(行在)"라 불렀던 항주는 당시 인구 100만 명이 사는 화려한 도시였다. 당시 베네치아의 인구는 10만 명, 파리의 인구는 25만 명이었다. 이런 경제력에 상당한 전력을 갖춘 해상함대. 나침반, 조선술, 행해술에 관한 지식 정보도 남송의 유산이었다.

쿠빌라이는 남송을 수중에 넣고 나니 아시아의 열대해가 눈에 들어왔다. 쿠빌라이는 몽골이 가진 초원의 군사력에다 유라시아 최대의 '중화경제력'을 합하고 종래 몽골과 공생관계에 있었던 무슬림 상업권을 전면으로 활용하는 새로운 방식의 경제 지배를 구상하고 있었던 것이다. 쿠빌라이의 경제 시스템에서 발견할 수 있는 특징은 중앙 재정이 농업 생산물에 바탕한 세수에 의존하지 않고 전매와 통상의 상업 이윤으로 세입의 8~9할을 거두어들였다는 점이다. 당시 최대의 수입원은 전매품인 소금의 교환권인 염인(鹽引)의 판매 대금이었다. 염인은 은화를 보조하는 화폐였다.

수도 대도는 바다와 육지를 연결하는 터미널이었다. 몽골인이 중국에 선사한 대도는 현재의 북경과는 달리 도시 안에 항구를 안고 있었다. 지금은 북경 시민의 낚시터인 적수담이 그것이다.

수로는 적수담에서 운하를 통해 통주(通州)로, 다시 해항 직고(直沽: 天津)로 연결되었다. 남송의 수도 항주를 비롯해 영파(寧波)·복주(福州)·천주·광주(廣州) 등의 항만 도시에서 동남아시아 인도양까지 무역선이 항해했다. 중국의 남북이 해로로 연결되었던 것은 바로 몽골 시대부터이다. 이런 남북 항로의 개설 때문에 상해가 비로소 역사에 그 모습을 드러낼 수 있었던 것이다.

몽골제국의 경험과 기억은 유라시아 대부분을 전혀 다른 차원의 세계로 나아가게 했다. 아시아를 주축으로 유럽과 아프리카 일부를 포함한 지역에 동서남북으로 네 개의 제국이 탄생하여 오랫동안 병립했다. 동에는 명과 청 제국이, 서에는 오스만투르크 제국, 남에는 티무르 제국, 북에는 300여 년 간 몽골 지배를 받은 후에 등장한 러시아 제국이 그것이다. 네 개의 제국은 직·간접으로 몽골 제국과 무관하지 않다. 몽골 멸망이후 세계의 흐름은 '육지에서 바다로', '지구의 세계화'를 향해 움직이고 있었다.

5. 러시아 건국과 제국으로의 발전

인류문명사에서 후발국인 러시아는 오늘날 그 면적이 지구표면 육지의 1/7.5를 차지한다. 동서로 약 1만 km, 남북으로 4.000 km에 이르는 유라시아 대륙의 약 40%를 차지하며 한반도의 약 100배이다. 이 같은 면적은 유럽중앙, 심지어 유럽 서부에서 시베리아 깊숙한 곳까지 펼쳐있는 하나의 광대한 평원이다. 우랄산맥도 그 양편에 놓여있는 유럽과 아시아의 사이를 막는 효과적인 장벽이 되지 못했다. 더구나 우랄 산맥의 남쪽 끝 지역과 카스피해 및 아랄 해 사이에는 드넓은 스텝 지대가 남아 있다. 그렇지만 근대 초기까지 우랄 산맥 동편과 남부의 스텝지역은 러시아 역사의 주변부에 머물렀고, 그때까지 러시아의 영역은 우랄 서쪽의 좁은 지역에 불과했다. 이 지역에서 러시아가 민족국가로 출발한 것도 9세기에 들어와서 키예프(Kiev) 공국이 성립하고부터이다.

슬라브인의 이동과 정착(AD 5-9세기)

고대 세계에서 오랫동안 그리스, 로마, 비잔티움 등의 경계에 머물러 있었던 이 지역에 정착한 민족은 슬라브인들이다. 슬라브인들은 BC 10세기 무렵부터 우크라이나의 드네스트르 강과 드네프르 강의 중·상류, 폴란드의 비스툴라 강을 중심으로 한 삼림과 늪지대를 이동하면서 농사를 짓고 살았다. AD 4-5세기에 슬라브인들은 훈족의 침입을 받아 쫓겼다. 이 와중에 슬라브인들은 세 갈래로 나누어졌다. 하나는 서쪽으로 흘러들어가 로마 가톨릭을 받아들이면서 서유럽권에 통합된 서슬라브족이다. 오늘날의 폴란드, 체코인들이 여기에 속한다. 남서쪽으로 이동해 발칸 반도에 정착한 남슬라브인들은 오늘날의 세르비아, 크로아티아, 슬로베니아, 불가리아 인이다. 그리고 동으로 이동하여 러시아 평원에 정착한 것이 동슬라브족이다. 동슬라브족은 이후 몇 세기에 걸쳐 발트해 남동안에서 북극해, 남쪽으로는 흑해 북서안에서 다뉴브강 하류, 동쪽으로는 오카 강(볼가강의 지류)에 이르는 넓은 지역을 삶의 터전으로 삼으면서 서서히 러시아사의 주인공이 되었다. 차후 언급되는 슬라브족은 바로 이들 동슬라브족을 의미한다.

고대 슬라브인의 사회는 가부장제의 씨족 사회였다. 이들은 수십 호 정도가 모여 공동체를 이루어 살았다. 장로나 선출된 우두머리가 통솔했으며, 재산은 공동소유였다. 중요한 사항은 가장들이 부락집회를 조직, 전원 합의 방식으로 결정했고, 관습법에 따라 공동체 생활을 엄격히 규제했다. 조상을 숭배했으며, 번개의 신 페룬과 가축과 부의 신 벨레스를 최고의 신으로 모셨다. 농경의례와 관계가 있는 신으로 불의 신 스바로크와 태양신 다지보크, 바람의 신 스트리보크 등 다양한 신들이 있다. 이러한 이교도적 민속신앙은 이후 기독교가 전파되면서 교묘하게 변형되어 민간에 전승되었다.

러시아의 기후는 혹독한 추위를 보여준다. 추운 날씨는 러시아인들의 인내심을 길러주는 한편, 농업의 발달을 저해하여 생산성을 시종 낮은 수준에 머무르게 했다. 시베리아의 타이가(tiger) 숲에서 나는 모피는 유럽에 고가상품으로 팔리기도 했으나, 모피라고 무한정 나올 수는 없었다. 결국 러시아의 산업은 완만하게 발달할 수밖에 없었다. 그러다가 9세기 경 슬라브족의 경제, 사회 및 문화는 상당한 발전을 보이고 있었다. 당시 12개 부족의 느슨한 연맹을 형성하고 있던 이들은 철제도구를 사용하는 꽤 높은 수준의 농업기술을 가지고 있었고, 어업, 수렵, 양봉, 축우 등에 종사하기도 했다. 또한 직조, 목공, 금속, 세공, 도자기제조 등의 수공업이 발달하면서 경제생활에 큰 변화가 일어났으며, 넓은 지역에서 다양한 교역이 이루어졌다.

교역의 발달은 러시아에서 남북으로 흐르고 있는 여러 강들에 힘입은 바가 크다. 교역이 발달하면서 수로가 만나는 지점을 중심으로 수백 개의 상업부락이 형성됐다. 상업부락은 곧 그 일대의 중심지가 되었고, 상인들은 재산을 보호하고 안전을 유지하기 위하여 마을 주위에 성채를 쌓았다. 이어 성채를 중심으로 요새처럼 방비된 도시들이 러시아 평원의 여기저기에 자리 잡았다. 노브고로드, 스몰렌스크, 키예프 등의 유서 깊은 도시들이 바로 이 무렵에 형성됐다. 그 중 가장 강력한 것이 6세기 말에 폴랴닌 부족의 한 공후인 키가 동생들과 함께 드네프르 강변에 세웠다고 전해지는 키예프이다.

9세기 초, 당시 바이킹(러시아어로는 바랴기)이라는 이름으로 서유럽과 이탈리아의 해안을 휩쓸던 북유럽의 노르만족은 비잔틴 제국으로 통하는 육상로를 개척하고자 러시아의 강들에 진출하기 시작했다. 그들은 핀란드 만에서, 네바 강, 라도가 호, 볼호프 강, 일멘호, 로바트 강, 발다이 구릉, 드네프르 강을 거쳐 흑해로 통하는 수로를 따라 침입해 들어왔다. 그 무렵 부족간의 알력으로 약해져 있던 러시아인들은 그들을 막아낼 수 없었다. 바이킹인들은 회유와 정복책을 병행하면서 러시아의 땅을 손아귀에 넣었다. 860년 경 북쪽 일멘 호 근처에 있던 노브고로드가 바이킹의 수중에 들어갔다. 그 와중에 882년에 루릭의 친척이라고 전해지는 올레그(Oleg)가 마침내 키예프에 들어와 종전의 지배자들을 몰아내고 스스로를 키예프 대공이라 불렀다. 이것이 키예프 러시아의 시작이다. 이때부터 러시아의 역사가 시작된 것이다. 그 이전 시대를 말해주는 러시아의 문헌이 거의 없고, 다른 나라의 사료에도 러시아에 관한 언급이 거의 없거나 매우 불충분하기 때문이다.

루릭과 같이 남쪽으로 내려온 노르만족 올레그가 점령한 키예프는 드네프르강을 끼고 있어 러시아의 여러 도시들 중에서도 전략적으로 중요한 도시였다. 그곳은 산림 지대의 남쪽 끝에 위치해 있으면서 일종의 집결 장소 역할을 했다. 특히 키예프 바로 남쪽에 있는 비티체프 시는 크고 작은 상선대가 위험한 대초원 지대를 거쳐서 흑해로 들어가기 전에 반드시 거치는 장소였다. 이처럼 좋은 조건을 갖추고 있는 키예프를 점령한 올레그는 북쪽에 있는 여러 우두머리들이 공(公)이라고 불리고 있던데 비해, 그는 스스로를 대공(Grand Prince)이라 칭하고 있었다. 즉 그가 차지한 지역은 가장 중요한 해상로를 장악한 것이어서 상업뿐만 아니라 군사, 정치적으로도 최고의 지위를 차지하고 있었다.

이렇게 성립된 키예프 러시아는 향후 350년간 러시아의 대지를 지배하면서 아름다운 건축물과 성화로 유명한 중세 초기 러시아의 찬란한 문화를 꽃피웠다. 물론 지배층은 바이킹 족들이었지만, 이들은 2세기도 지나지 않아 러시아의 역사에서 그 민족적 자취가 사라져 버렸다. 왜냐하면 바이킹족들의 문화수준이 당시 남러시아의 문화수준에 미치지 못해 초기의 바이킹 지배자들은 슬라브 문화에 동화되어 슬라브인이 되어버렸기 때문이다. 다시 말해 루릭 왕조의 키예프 러시아는 점차 철저히 러시아적인 나라, 슬라브적인 나라로 바뀌었으며, 그 깃발 아래서 슬라브족 전체는 민족적 일체감을 형성하고 있었다.

키예프 공국의 주된 재원은 상업이었다. 키예프 대공은 동유럽 남북 상업로의 두 축을 통제하면서, 드비나강-드네프르강과 볼가의 길을 그 북쪽의 수도인 노브고로드를 통해 통제했다. 이 공국은 동유럽(폴란드)을 대상으로 하는 향료, 모직, 비단, 면직물, 무기와 같은 북구와 동구의 산물을 운반했다. 북쪽에서 가죽, 금속, 목재 등이 유입되었다. 특히 교역량이 가장 많았던 것은 비잔틴 제국의 수도인 콘스탄티노플과의 교역이었다. 외국과의 교역보다는 덜 중요했지만 국내무역도 마찬가지로 아주 먼 옛적부터 시작되었으며, 생필품을 충족시켜 주었다. 국내 무역은 국가의 전역에 걸쳐 확산되었다.

키예프 러시아에는 약 150만 평방킬로미터의 면적에서 단지 4-6백만 명의 주민들이 거주했다. 이것은 평방킬로미터 당 3명의 주민만이 거주하였음을 의미하는 것이다. 지배적인 농업 시스템은 2년마다의 윤작이었다. 키예프 사회의 구조를 살펴보면 4-6백만 명의 인구를 가진 이 국가의 정상에 대공이 있고, 그 가족과 대규모 공복들이 있다. 그 구성원들과 대토지 소유자들은 공국의 귀족이다. 상인과 중개무역상은 키예프 도시들에 많았다. 이들 상인들은 11세기와 12세기 초에 중개무역 및 협상의 중요성 때문에 커다란 비중을 차지했다. 그 아래에 농민과 수공업자가 주민의 핵심층을 구성했다. 농민들은 대부분이 자유농민들이었지만, 점차 신분이 하락하여 농노가 되었다. 왜냐하면 농민들은 점차 부채를 지게 되었고, 그리고 부채로부터 벗어나는 것이 점차 더 어렵게 되어 갔기 때문이다. 1050년부터 농노의 수는 자유농민의 수를 넘어섰다.

키예프 공국의 기독교 수용과 키릴 문자

키예프 대공이 된 블라디미르는 988년 그리스 정교를 국교로 받아들이고, 전 러시아인에게 세례령을 내렸다. 이로써 이교 신앙에 젖어있던 러시아는 기독교 세계에 편입되었고, 러시아 사회는 큰 변모를 겪었다. 당시 동서양 문화의 교차로에 서서 두 문화를 두루 받아들이고 있던 키예프 러시아는 서양문명을 상징하는 기독교를 선택함으로써 자신을 유럽 세계의 일원으로 편입시켰다. 그 선택에는 인접국인 폴란드, 덴마크, 노르웨이, 헝가리 등이 속속 기독교를 표방하고 있는 현실이 크게 작용했다.

키예프 러시아에서 기독교를 받아들이는 데는 진통이 없지 않았지만, 시간이 흐르면서 비교적 큰 무리 없이 기독교화가 진행되었다. 농민들 사이에는 근세에 이르기까지 이교도의 전통이 전해 내려오긴 했으나, 정교가 민간신앙 요소들을 많이 흡수해 들이면서 농민들을 기독교 세계로 끌어들였다. 러시아의 지배자들도 기독교를 적극 환영했다. 그들은 기독교에서 거칠고 야만스러운 이교도 세계에서는 찾아 볼 수 없는 통일감과 목적의식을 발견했다. 새 종교는 그들에게 문명세계에의 소속감을 심어주었다. 996년 키예프에 첫 교회당인 십일조 교회가 세워지면서 러시아 곳곳에 많은 교회가 들어섰다. 러시아 교회는 종교로서의 역할 이외에 글자를 가르치고, 야만적인 관습을 순화시키는 기능이 있었으며, 어느 정도 사법부의 역할을 했다. 또한 기독교는 정치적으로 키예프 군주와 백성에게 국가의 통합을 촉구함과 동시에 비잔틴 제국을 포함한 기독교 세계 전체와의 유대를 강조하는 이념적 기반을 제공했다. 이처럼 러시아 교회는 차츰 중심적인 사회 기구로서 자신의 기반을 다져갔다. 비잔틴 제국에서 들어온 기독교와 더불어 비잔틴 문화가 쏟아져 들어왔다. 문학, 예술, 법률, 풍속, 관습 등 모든 분야에서 러시아는 비잔틴 제국으로부터 큰 영향을 받았다. 키예프인들의 기독교 수용은 러시아 세계의 역사에서 중요한 전기가 되었다. 기독교는 매우 신비적이었고 그리고 서구인들보다도 더욱 종교적 성향을 띠고 있던 러시아인들의 영혼에 물들어 갔다.

특히 건축과 회화 분야는 비잔틴의 영향으로 눈부시게 발전했다. 11세기 중반에 키예프와 노브고르드 두 곳에 각기 세워진 성 소피아 성당은 비잔틴 양식의 영향을 받은 뛰어난 건축물로 꼽힌다. 그밖에 키예프 근교의 페체르스키 수도원, 블라디미르의 우스펜스키 성당과 드미트리 성당, 블라디미르 근교 넬리 강변의 포크로프 성당도 유명하다. 비잔틴 문화는 키예프 러시아의 미술 분야, 그 중에서도 성화상, 종교적 색채가 강한 프레스코화, 모자이크, 그리고 교회건축 양식에 그대로 반영되어 있다. 교회 건축의 경우는 1000년 경부터 키예프 러시아의 곳곳에 하나의 건축 양식이 성행했다. 이러한 교회 건축 양식은 학교, 수도원, 구빈원 등 건축을 크게 자극하여 건축 문화를 꽃피웠다. 그런데 기독교를 받아들이는 과정에서 키예프 러시아 내부적으로 민족문화 발전에 중요한 역할을 한 또 한 가지 사건이 발생했다. 그것은 키릴 문자의 탄생이었다.

기독교와 더불어 키릴(Chille) 문자의 보급은 러시아 문화의 발전에도 큰 역할을 했다. 표준어 키릴 문자는 9세기 후반 경에 남슬라브 족 출신으로 여겨지는 기독교 전도사 키릴이 만든 것으로 알려지고 있다. 그는 모라비아와 판소니아 지방의 슬라브인들에게 전도하기 위하여 기독교 문헌을 슬라브어로 번역하는 과정에서 많은 방언을 사용했다고 한다. 바로 그 방언이 오늘날 알려진 '키릴 문자'로 추정되며, 그것은 그리스 문자를 기초로 하여 수정 보완된 형태를 갖추고 있다.

키릴 문자의 탄생으로 러시아 문학이 크게 발전했으며, 러시아 내에서 활동하고 있는 여러 분야의 학자들은 굳이 라틴어나 그리스어를 배울 필요가 없었다. 종교, 언어, 그리고 전통이 하나의 통일된 형태를 갖추면서 민족적인 동질성이 확보되고, 이 토대 위에서 국가발전이 가속화되었다. 이런 문화적 통일은 러시아인에게 우리는 하나라는 일체감을 형성시켜 후에도 커다란 힘으로 작용하기 시작했다. 특히 러시아가 국가적으로 분열된 시기나 이민족들이 침입해 들어와 지배권이 흔들린 시대에도 불안정한 위기 상황들을 극복할 수 있게 하는 근본적인 힘이 되었다.

키예프 공국의 종말과 몽골인의 지배

11세기부터 유럽 대평원을 넘어 서쪽으로 이동하는 아시아 약탈자들의 습격이 반복되자 그 연계점이 위협받게 되었다. 이 침략자들이 러시아 남쪽을 넘어 키예프 러시아를 위협하자, 러시아는 당시 핀란드 부족들이 거주하던 외딴 숲속으로 이주했다. 따라서 권력기반도 키예프 공국에서 모스크바 공국 쪽으로 이동했다. 특히 블라디미르 모노마크 이후 키예프 러시아는 급격히 쇠퇴했다. 키예프 대공국은 일종의 공국들의 연합들로 되었다.

게다가 몽골 인들의 침입은 키예프 러시아의 멸망을 가속화시켰다. 아조프해 인근에서 이들의 침입을 막으려는 러시아인들의 시도는 1223년에 실패로 끝났다. 그 침입은 상대적으로 매우 빨랐다. 1236년에 리아잔(Riazan)이 파괴되었고, 1236년에 모스크바, 수즈달, 블라디미르가 차례로 파괴되었다. 1240년에 키예프는 점령되고 약탈당했다. 그 때부터 키예프 왕들은 몽골의 황제에게 충성을 맹세하고 조공을 바쳤다. 러시아는 2세기 이상 동안 몽골 인들의 지배를 받았다.

러시아의 부활: 희망의 빛 모스크바

1132년에 이르러서는 키예프 러시아의 영역에 속했던 동북부 지역에서 수즈달리를 중심으로 독립국이 생겨났다. 수즈달리 공국의 첫 번째 지도자는 유리 돌고루키였다. 돌고루키란 긴 손을 가진 사람이란 뜻이다. 그가 지칠 줄 모르는 정열로 멀리 남쪽에 떨어져 있는 땅들을 점령한 데서 붙여진 이름이다. 그는 정권을 잡자마자 불가리아를 정복하여 볼가강 연안에 퍼져있는 넓은 지역을 차지했다. 북쪽에 있는 영토를 얻기 위해 노브고로드로 진격해 그의 아들인 로스치슬라프를 그곳의 지배자로 두어 수즈달리 공국을 강력하게 만들면서 국경을 따라 주요 도시들을 요새화했다. 이처럼 돌고루키는 수즈달리 공국을 안팎으로 다져나갔고, 그의 통치 말기에는 키예프를 여러 차례 침공하여 1155년에 마침내 대공이 된 후 1157년에 세상을 떠났다.

돌고루키가 죽은 후 그의 아들인 안드레이 보글류프스키가 대공이 되었으나 키예프에서 자리를 받은 것이 아니라 수즈달리 공국에 머물러 통치하기 시작했다. 따라서 러시아 역사상 중심지인 키예프가 오카 강과 볼가강 사이의 모스크바 지역으로 옮겨갔다. 그는 새로운 도시 모스크바를 건설하여 경제적으로 뿐만 아니라 문화적인 면에 이르기까지 빠른 속도로 성장시켜 나갔다. 그는 통치 영역을 드나이프르 계곡을 넘어 매우 신속하게 확장시켰다. 그 영역은 볼가의 상류에 도달했으며, 그리고 스몰렌스크, 로스토프 그리고 수즈달(Sousdal)과 같은 요새화된 도시들을 포함하여 볼가강 위에 있는 이아소스로프와 코스트로마를 포함하여 드나이프르, 볼가, 옥카, 사이에서 펼쳐진 모든 지역이다.

이처럼 모스크바 공국이 급속히 성장할 수 있었던 원인으로는 우선 지리학적 원인을 들 수 있다. 모스크바 영토는 대러시아 민족의 거주지 한 가운데 위치하고 있어 사방으로 확대해 나갈 가능성이 컸다. 다른 공국에 비해 북동부에 치우쳐있던 까닭에 몽골족의 참화로부터 피해를 덜 받았고, 남쪽의 삼림이 자연 방책으로서의 경계 역할을 해주었다. 또한 오가강, 볼가강, 돈강, 드네프르강으로 연결될 수 있는 모스크바의 수로가 운송기지로서 발달할 수 있는 여건을 갖추었다. 이는 경제적 관점에서 모스크바가 성장할 수 있었던 요인과 맞물려 있다. 무역로의 교차점에 있던 모스크바가 키예프 공국의 상업적 성격을 이어 받아 북부와 남부를 이어주는 대상로 역할을 했다. 또한 모스크바 군주들이 일찍부터 농업을 발달시켜 안정을 이룬데다, 미개척지의 식민화에 성공했다. 북부 삼림지대의 미개척지 주민들을 이주, 정착시켜 모스크바에 편입시킨 것은 영토 확장에 기여했다.

모스크바의 성장 원인으로는 무엇보다도 통치자들의 역량문제를 고려해야 한다. 명확한 왕위세습 체계가 없었던 다른 공국들과는 달리 처음부터 장자상속제를 확립한 모스크바 공후 가문은 대내적 안정과 영토 확장에 주력할 수 있었다. 특히 몽골군과 연합하여 뜨베리의 반란을 진압한 이반 1세(1325-1340)는 전 러시아를 지배하는 대공의 칭호를 몽골로부터 하사받았다. 특히 모스크바 공국은 킵차크한국에게 갖다 주는 공물을 일부 착복하여 모스크바의 부와 영토를 늘려갔다. 황금으로 러시아에게 평화를 가져다주었던 그에 비해 그의 손자 드미트리(1359-1389)는 돈가의 꿀리꼬보 벌판에서 몽골침략자들에게 대항하는 민족투쟁을 지도함으로써 주변 러시아족과 평화적 합병을 유도해나갔다. 이렇듯 모스크바의 초기 군주들은 외교가와 전사로서 뿐만 아니라 지주와 사업가로 활동하면서 국가를 키워나갔다.

마지막으로 교회의 역할을 무시할 수 없다. 블라지미르에 살고 있던 러시아의 부주교가 1328년에 거처를 모스크바로 옮겼다. 이때부터 교회와 모스크바 공국 간의 이해관계는 아주 밀접해졌고, 교회는 모스크바 대공의 여러 정책을 지지하는 상황으로 바뀌어

갔다. 부주교들은 모스크바를 적대시하는 모든 적에 대해 파문이라는 무기를 사용했고, 국가 행사에 적극적으로 참여하기도 했다. 러시아의 부흥에 관심을 갖고 인민들과 지배층의 다리 역할을 자임해 오던 교회의 수장이 모스크바를 러시아의 진정한 중심지로 인정하여 거주하기 시작했다는 사실은 모스크바가 러시아의 정신적 지주로 거듭났음을 의미했다.

모스크바 러시아의 토대를 닦은 것은 러시아에서 몽골지배를 종식시킨 것으로 유명한 이반 3세이다. 그는 44년 동안 모스크바의 지배자로 있으면서 동북 러시아를 통일하여 오랜 공국 시대를 마감하고 러시아를 중앙집권 국가로 만들었다. 22세의 나이에 모스크바 대공이 된 이반 3세는 보기 드문 정치수완과 비전을 가진 야심가였다. 그의 통치 하에서 러시아의 통합은 빠른 속도로 진행되었다. 1470년 중반까지 모스크바 대공국은 이전의 블라디미르 대공국이 관할하던 영토의 대부분을 손에 넣었다. 이반 3세의 영토욕은 그에 그치지 않았다. 그는 곧 노브고로드 공국을 차지했다. 이와 더불어 몽골족이 세운 킵차크한국도 물리쳐 200여 년에 걸친 몽골족의 멍에에서 풀려났다. 모스크바가 명실상부한 동북 러시아의 지배자가 된 것이다.

모스크바 러시아는 몽골지배 이전의 키예프 러시아와 달리 분명한 민족국가의 모습을 띠었다. 단일 인종, 단일 종교, 단일 언어, 민족적 일체감 등의 요소 이외에도, 모스크바 러시아는 공국들의 느슨한 연합체였던 키예프 러시아와 달리 단 한 사람의 우두머리 밑에 강력한 끈으로 규합되어 있었다. 또한 국민 모두가 동슬라브인 중에서도 대러시아인들이었다. 키예프 공들은 다투어 내부 분열을 일으켰으나, 모스크바는 러시아인의 힘을 결집하여 외국세력과 대결했다. 이러한 모든 요소들이 러시아의 통합에 더욱 박차를 가했다.

1472년 모스크바 러시아에게 좋은 기회가 왔다. 이반 3세가 1453년 콘스탄티노플이 투르크에 함락될 때 싸우다 전사한 비잔틴 제국의 마지막 황제 콘스탄티누스 11세의 조카 소피아와 결혼했던 것이다. 주선자는 바티칸의 로마교황이었다. 교황은 러시아를 자기 지배하게 두고 투르크에 맞설 광범한 연합전선을 구축하고자 했다. 교황의 기대는 빗나갔지만, 그 결혼은 모스크바공국의 지위를 격상시켜 주었다. 이반 3세는 결혼 후 비잔틴 제국의 후계자를 자처했다. 그는 자기 가문의 성 게오르기 상에다 비잔틴의 머리 둘 달린 독수리를 합하여 쌍두 독수리 문장을 만들었다. 그러면서 모스크바 공국은 제3의 로마제국이라는 기치를 내걸었다. 그들의 주장은 이랬다. 인류 역사상 기독교 사상을 수호한 국가는 모두 셋 있었다. 앞의 두 제국인 로마제국과 비잔틴 제국은 이미 멸망했고, 마지막으로 남은 것이 러시아라는 것이다. 제3의 로마제국이라는 기치에 힘입어 모스크바 공국은 온 힘을 다하여 자신의 지위를 높이려 했다. 1547년 1월 모스크바의 우스펜스키 대성당에서 이반 4세의 대관식이 성대하게 거행되었다. 기도 의식이 끝난 후 마카리(Macari) 대주교는 비잔틴 제국의 황제 콘스탄티누스 9세가 쓰던 화려한 왕관을 이반 4세의 머리에 씌어주었다. 모스크바 대공이 러시아의 초대 차르(tsar)로 등극하는 순간이었다. 차르의 어원은 고대 로마 황제를 일컫는 '카이사르'로 황제를 뜻하는 말이다. 마카리 대주교는 차르의 권력은 하나님으로부터 부여된 절대 권력임을 선포했다.

러시아 문화

15세기 말에서 16세기에 이르는 시기는 러시아 국가의 역사적 발전과정에서 전환기에 해당한다. 이 시기에 봉건적 분열상태의 극복과 통일된 국가의 건설은 국가의 경제적 문화적 발전을 위한 좋은 여건을 제공했으며, 민족적 주체의식을 고양하는 강력한 동기가 되었다. 이러한 요인들의 긍정적인 영향력이 사회정치사상에서 분명하게 표현되었다. 아울러 구비문학, 건축 및 회화분야에서 괄목할만한 성과를 거두었다. 외부의 적에 대항하는 민중의 영웅적인 전투가 구전민중문학의 중심주제였다. 민중들은 독립전쟁을 자신들의 삶에서 가장 중요한 일로 간주했다.

표트르 대제가 등장한 17세기 말까지 러시아의 예술은 기능적이고 실용적이며, 종교적, 교훈적 색채가 강했다. 이는 문화를 담당한 사람들이 주로 성직자나 수도승 등 교회 관계자들이었고, 그들의 문화 예술 활동이 종교생활과 밀접한 관계를 맺고 있었기 때문이다. 러시아인의 재능은 문학 부문에서는 보잘 것 없었지만, 다른 분야 즉 성화, 건축 등에서 유감없이 발휘되었다. 게다가 세속적으로 뛰어난 구전문학이나 민중문학이 오래 동안 지속되면서 러시아적 특성으로 이어졌다.

현존하는 가장 화려한 키예프 건축의 기념물은 1037년 이후 몇 년 동안 지어진 성소피아 대사원이다. 콘스탄티노플에 있는 한 교회를 모델로 하여 그리스인 건축가들에 의해 세워진 이 사원은 5개의 본당과 13개의 둥근 탑을 가진 정사각형으로 된 십자 형태를 모방했다. 사원의 화려한 내부 장식들 중에는 반암 대리석으로 만든 원주들과 더불어 모자이크, 프레스코, 기타 장식들이 있다. 노브고로드에 있는 또 하나의 성 소피아 대사원 역시 그리스인에 의해 세워졌고, 노브고르드 인의 생활 중심지가 되었다. 더욱이 러시아인의 손으로 만들어졌고 예술적으로 높은 가치를 지닌 노브고로드 근교의 성게오르기 수도원의 교회는 소박하면서도 우아하고 장엄한 미를 느낄 수 있다. 이러한 교회는 러시아 건축의 걸작품으로 꼽힌다.

이반 3세 때 지어진 우스펜스키(성모승천) 성당, 수태고지 성당, 대천사 미카엘 성당은 크렘린의 성스러운 심장이 되었고, 황제의 대관식, 결혼식, 장례식 장소로도 사용되었다. 돌로 지은 이 성당들에는 당시 유럽을 풍미하던 르네상스 양식이 짙게 반영되었다. 그럼에도 전체적인 외관은 러시아 풍을 잃지 않고 있다. 비잔틴 양식과 르네상스 양식, 러시아의 전통적인 목조건축술, 이슬람 양식이 혼합되어 빚어낸 뛰어난 아름다움을 간직하고 있는 것이다. 우스펜스키 성당은 당시 러시아와 그리스의 일급 미술가들이 힘을 합쳐 그린 내부 벽화로도 유명하다.

이반 4세는 1552년 볼가강 유역으로 진출하여 킵차크한국의 후예인 카잔한국을 멸한 후, 위대한 승리를 기념하는 성당을 세워 승리의 중개자인 성모마리아에게 바쳤다. 이것이 바실리 대성당으로 1560년에 완공되었다. 바실리 대성당은 단층집처럼 보이는 하나의 커다란 기단 윙에 높은 탑 모양의 본채를 짓고, 그 둘레에 비슷한 모양의 교회 8개를 배치한 독특한 형태의 성당이다. 건립될 당시에는 색채와 형태가 오늘날처럼 복잡하진 않았으나, 17세기에 돔의 모양을 바꾸고 바깥 복도에 뾰족한 지붕을 덮어 화려하게 채색했다. 바실리 대성당은 목조건축술을 석조건축에 활용하여 절묘하게 조화시킨 걸작품이다.

서유럽으로의 창을 뚫다

17세기를 통하여 러시아는 유럽과 아시아의 경계선에서 강대국으로 성장하고 있었으나 아직도 국민의 대다수가 문맹이고 아시아적인 성격이 강한 후진지역으로 유럽세계와는 직접적인 접촉이 별로 없는 별개의 세계로 성장하고 있었다. 경제적으로도 유럽 상인의 왕래는 있었으나 유럽과의 직접적인 거래의 문호는 백해의 아르한겔리스크(Archangelisk) 뿐이었고, 정치적으로는 스웨덴과 폴란드가 러시아의 유럽 진출을 완강하게 가로막고 있었다. 이러한 러시아가 유럽국가로 등장하게 되는 것은 표트르대제(Peter the Great, 1682-1725) 때의 일이었다.

표트르는 7척에 가까운 장신이었고, 총명하고 호기심이 왕성하였으며, 야생적이었다. 그는 전쟁놀이를 즐기고 특히 배에 대해 강한 호기심을 품었다. 형식적인 것을 싫어하고 궁정이나 교회의 의식에는 아무런 관심이 없었다. 표트르는 어려서부터 차르로서의 사명을 자각하고 있었다. 그는 고루한 인습의 올가미를 벗어버리고 러시아를 훌륭한 나라로 만들어야 한다고 생각했다. 그러기 위해서는 유럽의 발달된 기술과 생활양식을 도입하여 러시아를 유럽의 일원으로 편입시켜야 했다. 그리하여 위대한 러시아를 건설한다는 것이 표트르의 지상목표였다.

표트르는 치세 초기에 자신의 전쟁솜씨를 시험해 보기 위하여 투르크와 싸워 실패했으나, 1696년 네덜란드 전문가의 도움을 받아 함대를 만들어 흑해연안의 아조프(Azov)에서 승리했다. 후에 아조프는 다시 투르크에게 빼앗겼으나, 이 경험은 표트르의 정복욕을 자극하는 동시에 유럽에 대한 호기심을 환기시켰다. 그리하여 그는 다음 해 하사관으로 신분을 감추고 수많은 수행원과 더불어 유럽시찰에 나섰다. 그들은 서유럽 여러 나라를 돌아다니면 선진문물을 배우고 익혔다. 일행 중 그 누구보다도 표트르 1세기가 가장 열심이었다. 프로이센에서는 포병대령에게 포술훈련을 받았다. 복잡한 기계를 볼 때마다 그 작동법을 배우고 직접 분해조립을 해보았다. 해부학 등 응용과학에도 매혹됐다. 네덜란드에서는 조선소에 평범한 목수로 취직하여 조선술을 열심히 익혔다. 영국에서도 발달한 조선기술, 군사훈련 방법을 두루 배웠다. 14개월간의 유럽 여행 중에 그는 모든 허례허식을 버리고 서유럽에서 발달된 과학과 선진 문명을 배워야 한다는 뚜렷한 목적의식을 가졌다.

유학을 통해 안목을 넓힌 표트르 1세는 러시아가 서유럽에 비해 한참이나 낙후되었다는 사실을 절실히 깨달았다. 수많은 새로운 지식을 배운 그는 러시아의 사상과 발전 방향을 완전히 바꾸기로 했다. 그래서 640명의 해외 기술자와 교수들을 러시아로 초빙했다. 그 외에도 23명의 선장과, 72명의 항해사, 50명의 의사들이 러시아로 들어왔다. 이와 더불어 표트르 1세는 군비 확충과 신병 모집에 힘쓰는 한편, 외국인 군관을 중심으로 하는 정규군을 편성했다. 그는 징병제의 시행으로 러시아 군대의 수를 33만 명까지 늘렸다. 러시아는 당시 가장 우수한 총기와 대포를 보유하기도 했다. 표트르 대제는 조선소를 설립하고, 러시아 해군의 아버지라 불리는 최초의 함대 즉 발트함대를 편성했다. 경제 발전을 중시한 그는 서유럽의 선진 기술을 도입하고, 공장 특히 야금 공장의 설립을 장려했으며, 우랄 산맥에 위치한 공장과 광산에 2만 5천명의 농노들을 노동자로 제공하기도 했다. 이러한 노력에 힘입어 표트르 1세가 세상을 떠날 당시 러시아에는 이미 100여 개의 공장이 생겨났다.

표트르는 각종 개혁을 통해 국력을 충실히 하면서 전쟁으로 러시아의 위상을 높이는 일에 착수했다. 1700년 투르크와 휴전협정을 맺은 후 표트르는 북방으로 눈을 돌렸다. 당시 발트해를 장악하고 있던 스웨덴은 유럽에서 프랑스와 패권을 다투는 강대국으로 성장해 있었다. 그렇지만 표트르로서는 러시아를 유럽열강에 편입시키기 위해 서유럽으로 가는 창구인 발트해를 장악해야만 했다. 그러기 위해 당시 발트해를 지배하고 있던 스웨덴을 꺾어야 했다. 때마침 나이어린 15세의 카알 12세(1697-1718)가 스웨덴 왕으로 즉위하자 표트르는 덴마크 및 폴란드와 동맹을 맺고 스웨덴과 북방전쟁(1700-1702)을 시작했다. 그러나 카알은 의외로 유능하여 선수를

쳐서 덴마크를 공격하여 굴복시키고, 나르바(Narva) 강의 전투에서 러시아군을 크게 격파했다. 이에 자극 받은 표트르는 강력한 군대의 건설에 박차를 가했다. 그는 귀족의 군복무 특권을 없애 농민과 똑같이 평생 동안 소집에 응하도록 바꾸었다. 교회의 종은 녹여서 대포로 만들었다. 유능한 외국인 장교들이 속속 초빙되어 왔고, 군사훈련 교범도 근대화했다. 카알 12세가 폴란드와 싸우는 동안 표트르는 발트 연안에 소규모 공격을 계속 퍼부어 승리를 거두었다. 그 중에서도 핀란드 만의 네바강 하구를 빼앗은 의의는 컸다. 1703년 표트르는 네바 강 하구에 신도시를 건설하기 시작했다. 1712년에 완성된 이 도시가 상트 페테르스부르크이다. 그 해에 표트르는 러시아의 수도를 모스크바에서 이곳으로 옮겼다.

1721년 스웨덴과의 북방전쟁은 마침내 러시아의 승리로 끝나고, 니슈타트 화약을 통해 러시아는 발트해 연안을 영구히 확보했다. 서유럽으로의 창구를 확보하려는 러시아의 오랜 숙원이 이루어진 것이다. 승리 축하연설에서 표트르는 황제 칭호를 받았으며, 러시아는 국제적으로 크게 지위가 상승하여 당당히 유럽열강의 반열에 올라섰다. 이제 러시아를 빼고는 유럽의 일을 논할 수 없었다.

표트르 개혁

표트르 1세는 실권을 잡은 뒤부터 죽어서 제위에 물러날 때까지 끊임없이 러시아를 개혁했다. 표트르는 두 번째의 유럽여행(1716-1717) 이후 중앙과 지방의 행정 및 관료 기구를 개혁했다. 그의 개혁은 러시아의 군대와 정부, 재정과 산업, 교육과 문화와 국민생활에 걸쳐 진행되었다. 그가 모델로 삼은 것은 서유럽이었다. 그는 뒤처진 러시아를 혁신하여 유럽의 강국으로 만들고자 했다. 개혁의 추동력은 군사적인 필요였다. 당시의 유럽 열강들 특히 스웨덴과 맞서 싸워 이기기 위해서는 강력한 군대가 필요했고, 강병을 양성하기 위해서는 재정이 튼튼해야 했고, 재정을 튼튼히 하기 위해서는 산업이 발달해야 하고, 산업을 육성하기 위해서는 행정체계가 효율적으로 작동해야 하고, 근대적인 행정을 유지하려면 교육을 증진시켜야 했다. 그러나 군사적인 목적과 별 관계가 없는 개혁조치도 많이 행하여졌고, 군사적인 필요에 앞서서 개혁이 단행된 것들도 많다. 요컨대 표트르는 짧은 기간에 군사적으로나 사회경제적으로 또는 문화적으로 러시아를 유럽 열강과 어깨를 견줄 수 있는 나라로 만들고 싶었던 것이다.

표트르의 개혁에서 가장 중점이 두어진 것은 군사부문이다. 그는 전쟁이 있을 때만 소집되는 종래의 러시아군을 가지고는 유럽 열강과의 싸움에서 승리할 수 없다는 것을 잘 알았다. 그리하여 상비육군을 강화하고, 상비함대를 새로이 만들었으며, 전 국민에 공평하게 부과되는 징병제도를 확립했다. 그리고 서유럽의 교관들을 초빙하여 새로이 마련한 교범으로 부대를 훈련시켰고, 무기도 근대적으로 개량했다. 그는 함대를 육성했다. 1699년 봄이 되자 함대는 그 위용을 드러내어 작은 전함 86척과 500척의 병력 수송선, 그리고 기타 장비를 갖추게 되었다. 행정기구도 합리적으로 개편했다. 업무가 뒤죽박죽으로 뒤엉켜 있던 40여개의 관청을 없애 새로이 정비하고, 중앙에 집중되어 있던 행정권한을 지방으로 분산시킨 것이 그 골격이다. 교회도 탈바꿈시켰다. 총주교를 없애고 종무원을 발족시켜 한명의 세속인의 감독 하에 10명의 성직자가 모여 교회일을 결정케 했다. 그로 인해 교회의 조직과 방침, 교회재산 등이 국가의 지배를 받았다.

늘어가는 재정수요를 충당하기 위해 많은 노력을 기울였다. 관, 수염, 꿀벌, 목욕탕 등에 과세했으며, 농민과 농노들이 한 지붕 밑에 모여 살아 과세를 피한다는 것을 알고는 호구세를 폐지하고, 인두세 제도를 확립했다. 산업을 육성하는데도 힘을 기울였다. 공장 수십 개가 국비로 세워졌고, 그 보다 훨씬 많은 공장들이 특권을 얻은 민간인에 의해 설립되었다. 우랄 산맥에서 구리 및 철광산을 개발했고, 직물, 유리, 피혁공업 등을 발전시켰다. 결국 표트르 1세의 개혁으로 러시아의 군대와 경제는 눈부신 발전을 이룰 수 있었다.

교육과 문화에서도 많은 혁신이 이루어졌다. 청년들을 외국으로 유학 보내고, 국내에도 학교를 세웠다. 초기에 세운 학교는 산술, 기학, 지리, 항해술 등 주로 군사상 필요한 과목들을 가르치는 일조의 전문학교였으나. 뒤에 가서 전국에 수십 개의 초등학교를 세웠다. 그와 더불어 사관학교와, 의학교, 공공도서관, 박물관도 세우고, 대학의 전신이라 할 수 있는 제국 아카데미의 설립도 준비했다.

표트르의 개혁은 국민생활의 미세한 부분에까지 미쳤다. 그는 생활과 풍습의 서유럽화부터 시작했다. 신하들의 긴 수염을 깎게 하고, 동양식의 긴 의복을 서양식 옷으로 바꾸게 했으며, 귀부인들에게 가슴이 패인 옷을 입고 무도회에 참가하여 술을 마시게 했다.

여성이 밖에 나서지 않는 관습을 폐지하여 남녀가 모임에서 자유롭게 교제토록 했고, 사람들의 예의와 복장 등에까지 세심한 지시를 내렸다. 그의 급격한 개혁과 끊임없는 전쟁, 그리고 잔인한 성격은 광범한 반발을 불러일으켰다. 그러나 그는 과단성 있게 자신의 뜻을 관철시킨 결과 새로운 러시아의 틀을 만드는데 성공했다. 이후의 러시아는 표트르와 연관 짓지 않고는 생각조차 할 수 없을 정도로 그의 개혁은 러시아에 깊고 강력한 영향을 미쳤다.

러시아 제국의 성립(1721년) 및 시베리아 정복

1721년 북방전쟁이 러시아의 승리로 끝나고 그해 10월 스웨덴과 니슈타트 조약이 체결되었다. 원로원 의원들은 감사와 찬탄의 마음으로 자신들의 군주에게 '조국의 아버지, 황제(임페라토르)'의 칭호를 증정했다. 이로써 러시아 제국이 탄생했다. 이제 러시아는 자신의 존재를 걸고 주변의 강대국과 싸우던 시대에서 벗어나, 세계의 패권을 다투는 대국으로서 안팎에 세력을 팽창시켜 나가게 된 것이다. 러시아는 표트르 대제가 일구어 놓은 이러한 토양에서 새로운 야심과 희망을 부풀리고 문화와 군사, 과학 모든 면에서 새로운 성과를 내기 시작한다. 그와 더불어 19세기의 잔혹한 압제와 20세기의 대변동으로 이어지는 길도 열리기 시작했다. 그러나 러시아 제국은 이제 첫발을 내디딘데 지나지 않았다.

러시아의 전통적인 팽창정책은 흑해방면으로의 남하정책과 유럽방면으로의 진출, 그리고 시베리아 쪽으로의 동진정책이었다. 시베리아 방면으로의 진출은 일찍부터 시작되어 우랄산맥을 넘어 동진을 계속했다. 17세기 중엽에는 오호츠크 해에 이르고, 표트르 대제 때에는 남쪽으로 진출을 꾀했다. 그러나 흑룡강 방면에서 중국의 청의 제지를 받고 네르친스크(Nerchinsk) 조약(1689)을 체결했다. 그 후 방향을 다시 동쪽으로 돌려 17세기 말부터 18세기 초에는 캄차카 반도에 달하고, 예카테리나 2세 때는 알래스카를 차지하기에 이르렀다. 그러나 예카테리나 2세가 주력한 것은 유럽과 흑해방면으로의 진출이었다. 유럽으로의 진출은 폴란드의 분할로 구체화되었으며, 남하정책은 즉위 초에 투르크와 싸워 1774년에 흑해 연안 일대와 크리미아 반도의 일부를 획득하고, 흑해의 자유항해권과 보스포러스 및 다다넬스 해협의 통과권을 얻었다. 이렇게 하여 러시아 대제국이 성립한 것이다.

6. 예수회와 마테오리치

경교(景敎)

네스토리우스(Netorius)는 유명한 에배소 종교회의에서 이단으로 정죄되었다(AD 431). 네스토리우스가 이 종교회의에서 진행된 그리스도에 대한 신학적 논쟁에서 예수의 생모 마리아의 숭배를 거부하고, 그리스도는 인성과 신성을 함께 공유하지만 점진적 동화 과정을 통해 이루어진다고 주장했기 때문이다. 이러한 주장은 마리아 숭배와 예수의 신성을 부정하는 것으로 해석되었기에 그는 이단으로 지목되었던 것이다. 이후 네스토리우스파의 선교사들은 유럽을 떠나 인도와 중국으로 선교 활동을 시작했다.

동방으로 선교활동을 시작했던 네스토리우스파의 선교사들이 중국에 도착한 것은 당(唐, 618-907) 태종 시대인 635년이었다. 알로펜(Alopen, 阿羅本; Abraham)을 단장으로 한 네스토리우스파 일행은 태종을 만났다. 태종은 이들을 환대했으며, 대진사(大秦寺)를 세워주고 경전을 중국어로 번역하게 했다. 선교사들은 수도 장안(長安)에 머물면서 중국에 기독교를 소개했다. 당시에 네스토리우스파 기독교를 "빛나고 밝은 교리" 라는 의미에서 경교라고 불렀으며, 페르시아에서 왔다는 의미에서 파사교(波斯教)라고 부르기도 했다.

그동안 거의 알려지지 않았던 네스토리우스 선교사들의 중국 활동에 대한 구체적인 기록이 1625년에 야소회선교사에 의해 발견되었다. 바로 "대진경교유행중국비(大秦景教流行中國碑)이다. 이 비석은 781년에 세워진 것으로 확인되었다. 그 비문을 통해서 경교의 중국 전래와 초기 선교사들의 활동을 구체적으로 확인할 수 있었다. 당시 선교사들은 기독교 교리를 중국 전통 종교 용어를 활용하여 번역하는 등 중국 현지화를 위해 노력했다. 즉 선교사들은 중국의 도교, 유교, 불교 등의 종교를 인정하고 타협하였으며, 중국 문화에 적응하려고 노력했다. 그 결과 중국의 황실의 지지를 받아냈지만, 엄격한 도덕성이나 금욕주의를 요구하지 않았다.

경교는 당 태종 이후 중국 불교계의 공격을 받았으며, 당 왕조의 멸망과 함께 쇠퇴하게 되었다. 그 후 400여 년간 자취를 감추었다가, 몽골의 원(元) 제국 시대에 다시 세력을 회복했다. 칭기즈칸 때 동서양을 아우르는 대제국을 건설하였던 몽골인들은 다른 종교에 매우 관대했다. 게다가 칭기즈칸이 몽골제국을 세우고 지중해 근처 이슬람세력을 격퇴 할 때 기독교 국가들은 당시 큰 골칫거리였던 이슬람세력을 대신 물리쳐 줘서 고맙게 생각했다. 몽골제국 시대 네스토리우스파는 '야리가온(也里可溫)'이라는 명칭을 사용했다. 이것은 "복음을 섬기는 자" 라는 의미를 지닌 몽골어 '아르카운(Arkaun)'을 음역한 것이었다.

예수회 선교사들의 동아시아 선교 활동

마틴 루터(Martin Luther, 1483-1546)가 면죄부의 판매 등 가톨릭의 부패와 타락을 비판하면서 종교 개혁을 일으켰다(1517). 이를 계기로 유럽 가톨릭의 종교적 논쟁이 치열하게 전개되었으며 개신교가 등장했다. 이러한 시기에 로욜라(Ignatiu Loyola)와 자비에르(Francis Xavier)가 중심이 되어, 가톨릭의 교세를 회복하고 해외 선교를 위해 제수이트(Jesuits)를 조직했다. 중국에서는 제수이트를 '예수회(耶蘇會)'라고 한다. 예수회 선교사들은 당시 유럽의 최신 과학 지식과 문학과 철학 등에 대한 수준 높은 교육을 받은 뒤 이를 선교를 위한 수단으로 활용했다. 특히 타 민족에 대한 선교를 위해 그들의 문화와 풍속을 적극 인정하고 받아들였다.

동방의 선교를 위해 자비에르(Francis Xavier)가 선교사로 파송되었다. 그는 인도의 고아와 필리핀을 거쳐 일본으로 가 큐슈(九州)에 상륙했다. 당시 일본은 전국(戰國)시대를 맞아 다이묘(大名) 사이에 치열한 공방전이 전개되고 있었다. 서로의 승리를 위해서 새로운 무기는 절실히 필요했다. 자비에르는 신무기를 필요로 하는 다이묘들에게 서양식 총포를 소개했다. 그는 1549년에 활공총을 복음과 함께 일본에 소개했다.

자비에르는 신식 총포를 제작하는 기술을 제공하는 대가로 기독교의 선교를 요청했다. 새로운 무기로 무장하여 전국을 통일시키려고 하던 다이묘에게 기독교의 선교는 크게 문제가 되지 않았다. 그 중에서 가장 대표적인 인물이 오다 노부나가(織田信長)였다. 그는 기독교를 용인하고 선교사들에게서 받아들인 총포와 서양문물을 이용하여 전국을 통일했다. 그러나 그는 전국을 통일하기 직전에 부하에게 암살되었다. 그를 이어 도요토미 히데요시(豊臣秀吉)가 권력을 계승하여 결국 일본을 통일했다.

일본을 통일한 도요토미 히데요시는 내부적으로 국정을 정비하는 한편, 그동안 자신에게 협조한 휘하 다이묘들에게 나눠줄 봉토를 확보할 목적으로 군대에 새로운 목표를 정해주고 공격 명령을 내렸다. 바로 명(明)나라를 공격하려고 하니, 길을 열어달라는 핑계로 조선을 침략했다. 이 임진왜란에 사용된 최신 총포는 바로 자비에르에 의해 일본에 소개된 무기였다. 일본 원정대를 지휘하던 장군 고니시 유키나가(小西行長)는 기독교인이었다. 고니시 유키나가는 원정대 내에 기독교인이 많다는 이유로 종군 신부를 대동하고 조선원정에 참전하기도 했다.

도요토미 히데요시의 사망으로 일본은 회군했고, 그 동안 일본의 기독교 신자도 30만 정도로 늘어났다. 새롭게 일본의 권력을 장악한 도쿠가와 이에야스(德川家康)는 기독교를 박해하기 시작했다. 그것은 임진왜란을 통해서 새로운 문물이 일본으로 건너간 것과 무관하지 않다. 예를 들면, 조선의 도자기와 차 문화 그리고 주판 등 생활 문화와 관련된 것도 많았지만, 무엇보다도 에도막부에 영향을 준 것은 성리학과 선종의 전래였다.

일본 중세에 가마쿠라(鎌倉) 막부, 무로마치(室町) 막부를 거쳐 전국시대의 통일을 이루면서 일본사회는 사무라이의 시대가 활짝 열렸다. 그러나 이들 사무라이들이 막부를 중심으로 국가를 통치하기 위해서는 이념이 필요했다. 그들은 유교적 명분과 의리를 무사도로 변형시켰고, 불교의 선종을 받아들여 그 깊이를 더 했다.

에도막부(江戶幕府)를 성립시킨 도쿠가와 이에야스에게 기독교는 방해의 대상이었다. 왜냐하면 기독교는 막부의 쇼군(將軍)을 숭배하는 것을 우상 숭배라고 하였기 때문이다. 이에 이에야스는 두 가지 방법으로 기독교인을 색출했다. 하나는 모든 백성들을 불교 사원에 신자로 등록하게 했다. 이것은 뒷날 불교가 지나치게 비대해지는 결과를 초래하여 다시 불교가 탄압받는 계기가 되었다. 그 결과 일본에는 왕과 막부의 쇼군을 숭배하는 신도(神道)가 발전했다. 두 번째로는 백성들로 하여금 십자가와 성모 마리아상을 바닥에 깔아놓고 그것을 밟고 모욕하면서 지나가도록 시켰다. 이 두 가지를 지키지 않는 사람을 기독교 신자라고 간주하고 무자비한 학살을 자행하여, 일본에서의 기독교 시대는 종말을 고했다. 이 짧은 동안 일본의 기독교 시대를 일본에서는 "크리스챤 100년" 이라고 한다.

마테오리치의 중국 선교

명(明, 1368-1644) 왕조의 후반기인 16세기부터 유럽의 팽창이 시작되었다. 콜럼버스의 아메리카 탐험을 시작으로 유럽 각국의 동방 진출이 활발했다. 포르투갈의 상인들은 16세기 초반에 중국의 해안에 도착하여 마카오(Macao)의 섬을 임대하여 무역항으로 삼았다. 당시 중국 연안을 유린하고 있던 왜구(倭寇)를 제압하는데 협조한 대가로 명 정부가 허락한 것이었다. 마카오를 중심으로 포르투갈은 동방무역을 주도했으며, 그들 상인들과 함께 이탈리아의 예수회 선교사 마테오리치(Matteo Ricci)가 마카오에 도착했다(1582).

마테오리치는 1571년 예수회에 가입하여 콜라비우스에게 수학과 천문학 등을 배웠다. 그는 중국의 선교를 위해서 중국식 옷을 입고, 중국어와 문화를 익혔으며, 리마두(利瑪竇)라는 중국식 이름을 사용했다. 그는 명나라의 신종(神宗)에게 자명종(自鳴鐘)과 대서양금(大西洋琴)을 바쳐서 황제를 기쁘게 하고 외국인으로서는 처음으로 북경에 사는 것을 허락 받았다. 그는 여기서 서양의 과학, 수학, 천문학 등의 지식을 전파시켰다. 마테오리치를 뒤이어 예수회 선교사들이 잇달아 들어왔고, 명나라 황제를 위하여 지도를 제작하고 달력을 다시 만들었으며 천문학을 보급했다.

마테오리치는 중국에서 전교하기 위해서는 독서인층(讀書人層)의 신임을 얻어야 한다고 믿고, 서양의 학술을 중국어로 번역했다. 그 중에서 유명한 것이 유클리드 기하학의 역서인 『기하학 원본』과 세계지도 위에 각종 천문학 · 지리학적 설명을 덧붙인 『곤여만국

전도(坤輿萬國全圖)』 등이다. 이러한 서양 학문은 서광계(徐光啓), 이지조(李之藻) 등의 유력한 관료들까지도 천주교로 개종하게 만들었다. 특히 천주교의 중국 소개에 중요한 역할을 했다고 할 수 있는 『천주실의(天主實義)』를 저술했다. 이것은 중국뿐만 아니라 한국의 천주교 성립에 결정적인 영향을 끼쳤다.

이처럼 예수회 선교사들의 중국 방문으로 중국과 서양은 문화적으로 서로 영향을 주었다. 중국인들과 예수회 선교사들은 자신들의 사상의 공통점을 찾기 위해서 서로 노력했다. 예수회 선교사들의 활약에 의해 200여 년 동안 30만 명이 개종했다. 물론 당시 1억 인구에서 그들이 차지하는 비중은 크지 않다. 그러나 그들 사이에 서광계, 이지조와 같은 저명한 학자들이 있었다. 이들은 예수회 선교사가 중국에 가져온 많은 책들을 번역하였고, 선교사들은 중국어로 된 3백여 권의 책을 저술했다.

전례문제(典禮問題)와 기독교 선교 금지

청(清, 1644-1911)나라에서도 예수회 선교사들은 중요한 역할을 했다. 강희제(康熙帝) 시대는 중국에서 예수회의 활동이 최고조에 달했다. 아담 샬(Adam Schall)은 흠천감(欽天監)의 책임자로서 청조를 위해 천문학을 연구하고 역법을 제정했다. 강희제는 이들에게 수학과 의학 및 대포 제조를 맡겼으며, 그들은 예술과 통역분야에서도 청조에 봉사했다. 이때 개종자가 20만 명을 넘었지만, 청 황제들이 가톨릭에 관심이 있었던 것은 아니었다.

이후 예수회의 영향은 급속도로 줄어들었다. 왜냐하면 다른 가톨릭 선교사들과의 사이의 경쟁 때문이었다. 청조의 가톨릭에 대한 우호적 자세 때문에 도미니코 선교회, 프란시스코 선교회, 파리 외방선교회 등의 선교사들이 중국 선교에 적극적으로 참여했다. 이들은 예수회 선교사들의 중국 선교 방식에 이의를 제기하여 '전례문제(典禮問題)'를 야기시켰다.

전례문제의 발단은 중국 개종자들의 유교 성인에 대한 제사를 허용하는 문제를 예수회 선교사들이 묵인하고 있던 것과 관련이 있다. 로마교황은 중국의 공자숭배와 제사의식을 허용한 예수회의 입장을 비난하고, 신도들에게 제사 참여를 금지했다. 이에 옹정제(雍正帝)는 예수회 선교사 몇 명을 제외한 모든 가톨릭 선교사들을 추방하고, 선교 금지조치를 내리고 교회의 재산을 몰수했다(1724). 나아가 기독교를 신봉하는 신도들을 탄압했다. 이때부터 아편전쟁으로 중국이 개방되기까지 기독교는 공식적으로 중국에서 금지되었다. 다만 비밀리에 유일한 개항장인 광주에서 상인으로 위장한 선교사들이 활동하기도 했다. 그러나 예수회 선교사들이 명대에서 청초기까지 활발히 활동하면서 중국과 문화를 교류하던 모습은 더 이상 찾아볼 수 없었다.

7. 자명종과 소현세자

소현세자의 비극

후금(後金)의 홍타이지(皇太極)는 국호를 청(淸)으로 바꾼 뒤

(1636) 조선을 침공했다. 청 태종 홍타이지는 조선에게 군신의 예를 갖추고 조공을 바치라고 요구했다. 조선이 이를 거부하자, 군사 10만을 이끌고 임진왜란 40여년 만에 조선을 침공했다. 이것이 병자호란(丙子胡亂)이다. 조선은 필사의 노력으로 대항했지만 결국 남한산성에서 투항했고, 1637년 1월에 남한산성에서 내려와서 삼전도(三田渡)에서 청 태종에게 세 번 절하고 항복했다. 이때 인조의 소현세자와 대신들은 인질이 되어 청의 심양(瀋陽)으로 끌려갔다. 이로써 조선은 청에 대해 사대(事大)의 예를 지켜야 했고, 해마다 조공(朝貢)을 바치는 신하의 국가로 전락했다.

인질로 잡혀간 소현세자는 인조의 장남이며, 효종의 형이다. 그는 1625년 세자로 책봉되었지만, 삼전도에서 청나라에 항복한 후 아우 봉림대군과 함께 인질로 끌려가면서 비극이 시작되었다. 이후 9년간 심양에 머물면서 많은 고초를 겪었다. 동시에 조선과 청나라 사이에서 창구 역할을 맡아 조선인 포로 도망자의 송환 문제, 청나라의 조선에 대한 병력·군량·선박 요구, 각종 물화의 무역 요구 등 정치·경제적 현안을 맡아 처리했다. 또 청나라의 공식 행사에 참여하고 청나라 황제의 사냥 등에도 동행했다.

소현세자는 명을 멸망시킨 도르곤(Dorgon)의 원정군을 따라 북경에 들어갔다(1644). 이때 그는 북경에 머물면서 서양 학문과 가톨릭을 선교하고 있던 독일선교사 아담 샬 폰 벨(Adam Schall von Bell, 1591-1666)을 만났다. 소현세자는 그를 만나면서 서양의 역법 등 여러 가지 과학 관련 지식을 얻었고, 천주교에 관해 소개받았다.

소현세자에 앞서 조선의 천주교에 대한 구체적 기록을 남긴 사람은 이수광(李睟光, 1563-1628)이다. 이수광은 임진왜란 전후로 3차례 명에 사신으로 갔다. 그때 서양의 과학과 천주교 관련 서적을 가져왔다. 그 가운데 『천주실의(天主實義)』도 일부 포함되어 있었다. 이수광은 『지봉유설(芝峰類說)』을 저술하여 서양의 사정과 천주교 지식을 조선에 소개했다. 이 책의 천주교에 관한 내용을 보면, 윤회를 부정하고 착한 일에 보상이 있고 악한 자는 지옥에 간다는 이야기, 교황은 임기가 끝나면 좋은 사람을 투표로 뽑고 이웃을 제2의 나라고 하는 이야기 등이 포함되어 있다. 당시 천주교를 서학이라 했다. 이것이 서학이 조선에 최초로 전래된 계기가 되었다.

서학에 대한 본격적인 소개는 소현세자의 귀국과 함께 시작되었다. 1645년 영구 귀국한 소현세자는 귀국할 당시 천주교와 자명종 등 서구 과학문명에 대한 다양한 지식을 함께 가지고 들어왔다. 그러나 조선의 조정에서는 반청(反淸)의 분위기가 강했다. 특히 청나라에 협조하면서 우호관계를 유지하였던 사실 때문에 인조는 그를 냉대했다. 그러다가 귀국한 지 2개월 만에 원인 모를 병으로 갑자기 사망했다. 그에 대한 독살설도 있었다. 그래서 뒷날 소현세자를 추모하는 분위기가 생겨나 그의 후손을 왕으로 추대하려 했다는 역모사건이 일어나기도 했다. 그러나 소현세자의 청조에서 돌아오면서 가져온 청조의 새로운 학풍과 천주교와 관련된 정보는 조선사회에 적지 않은 영향을 주었다.

이승훈의 개종과 천주교 박해

조선 최초의 천주교 세례를 받은 이승훈(李承薰, 1756-1801)은 25세에 진사(進士) 시험에 합격하여, 1790년에는 평택(平澤)의 현감(縣監)을 지냈다. 그는 정약용의 누이를 아내로 맞이하였으며, 여러 남인 학자와 인척 관계를 맺고 있었다. 소현세자에 의해 소개된 천주교는 경기지방의 남인 학자들 사이에서 은밀히 전파되고 있었다. 그들은 천주교 교리에 대한 정확하게 이해하지 못했기 때문에 조선 풍속과 차이 및 모순을 해결하지 못한 채 고뇌하고 있었다. 이 문제를 풀기위해 이승훈은 1783년 동지사 황인점(黃仁點)과 아버지인 서장관(書狀官) 이동욱(李東郁)을 따라 심양(瀋陽)을 거쳐 북경에 갔다.

당시 개인적으로 북경에 들어갈 수 있는 방법은 없었다. 따라서 이승훈이 사절단과 함께 북경에 간 것은 좀처럼 얻기 어려운 좋은 기회였다. 북경에 들어가 유럽의 선교사를 만나, 교의(敎義)의 깊고 참된 뜻을 밝히며, 천주 교리의 실천 방법을 자세히 살피고, 또 중요한 교리에 관한 필요한 책을 가지고 돌아오려는 것이 그의 주요한 목적이었다.

이승훈은 일행은 북경에 40여 일 동안 머무르면서 북경 천주당을 찾아가서 교리를 배웠다. 그리고 1784년 귀국하기 전에 예수회 신부에게 영세를 받고 베드로라는 영세명을 받았다. 이승훈은 많은 천주교 교리서와 성화, 묵주 등을 가지고 돌아왔다. 그가 가져온 교리서를 이벽에게 전달하여 조선에서의 천주교에 대한 연구가 시작되었고, 정약종, 정약용 형제에게 전파되었다. 이후 조선에 천주교 신부가 직접 숨어들어오고 영세를 주는 등 교세가 점차 확대되어 갔다. 이러한 사정을 파악한 조선 조정은 이들 천주교도들을 박해하기 시작했다. 조선 시대의 천주교 박해를 대표하는 4대 박해가 있었다. 즉 1801년의 신유박해, 1839년의 기해박해, 1846년의 병오박해, 1866년의 병인박해 등이다.

천주교가 조선에서 박해를 받은 이유는 무엇인가? 하나는 조상 제사의 문제였다. 유교 사상의 뿌리가 되는 사상은 효이다. 그러므로 불효는 가장 큰 죄이다. 그리고 효 중에 큰 부분이 제사이다. 중국의 마테오리치가 중국에서 선교할 때 조상 제사는 정치적 의식이요, 기독교는 유교의 발전이라고 했다. 후에 선교사 도미니크 일행이 잘못된 이런 것을 보고하자, 교황 이노센트 10세가 제사금지를 내렸다. 따라서 중국에서도 이를 계기로 가톨릭 선교 금지조치를 내리기도 했다.

다른 하나는 정치적 요인이다. 즉 당시의 당파 싸움으로 인한 박해이다. 영조 때부터 천주교가 들어 왔다. 해서 지방과 관동 지방에 널리 퍼져 있었다. 그때는 사색당쟁이 극심하던 시기였다. 영조는 당쟁을 줄이려고 힘을 썼고, 정조도 당쟁을 줄이려고 노력했다. 그러나 사도세자 문제가 발생하면서 이 사건의 핵심에 속한 자들, 즉 남인 가운데 천주교도가 많았다.

실학사상의 발흥

조선시대 실학(實學)의 등장은 천주교의 전래와 함께 시작된 서학의 조선 전래의 영향이었다. 실학이란 '실사구시(實事求是)의 학문'

을 뜻한다. 성리학에 대한 반성과 현실 사회의 어려움을 해결하려는 과정에서 실학이 나왔다. 18세기 이후 조선은 농업생산력과 상공업의 발전이 두드러졌고, 지주전호제의 모순 속에 농민들의 생활이 크게 고통을 받고 있었다. 그러나 기존의 체제와 이념 아래에서는 이러한 현실 문제를 해결할 대안을 찾을 수 없었다. 그래서 실학자들은 서학의 전래를 계기로 조선의 실용적이고 현실적인 사회경제적 개혁을 위해 깊이 고뇌하고 새로운 길을 찾았던 것이다.

조선 실학의 선구자는 이수광과 김육(金堉, 1580-1658)이었다. 김육은 다양한 경제개혁론을 제시했다. 대표적인 것이 병자호란 후 대동법의 실시, 수레 제작과 수차(水車)의 사용, 상평통보 등 화폐 주조와 유통, 역법 개혁 등이다. 이러한 김육의 경제사상은 유형원(柳馨遠)을 거쳐 실학으로 크게 발전했고, 실학자들 사이에서 중농학파(重農學派), 중상학파(重商學派) 등의 유파가 생겨나기도 했다.

중농학파는 농촌 문제의 해결과 토지제도 개혁을 주장하였기에 경세치용학파(經世致用學派)라고도 한다. 이 중농학파의 선구자이자 대표적 학자는 유형원(柳馨遠, 1622-1673)이다. 그는 『반계수록(磻溪隨錄)』을 저술하여 각종 제도 개혁을 주장했다. 또 『성호사설(星湖僿說)』을 지은 이익(李瀷, 1681-1763)은 농민의 입장에서 개혁방법을 구체적으로 제시하여 성호학파를 열기도 했다. 특히 대표적 실학자인 정약용(丁若鏞, 1762-1836)은 행정 법제와 경제제도 개혁을 위해 『경세유표(經世遺表)』를, 목민관의 향촌 통치를 개혁하기 위해 『목민심서(牧民心書)』를, 백성이 억울한 형벌을 받지 않는 덕치(德治)를 실현하기 위해『흠흠신서(欽欽新書)』를 지었다. 특히 수원성 축조시기에 그의 거중기를 이용한 것은 유명한 일화이다. 이들 중농학파는 농민 중심으로 농촌 문제의 해결 방안 제시하고, 토지 제도의 개혁을 주장했으며, 자영농 육성을 통한 민생의 안정을 중시했다.

중상학파는 이용후생학파 혹은 북학파라고 한다. 유수원(柳壽垣, 1694-1755)이 선구자였다. 그는『우서(迂書)』를 저술하여, 관제와 신분제의 개혁과 분업 생산을 통한 산업의 진흥을 강조했다. 또 홍대용(洪大容, 1731-1783)은 기술 혁신과 신분제 철폐 등을 주장했고, 박지원(朴趾源, 1737-1805)은『열하일기(熱河日記))』를 저술하여 화폐 사용 등 상공업 발전의 중요성을 강조했다. 박제가(朴齊家, 1750-1805)는『북학의(北學議)』를 저술하여, 청나라와의 통상과 교역의 확대를 통한 상공업진흥론을 주장했다. 이처럼 중상학파는 상공업의 진흥과 기술 개발 및 청나라 문물의 적극적 수용 등을 주장했다.

실학의 발달과 함께 우리의 역사, 지리, 언어 등에 관한 국학의 연구가 활발해졌다. 역사 연구에는 안정복(安鼎福, 1712-1791)의『동사강목(東史綱目)』, 유득공(柳得恭, 1749-1807)의『발해고(渤海考)』, 한치윤(韓致奫, 1765-1814)의『해동역사(海東繹史)』가 유명하다. 지리학에서는 이중환(李重煥, 1690-1752)의『택리지(擇里志)』, 김정호(金正浩, 1804?-1866)의『대동여지도(大東輿地圖)』가 유명하다. 한글 연구에서는 신경준(申景濬, 1712-1781)의『훈민정음운해(訓民正音韻解)』, 유희(柳僖, 1773-1837)의『언문지(諺文

志)』가 있다. 그리고 농학 연구에서는 서유구(徐有榘, 1764-1845)의 『임원경제지(林園經濟志)』, 수산학에서는 정약전(丁若銓, 1758-1816)의 『자산어보(玆山魚譜)』 등이 있다.

이처럼 조선의 실학사상은 성리학의 한계를 극복하고 농업생산과 상공업의 발전을 통하여 각종 제도와 신분제의 개혁을 도모했다. 이를 통해 화이론적 중화질서를 거부하고 민족의식을 고취시켰으며, 지주전호제를 비판하는 등 근대 지향적 학문을 성립시켰다. 그래서 민족의식, 민족에 대한 자각을 높이고, 현실 개혁 추구, 개화 사상가들에게 영향을 주었다. 실학의 성격을 비판적, 실용적, 실증적, 민족적, 근대지향적 학문이라고 한다.

이러한 실학사상은 결국 조선의 국가 정책에 반영되지 못했고, 제도적으로 현실화되지는 못했다. 실학의 개혁안을 현실화할 수 있는 주체로서의 시민계급이 성립되지 못했기 때문이었다. 그러나 실학사상은 당시 사회의 발전과 변화를 정확히 파악하고 대안을 제시했기 때문에, 실학의 개혁안이 일부분 실시되기도 했다. 특히 실학사상은 이후 조선의 근대화 과정에서 새로운 서양학문을 받아들이는 데 계몽적 역할을 담당하는 등 일정하게 기여했다.

8. 은이냐? 아편이냐?

건륭제(乾隆帝)가 통치하던 18세기 중국은 청조의 전성기였다. 건륭제 당시 중국의 영토는 지금의 몽골과 신강, 티베트에까지 확장되어 중국 역대 최대의 판도를 구축했다. 대내적으로는 강희제(康熙帝)와 옹정제(雍正帝)를 거쳐 거의 150여 년간의 안정을 토대로 농업과 상업 등의 경제발전이 두드러졌고, 이에 따라 인구도 빠른 속도로 증가했던 시기였다. 학문적으로도 고증학(考證學)의 발전으로 중국의 고대 문헌을 체계화시켰다. 특히 건륭시기에는 대외무역에서는 커다란 무역흑자를 누리고 있었다. 아메리카의 은(銀)이 유럽을 거쳐 차(茶) 무역을 통해 중국으로 흘러들어왔다. 지정은(地丁銀)제도에 의해 조세를 은으로 납부하던 청조에서는 은의 대량 유입은 민생경제의 안정과 번영을 가져왔다. 유럽에서의 차 수요의 증대로 중국으로의 은 유입은 더욱 증가하는 추세였다.

건륭시기의 오랜 평화와 번영의 시대는 18세기 말기부터 점차 쇠퇴의 기미를 보이기 시작했다. 건륭제의 시대 후기에는 관료들의 부패가 심각해져 갔고, 사회적으로 기강이 무너져갔으며, 농민반란이 빈발했다. 국가의 재정수입은 점차 악화되기 시작했다. 반란이 빈발하면서 재정은 더욱 청조를 압박했다. 특히 인구가 3억으로 증가한 결과 토지의 부족 등이 문제였다. 관료의 부패와 청조 군대의 무기력으로 인해서 농민 등 하층민의 잇따른 봉기를 감당하지 못하고 있었다. 특히 백련교(白蓮教, 1796-1804)의 난으로 청조의 통치력의 한계가 노출되었다. 특히 건륭제가 총애하던 화신(和珅)의 부패는 당시 권력 부패가 얼마나 심각했는지를 상징적으로 보여 주는 것이었다.

이러한 대내적 위기를 맞고 있던 청조에 새로운 위협 요소가 등장했다. 그것은 아편(鴉片)이었다. 건륭 시기의 무역 불균형으로 인해, 산업혁명을 본격 추진하고 있던 유럽에 은 부족현상이 초래되었다. 이에 영국은 차 무역으로 인한 무역 역조현상을 타파하기 위해서 중국에 외교사절단을 파견했다. 영국은 1792년에 매카트니(Macartney, 1737-1806) 사절단을 파견했고, 1816년에 암허스트(Amherst, 1773-1857) 사절단을 파견했으나 모두 청조의 거부로 성공하지 못했다. 오히려 '광주무역체제(Canton Trade System)'라고 하는 폐쇄적 조치로 무역항이 광주(廣州)로 제한되고, 공행(公行)을 거쳐서 중국 상인과 간접 교역하는 무역관행이 형성되었다.

중국과의 외교적 협상으로 무역 불균형을 개선하고 중국시장을 개방하려던 노력이 실패로 돌아갔지만, 중국무역을 독점하고 있던 영국의 동인도회사는 방법을 찾아냈다. 그것이 아편을 중국에 판매함으로써 중국의 은을 회수하는 것이었다. 몇 몇 상인들에 의해서 시작된 아편 밀수는 19세기에 들어서면서 점차 수요가 증대하고 규모가 커져가고 있었다.

아편은 양귀비(楊貴妃, opium poppy, 罌粟)에서 추출한 마약의 하나였다. 양귀비 재배의 역사는 인류의 역사와 함께 한다. 그것은 기원전 3400년경 메소포타미아에서 처음 재배되었다고 한다. 이후 서아시아에서 경작되다가 이집트를 거쳐 유럽, 인도로 전파되었으며, 아랍 상인들에 의해 400년경 중국으로 전해졌다. 그것이 중국에 소개되자 중국에서는 그것을 아편(鴉片) 혹은 아부용(阿芙蓉) 등으로 불렀다. 늦어도 중국에서는 당(唐) 나라 때부터 본격 재배되기 시작했다고 본다. 그것의 붉고 풍만한 특유의 아름다운 모습 때문에 당 현종(玄宗)의 애첩 "양귀비(楊貴妃)"의 이름을 얻었다.

양귀비는 마취와 진통의 효과가 있었기 때문에, 『본초강목(本草綱目)』에 약재로 소개되었으며, 민간 상비약으로 많이 사용되었다. 특히 강남 개발이 본격화 된 당나라 말기부터 수인성 전염병이 유행하면서 양귀비는 그 치료제로 사용했다. 따라서 중국인들은 거의 천년 동안 아편을 약으로 사용하고 있었다. 승려나 부녀자들 혹은 일반 백성들은 양귀비를 비상약으로 갖추고 있었다. 그러므로 중국인에게 양귀비는 생활에 반드시 필요한 구급약의 하나였던 셈이다. 포르투갈은 16세기에 양귀비를 이용하여 담배처럼 흡연하는 방법을 찾아내었다. 이 때문에 약재 위주로 사용되던 양귀비를 마약의 일종으로 사용할 수 있게 되었다. 이제 사람들은 환각과 쾌락을 경험하기 위해서 양귀비를 사용했다.

양귀비가 마약의 재료가 된 것은 네덜란드에 의해서였다. 1600년경 네덜란드 상인들에 의해서 양귀비를 가공하여 복용할 수 있는 상품으로 만들었다. 양귀비를 재배하여 꽃잎이 떨어지고 난 뒤 씨앗 주머니가 익기 직전에 칼로 흠집을 내면 검은 색 진액이 흘러내린다. 이것을 60℃ 정도의 낮은 온도로 다려 만든 것이 아편이다. 흡연용 아편은 생(生) 아편을 물에 녹인 후, 증발 농축하여 연고(煙膏)로 만든 것으로 연창(煙槍)이라는 아편담뱃대로 흡연한다.

명(明) 나라 때 아편이 약용으로 분류되어 있었기 때문에 합법적인 무역을 통해서 수입되었다. 약국에서 소량으로 팔기도 했다. 처음 대만인들이 연초와 아편을 혼합하여 흡연하기 시작했지만, 1660년대에 이러한 흡연법이 중국의 광동, 복건으로 전파되어 18세기 말에는 중국 각지에서 유행했다.

중국에서 아편이 만연한 이유는 한 둘이 아니다. 영국의 아편 수출이 일차적 요인이겠지만, 중국인들이 아편에 빠져들게 된 이유를 몇 가지 대표적인 사례를 지적해보면 다음과 같다. 첫째, 아편은 양귀비를 약재로 사용하던 경험 때문에 익숙한 것이었다. 아편을 통한 치료는 명의로 소문나게 만들었다. 둘째, 아편의 해독에 대해 무지했다. 셋째, 18세기 건륭시대 이후 정치적 사회적 이완으로 관리의 풍기 문란도 원인이다. 그들이 아편을 흡연했을 뿐만 아니라, 아편금지령(禁令)에 따라 단속하지 않고 오히려 뇌물을 받고 아편밀수를 보호하기까지 했다. 넷째, 황제 측근이나 상층 귀족과 부호 및 하급 관리의 아편 흡연이 확산을 선도했다. 지배계층의 부유한 자들이 아편흡연을 주도하는 계층이었다. 이어서 정부 관원과 군 내부의 병사들에게까지 만연했다. 다섯째, 도박과 같은 향락 문화가 발달한 사회적 풍속의 문란을 지적해야 한다. 여섯째, 중국의 불교와 노장(老莊)사상과도 관련 있다. 실제 승려, 도사들의 아편 흡연이 자주 문제였다. 아편 흡연으로 흥분을 진정시키고, 긴장 해소, 정신 집중, 사람의 마음을 번뇌와 고뇌가 없는 해탈의 경지에 도달한다고 믿고, 속세의 경쟁, 갈등에서 걱정 없는 초탈의 경지에 이를 수 있다는 것이다. 일곱째, 천지회(天地會)와 같은 민간 비밀결사들이 아편 밀수에 뛰어들어 아편 공급이 확대되었다. 여덟째, 명 말부터 중국에는 담배 흡연 풍조가 유행하고 있었다. 흡연 방법이 유사하였기 때문에 담배 흡연에 익숙하던 소비자들이 쉽게 아편에 빠져들었다. 아홉째, 무엇보다도 아편을 흡연함으로써 경험할 수 있는 쾌락이 주요한 요인이었다. 즉, “그 냄새가 향기롭고, 그 맛이 맑고 달며, 기분이 울적하고 답답할 때, 마주보고 교대로 흡연하면, 처음에는 정신이 밝아지고 머리와 눈이 깨끗해지며, 계속하면 가슴이 갑자기 확 열리면서 감흥이 두 배로 증가한다. 오래하면 관절이 나른 나른해지고, 두 눈동자가 확 열리고, 시간이 흘러 베개를 베고 높이 누우면 수 만 가지 생각이 모두 없어지고 꿈속에서 노니는 것 같으며 영혼이 상쾌해지니 진정한 극락세계이다." 이와 같은 내용의 시는 쉽게 찾아 볼 수 있다. 열 번째, 영국 등의 아편공급은 중국의 아편흡연 확산의 결정적 역할을 했다는 점은 반드시 지적해야 할 것이다.

아편 흡연법으로 가장 대표적인 방법은 연창흡연법(煙槍吸煙法)이다. 차나 술에 태워서 마시는 방법은 그 효과가 비교적 느리고 약하기 때문에 주로 이 방법을 사용했다. 아편을 흡연하기 위해서는 아편(煙膏), 아편담뱃대(煙槍), 연등(煙燈)이 반드시 필요하다. 아편을 흡연하기 위해서는 아편(煙膏)를 가열하는 도구로서 반드시 등(燈)을 사용해야 하고, 특수한 아편 담뱃대를 사용해야 한다. 아편중독자는 아편의 종류와 제품의 품질에도 관심이 깊지만, 특히 고급스런 아편담뱃대와 연등을 구하기 위해 거금을 투자했다. 그들은 이러한 도구를 마치 생명처럼 귀중히 여긴다. 연관(煙館)은 화려하게 꾸며진 곳으로 밀실로 만들었다. 고급스런 연관에서 서로 마주보며 누워서 아편을 흡연하는 모습은 중국 아편 흡연자의 전형적인 모습이었다. 특히 아편전쟁 후 상해(上海)의 연관은 전국 최고라고 명성을 얻었고, 초기 상해의 번영은 아편시장의 확대에 힘입은 바 크다. 영국의 동인도회사는 1757년부터 인도에서 재배된 아편을 중국에 독점 수출하기 시작했다. 영국은 아편을 이용하여 중국으로부터 은을 회수하기 시작하였고, 1820년대부터 영국은 무역 흑자를 누리기 시작했다.

청조는 일찍부터 아편을 금지했다. 옹정제시기에 중국인들 사이에서 아편을 흡연하는 자가 속속 나타나기 시작하자, 청조는 아편이 건강을 해친다는 것을 알게 되어 그 흡연을 금지시켰다. 건륭제 역시 아편의 수입을 금지시켰고, 흡연을 엄격히 금한다는 명령을 내렸다. 그러나 아편은 공식무역이 아니라 밀수를 통해 중국에 공급되었다. 중국인들이 습관적으로 아편을 흡연하는 동안 그 대가로 대량의 은이 외국으로 흘러나갔다. 아편 밀수 상인들은 중국인들에게 아편을 공급하면서 막대한 이득을 얻게 되었다. 처음에 중국의 관리들은 아편밀수의 실상을 알지 못했으며, 알았다고 하더라도 그렇게 심각한 문제로 생각하지 않았다. 다만, 담배와 마찬가지로 개인의 건강을 해치고 재산을 탕진하는 사회적 문제라고만 생각했다.

1820년대에 이르러 상황이 달라졌다. 몇몇 관료들이 아편 때문에 은이 부족하다고 주장하기 시작했다. 당시 청나라가 내부적으로 반란이 빈발하고, 재정이 악화되고 있던 상황에서 황제나 관료들은 아편 때문에 종국에 재정 파탄이 올 것이라는 이야기에 긴장했다. 그러나 이미 지방의 관리들은 부패하여 황제의 지시에 적극적으로 따르기보다는 아편 상인들과 결탁하여 개인적인 치부에 더 즐거워하고 있었다. 아편흡연자도 늘어나고 심지어 아편을 재배하는 자들까지 나타났다. 연해지역에서 시작하여 중국의 주요한 교통 중심지의 도시마다 아편을 흡연하는 장소인 연관(煙館)이 세워지고, 주요 교통로마다 아편 창고가 지어졌다. 이제 아편은 상당한 수입을 보장해주는 새로운 사업이 되었다. 해적들이 아편밀수에 뛰어들고, 부패 관리와 해군까지도 아편밀수에 참가했다. 연해지역의 주요 항구는 공공연한 아편 밀수 지역이 되었다.

이러한 아편밀수를 해결할 대책을 처음 제시한 것은 청조의 관료들이었지만, 그들의 대책은 소극적이었다. 밀수를 막아야한다, 흡연이나 판매를 막아야한다, 혹은 재배를 금지해야 한다는 등 엄금을 주장했지만, 적극적으로 단속하려는 의지는 없었다. 그저 구호뿐이었던 셈이다. 그러는 동안 청조의 재정은 점차 악화되어 갔고, 반란은 더욱 빈번해지고 있었다. 이런 위기를 극복해야 한다는 목소리는 경세가(經世家)들의 한결같은 주장이었다. 이때 청조의 아편정책의 전환기를 맞게 되는 중요한 주장이 나왔다. 허내제(許乃濟)의 이금론(弛禁論)이었다. 즉, 아편을 합법적으로 수입하고, 아편을 공식적으로 흡연하도록 하자는 주장이다. 수입할 때는 물물교환으로 하게 하면, 아편으로 외국으로 유출되는 은이 줄어들 것이라는 주장이다. 나아가 아편을 중국에서 정식으로 재배하면, 마침내 수입까지도 없어질 것이라는 과감한 주장이었다.

허내제의 아편 합법화의 주장은 아편을 관리부패 때문에 막을 수 없으니 물물교환으로 합법화시키자는 주장은 현실을 정확히 파악한 것이라고 평가받는다. 하지만 독약을 합법화한다는 점에서 크게 비판받았다. 결국 황작자(黃爵滋)의 "흡연자 사형론"(1838년)이 채택되면서 청조의 아편정책은 강경 해결책으로 결론 났다.

이에 임칙서(林則徐)가 광주로 파견되어 아편을 단속하기 시작했다. 그러나 아편 문제는 중국만이 해결할 수 있는 것은 아니었다. 임칙서의 일방적인 아편 몰수와 파기를 영국은 역이용했다. 당시 영국의 "자유무역"을 표방하는 제국주의 초기단계였다. 중국은 전쟁 없이 아편 문제를 해결하려 했지만, 영국이 바라는 것은 전쟁을 통한 문호 개방이었다. 1842년 남경조약(南京條約)에서 아편은 언급도 되지 않았지만, 아편 문호는 벌써 개방되어 있었던 것이다. 다만 2차 아편전쟁에 의해 아편이 합법적으로 수입되는 절차상의 문제만 남았던 것이다.

아편이 중국에 수입된 제2차 아편전쟁 전은 주로 밀수에 의한 것이었다. 그래서 분명한 통계를 밝히기는 어렵다. 그러나 대략 1800년경에는 4,570상자, 1817년부터 12,375상자, 1826년 19,386상자, 1830년대는 매년 33,906상자, 1837년 44,637상자, 1839년 50,350상자로 늘어났다. 이 동안 중국에 수입된 아편으로 유출된 은의 양은 대략 6억 냥 정도로 추정한다. 이 같은 은의 유출은 청조의 조세 은납제(地丁銀) 체제를 위협했다. 즉 은과 동전의 교환비율이 1:800에서 1:1,500-2,100까지 급변했다. 결국 민생을 도탄에 빠트리는 결과를 가져올 것이다. 또 이 당시 중국의 아편흡연자는 임칙서(林則徐)데 따르면 4백만이라고 추정하고 있다. 최소 2백만은 넘었을 것이라고 본다.

아편전쟁 이후 아편수입은 더욱 증가했다. 1840년대는 대략 매년 4-5만 상자였다. 1859년부터는 국내 민간인의 아편 흡연을 합법화했으며, 아편 재배도 허용했다. 그 결과 1890년대까지 정식

수입된 아편은 줄곧 매년 6만 상자의 전후로 유지되었다. 아편 밀수는 여전했기 때문에 밀수된 아편까지 포함한다면, 1880년대는 9만 상자 이상으로 추정되고 있다. 당시 상해에서의 아편가격이 한 상자당 7백 냥 정도였다. 이것을 기준으로 계산하면, 상해 지역에서 수입된 5만상자만 보더라도 3천5백만 냥에 달하고, 한 해의 아편으로 소비되는 금액이 아편전쟁 배상금 2천1백만 냥을 넘는다. 또 9만상자라면 6천3백만 냥이다. 이는 청조의 평균 재정인 7천만 냥에 근접하는 금액이다. 1880년대 수입된 아편 및 국내 생산 아편의 수량을 근거로 계산할 경우, 아편중독자가 약 2천만에 이르니, 당시 인구 4억 2천만의 5% 정도였다. 1906년까지 중국의 아편중독자는 2천만 명의 수준을 유지했다.

아편의 공급은 주로 밀수에 의존했다. 그러나 중국에서의 아편 재배도 점차 늘어나 수입 아편을 능가했다. 아편재배는 이미 아편전쟁 전부터 변경지역을 중심으로 확산되고 있었다. 제2차 아편전쟁이후 재배 면적은 급증했다. 일부 지방관은 세수입의 증대를 위해 아편재배를 묵인하거나 태평천국(太平天國, 1850-1864)을 진압하는 비용을 충당한다는 명목으로 권장하기도 했다. 따라서 19세기 후반 아편 재배 면적은 점차 늘어났다. 아편 재배로 얻는 소득이 기존 농업 소득에 비해 적게는 3-4배, 많게는 9-10배였다.

양무운동시기(1860-1895) 이홍장(李鴻章)의 아편 대책은 "수입 아편의 관세를 높여서 아편 소비를 줄인다(寓禁于徵)"는 정책이었다. 이것은 국내 아편 수요가 여전한 상황을 고려할 때 결국 국내 아편 재배를 자극하는 계기가 되었다. 국내에서 재배된 아편의 양은 1866년에 5백5십만 근, 1870년에 7백7십만 근, 1880년에 4천만 근, 1894년에 4천만 근으로 계속 증가했다. 결국 국내 아편은 1884년을 경계로 인도 아편을 능가했다.

20세기에 들어와 아편 수요는 주로 중국에서 재배된 것으로 충당되기에 이르렀다. 신해혁명 이후 각지에서 할거하던 군벌 정권은 각자의 재정 확보를 위해서 앞 다투어 아편을 재배했다. 아편 재배를 농민들에게 권장하고 아편 징세 기구를 통해 조세 징수에 노력했다. 또한 일본은 중국 침략의 재원을 마련하기 위해 몽골, 만주, 조선 등지에 아편을 재배하여 중국인에게 공급했다. 이제는 인도 아편이 아니라, 중국의 주요 아편 재배지에서 생산된 아편이 150여 년에 걸쳐 형성된 2천만이 넘는 중국인 아편 시장에 아편을 공급했다.

양무파 중에서 곽숭도(郭嵩燾)는 직접 금연 단체를 조직하여 체계적이고 조직적으로 금연운동을 추진했다. 그는 영국공사로 근무하던 당시 유럽의 금연운동에 자극 받아 1880년대 중국에서 금연운동을 전개했다. 또 기독교 선교사들이 중심이 되어 금연 계몽 운동이 전개되기도 했다. 『신보(申報)』를 통한 지식인들의 아편 금연 계몽 운동이 지속적으로 전개했다. 이들 금연운동의 성과로 1890년대 후반부터 20세기 초 중국의 아편문제를 두고 영국의 금연단체 등과 연계한 국제적인 차원에서의 아편문제를 해결하려는 움직임이 본격 추진되었다. 그 결과 청조는 만국공회(萬國公會)를 개최하고, 1909년 상해에서 미국, 영국, 프랑스, 독일, 이탈리아, 일본 등과 아편 흡연을 근절하는 최초의 국제협정을 체결하기에 이르렀다. 이때 아편 수입, 재배, 흡연을 단속하여 상당한 성과를 거두었으나 청조가 신해혁명으로 붕괴되고 군벌시대가 시작되면서 다시 아편이 확산되게 되었다.

청조가 아편 때문에 멸망했다고 할 수는 없다. 그러나 아편은 청조의 붕괴와 쇠퇴의 상징이었다. 아편을 통해서 청조 관료의 부패와 통치력의 쇠퇴를 확인할 수 있다. 또 아편을 통해서 19세기 중국사회의 도덕적 해이와 사회기강의 붕괴를 목격할 수 있다. 뿐만 아니라, 아편의 대량 밀수와 수입으로 인해 초래된 은 유출은 청조의 재정을 약화시켰을 뿐만 아니라, 상공업의 발전과 근대기업에 필요한 자금을 연기와 함께 날려버린 결과를 초래했다. 아편을 금지하는 황제의 명령이 지켜지지 않는 상황에서 왕조체제는 내부에서 점차 붕괴하고 있었던 것이다. 서양 열강은 중국에 아편을 판매함으로써 막대한 무역 이익을 챙기고 아편으로 쇠퇴하고 있던 중국으로부터 다양한 이권을 확보하여 점차 그들의 경제 식민지로 만들어가고 있었던 것이다.

9. 마카오와 홍콩

(1) 마카오의 역사와 문화

포르투갈의 마카오 점령

마카오는 광동성의 주강(珠江) 하류에 위치하고 있으며, 중국어로 아오먼(澳門)이라고 한다. 마카오가 중국역사에 편입된 것은 기원전 3세기의 진시황이 중국을 통일하였을 때였다. 그러나 멀리 떨어진 바닷가였기 때문에 중국의 역사와 문화의 영향을 크게 받지 않았고, 오히려 동남아시아의 영향을 많이 받았다. 마카오는 타이파와 쿨로아네 등 2개의 섬을 갖고 있으며, 인구는 2005년 현재 47만 명이다. 주민은 중국인이 대부분이고, 나머지는 포르투갈인이 소규모 거주하고 있다. 마카오에서는 주로 광동어를 위주로 하며, 포르투갈어와 영어, 북경어 등이 사용되고 있다.

인도 항로를 발견한 포르투갈은 말라카를 공략한 이후 1513년에는 중국과 자바로 상선을 파견했다. 에스파냐가 필리핀 식민지 건설에 주력하고 있는 동안에 포르투갈은 동아시아 무역체계 확립에 힘쓰고 있었다. 포르투갈인들은 1550년대부터 마카오를 동아시아 무역 근거지를 세우기 위해 노력했다. 그 과정에서 포르투갈은 중국연해 지역의 해적을 소탕하는데 협조한 대가로 명 왕조로부터 1553년에 대중국 무역권을 획득했다. 또 마카오의 실질적인 사용권을 인정받았고, 광동의 중국 관리로부터 도시 건설 허가를 얻었다.

1842년 아편전쟁으로 홍콩이 영국 식민지가 된 후, 아시아에서의 세력유지를 위해 포르투갈은 아오먼 반도 전역과 타이파, 콜론 두 섬을 점령하고, 청나라와 식민지 건설을 합법화하는 조약을 맺었다. 이후부터 마카오는 포르투갈의 식민지가 되었다. 이후 마카오는 1951년 포르투갈의 헌법 개정에 따라 '해외주(海外州)'로 바뀌어 본국의 일부로 편입되었고, 포르투갈 총독이 통치하게 되었다.

동서문화교류와 마카오

마카오는 서양문물을 아시아로 전달하는 중요한 교량 역할을 했다. 로마 교황이 포르투갈 정부의 후원으로 그 곳에 마카오 관구를 설립했다. 이에 마카오는 포르투갈의 대 아시아 진출을 위한 거점이 되는 동시에 1841년 영국이 홍콩에 식민지를 개설하기까지 중국과 서양의 유일한 교류기지가 되었다.

마카오를 거쳐 중국으로 전해진 대표적인 문화는 기독교였다. 이외에도 유럽에서 발달한 천문학, 기하학, 근대적인 지도제작법, 대포 주조기술 등의 과학기술도 중국으로 전파되었다. 특히 동·서양의 지식 교류에 커다란 역할을 한 마테오 리치도 마카오를 거쳐서 중국으로 들어갔다. 이에 마카오에는 오늘날에도 가톨릭교도가 많고, 기독교 학교 · 병원 · 사회시설 등이 많이 남아 있다. 마카오에는 유럽 문화와 중국 문화가 잘 조화를 이루고 있다. 마카오의 거리에는 돌을 깐 길이나 남 유럽풍의 주택과 한자 간판을 내건 상점가가 서로 이웃하고 있다. 항해의 수호신인 천후원군(天后元君)을 모시는 마가오묘를 비롯하여 관음묘(觀音廟)와 강공묘(康公廟) 등을 중심으로 한 중국의 전통적 신앙이 잘 보존되어 있다.

마카오 반환 의미 및 전망

마카오는 1999년 12월에 포르투갈에 할양된 후 422년 만에 중국으로 반환되었다. 마카오가 세계 경제에 차지하는 비중이 크지 않기 때문에, 먼저 중국에 반환된 홍콩에 비해서 세계 언론기관들의 관심이 크지 않았다. 그러나 마카오의 반환은 중국이 제국주의시대의 굴욕적 역사를 청산했다는 점에서 중요한 역사적 의미를 지닌다.

중국은 향후 마카오 통치 정책으로 '일국양제(一國兩制)', '마카오인에 의한 통치', '고도자치', '기존체제 50년간 불변' 등 4가지 기본 원칙에 합의했다. 외교와 국방을 제외하고는 마카오 행정청이 마카오를 자주적으로 운영할 수 있도록 했다. 홍콩 통치 방법과 별로 다르지 않다. 입법 사법 행정 등 모든 분야에서 대륙의 간섭을 최소화하겠다는 구상이다. 마카오인들은 이 같은 중국의 정책을 그대로 믿고 있다. 중국의 홍콩 정책 사례가 큰 힘이 됐다. 그들은 하나같이 자신들의 생활이나 생업에는 별다른 변화가 없을 것이라고 말한다. 그러면서도 반환이 이뤄진 후의 치안문제에 대해서는 걱정을 하는 사람들이 적지 않다. 세계적으로 악명 높은 삼합회(三合會, Triads)의 본거지가 마카오다. 마카오 주민들의 생활에 깊숙이 뿌리내린 이들을 완전 소탕하기란 결코 쉬운 일이 아니다. 양측 대립 때문에 사회가 불안해지고 관광객들이 줄어든다면 마카오인들이 중국을 멀리하려할 가능성도 없지 않다.

최근 수 년 동안 마이너스 성장을 지속하고 있는 마카오 경제를 어떻게 일으킬지도 중국으로서는 고민이다. 중국은 마카오의 기존 경제・산업 체제를 유지하면서 반환에 따른 중국 경제와의 시너지 효과를 기대하고 있다. 중국은 특히 마카오를 주하이(朱海) 시아먼(厦門) 선전(深玔) 등 남부 경제 특구를 잇는 주장 삼각지 개발의 기폭제로 활용하겠다는 구상을 갖고 있다. 그러나 홍콩의 경제전문가들 중에는 마카오 경제가 중국의 생각처럼 빠른 시일 내에 활력을 회복하기는 쉽지 않을 것으로 보는 사람들도 적지 않다. 마카오의 매력이 예전만 못하다는 것이다. 개혁 개방 초기였다면 자유 경제 체제 마카오가 중국 투자의 창구로 활용될 수 있겠지만 지금은 서방 투자가들이 마카오를 외면하고 직접 중국 대륙으로 달려가고 있다는 지적이다. 어쨌든 마카오는 중국이 21세기의 초강대국으로 등장할 수 있는지를 시험하는 또 한 번의 무대가 될 것이다.

(2) 홍콩의 역사와 문화

홍콩의 초기 역사

홍콩은 아편전쟁의 패배로 체결된 남경조약(南京條約)으로 영국에 할양된 도시이다. 당시 다른 5개 항구의 개방도 중국에게는 굴욕적인 것이었지만, 홍콩의 할양은 더욱 충격적인 것이었다. 그래서 홍콩은 중국 역사에서 치욕의 상징이었으며, 근대 중국의 제국주의 침략의 상징이었다. 그러나 홍콩은 중국과 서구와의 문화교류와 경제 근대화를 위한 중계지 역할을 했다.

홍콩의 인구는 2005년 현재 7백만 명이다. 원래 정식명칭은 '영국령 홍콩'이었으나 중국으로 반환 뒤부터 '중화인민공화국 홍콩특별행정구(SAR: Hong Kong Special Administrative Region)'로 바뀌었다. 주강 하구의 동쪽 연안에 있는 홍콩섬과 구룡(九龍) 반도 및 그 밖의 섬으로 구성되어 있다. 홍콩의 주민은 대부분이 광동인, 객가인, 복건인, 조주인 등 중국인이다. 홍콩의 언어는 반환 뒤에는 북경어가 공용어가 되었지만, 일반적으로 광동어를 많이 사용한다.

홍콩에서 사람이 처음 살기 시작한 것은 대략 5000년 전부터였다. 홍콩 지역에서 신석기 시대의 유물들이 발굴되었다. 이 지역이 중국의 판도에 들어온 것은 2세기 무렵 한(漢) 나라때였다. 삼국시대와 남북조 시대에는 기록이나 고고학적 발굴이 부족하여 정확하게 알 수는 없다. 그러나 당시에 불교가 중국에 들어왔던 사실을 알려주는 유물인 청산선원(靑山禪院)의 조각상이 발견되었는데, 이것을 통해서 인도 승려가 남조시대에 처음으로 불교를 전래하였던 사실을 확인할 수 있다.

당나라 때에 홍콩 옆을 거쳐 광주에 이르는 길은 해외 무역으로 많은 배들이 오르내렸다. 이때부터 이 지역은 해외 진출 항구의 역할을 담당하였고, 배가 정박할 수 있는 시설이 갖추어져 있었다. 송나라가 몽골의 침략을 당한 뒤, 처음으로 많은 이주민이 홍콩 지역으로 들어왔다. 당시 어업의 흔적이나 농업용 가재도구 및 동전, 무덤 등이 발굴되었다. 이후 홍콩 지방의 주민들은 대부분 중국화되었다. 그 후에도 홍콩지역은 많은 사람들이 살지 않는 불모의 땅으로 버려져 있었다. 여기에 살던 주민들은 대부분 어업이나 소금 판매에 종사하는 가난한 사람들이었다.

영국 식민지 시대

홍콩은 서양 상인과 중국이 처음 만난 곳이기도 했다. 1517년 주강(珠江) 입구에서 포르투갈의 상인과 중국 관리들이 무역 협정을 체결했다. 또 17세기에 동인도회사가 중국으로 진출하였을 때부터 영국 상인들과 홍콩의 교역은 점차 빠른 속도로 발전했다.

홍콩이 중국역사에서 주요한 관심대상이 된 것은 아편전쟁부터였다. 영국 상인의 아편밀수를 막기 위해 광주에 파견된 흠차대신 임칙서(林則徐)는 영국 상인들로부터 2만상자의 아편을 몰수했다. 이에 영국은 자국 상인들의 재산을 보호한다는 명목으로 전쟁을 시작했다. 이 전쟁은 영국의 승리로 끝났다. 이에 영국의 대표 엘리어트(Charles Eliot)와 중국의 대표인 기선(琦善)이 협상하여 홍콩을 할양하는 등의 조건으로 천비가조약(川鼻假條約)을 체결했다. 그러나 영국은 하잘 것 없는 바위섬을 할양받는 것은 부족하다고 거부했고, 중국도 영토를 영국에게 할양할 수는 없다고 거부했다. 그러나 홍콩섬은 1841년 1월 20일부터 엘리어트가 멋대로 점령해버렸다. 이 당시의 홍콩섬에는 몇몇 중국인과 수상족(蜑民)들이 살고 있었고, 구룡반도와 신계(新界) 지역에는 많은 사람들이 농업에 종사하고 있었다.

중국이 제1차 아편전쟁(1840-1842)에서 패배한 뒤 홍콩섬이 영국에게 할양되었다. 그리고 영국은 제2차 아편전쟁(1856-1858)을 공식적으로 종결지은 1860년의 북경조약(北京條約)에서 구룡반도를 영구 조차했다. 또 주변 지역을 영국의 통제 하에 두지 않으면 방어할 수 없다는 핑계로 영국은 1898년의 북경조약에서 다시 신계(新界) 지역을 99년 동안 조차하여 홍콩 식민지의 규모를 크게 확대했다. 이로써 오늘날의 홍콩의 경계가 확정되었다. 따라서 홍콩의 조차는 1997년 6월 30일 자정에 종료되었다.

홍콩은 열강의 중국침략의 상징이지만, 근대 중국에서 서양문물이 중국으로 유입되는 창구의 역할을 담당하기도 했다. 그 결과 중국 근대의 개혁운동가들이 홍콩을 통해서 새로운 사상을 받아들였고, 손문과 같은 혁명가들은 홍콩을 근거지로 세력을 키워나갔고 무장 봉기를 계획하기도 했다. 19세기 말과 20세기 초 홍콩은 영국의 대 남중국과 교역을 위한 저장과 배급의 중심지로 발전했다. 1905년에 구룡반도와 광주를 연결하는 철도가 개통되면서 홍콩은 해외무역의 중요한 기능을 하게 되었다. 또 홍콩은 해외로 이주하는 화교들의 거점이기도 했다. 이와 함께 항만·공장 노동자와 도시의 빈민이 불어났다. 홍콩의 인구도 1861년에 약 12만 명이었던 인구가 1939년에는 160만 명을 헤아리게 되었다.

신해혁명(辛亥革命) 이후 손문이 원세개(袁世凱)에게 권력을 빼앗기고 광동과 홍콩을 무대로 혁명운동을 전개하면서 홍콩은 국제적인 주목을 받게 되었다. 뿐만 아니라, 제1차국공합작(國共合作) 기간 동안에는 상해와 함께 대규모 노동운동이 일어나 광동코뮨에 의해 16개월 동안 무정부 상태에 놓이기도 했다.

홍콩의 발전은 제2차 세계대전 중 일본의 침략에 의해서 방해받게 되었다. 즉 태평양 전쟁기간인 1841년부터 일본군이 홍콩을 점령했다. 전쟁이 끝난 뒤 1946년 5월부터는 다시 영국의 식민지가 되었다. 1949년 중국공산당이 대륙을 점령하자, 수 십 만 명의 중국인들이 홍콩으로 이주해 왔다. 새로운 이주자들의 일부는 기술과 자본을 가지고 홍콩으로 왔다. 다른 이주자들은 거대한 하급 노동자 집단을 형성했다. 이것은 홍콩이 처음으로 경제적 성공을 거두는데 기여하였고, 제조업의 중심이 되는데 기여했다. 1949년 10월에는 공산정권이 성립하고 군사적 긴장상태가 빚어져 영국군이 급파되기도 했다. 그러나 1950년 1월 영국이 중국을 승인한 데 이어 1963년에는 중국도 '홍콩과 마카오 문제는 평화적 해결이 이루어질 때까지 현상을 유지한다'고 표명했다.

경제적 성공에도 불구하고 많은 사업가들은 그들의 노동자들에 잘 대해주지 않았다. 이것은 왜 공산주의가 1960년대에 그렇게 많은 홍콩인들에게 감동을 주었는가를 설명하는 주요한 이유였다. 1966년 4월에는 구룡에서 폭동이 일어났고, 1967년에 중국 문화대혁명의 영향 아래에서 홍콩에서도 노동운동이 격렬했다. 유명한 라디오 호스트인 람붐(Lam Bum)은 그 운동을 비판하다가 살해되었다. 홍콩 정부가 노동운동을 진압하고 난 뒤, 홍콩에 있던 공산주의 조직은 완전히 파괴되었고 홍콩인들의 공산주의자에 대한 시각은 부정적으로 바뀌게 되었다. 그 해 5월의 '반영폭동(反英暴動)'도 중국이 개입하지 않은 채 진압되었다. 1972년 영국은 자유중국 영사관을 폐쇄하고 중국과 대사교환 협정을 체결, 홍콩의 정치적 안정을 보장받았다. 이후 홍콩은 세계의 금융과 관광 중심지로 변모하게 되었다. 높은 생활의 수준, 높은 식자율, 높은 일인당 수입과 여러 가지 사회 경제적 척도들이 지난 100여 년 간의 홍콩이 이룩한 성과들을 증명한다.

1984년 12월 19일 홍콩 반환 협정이 중국과 영국 행정부 사이에 체결되었다. 홍콩이 영국에 할양된 지 155년만이었다. 홍콩을 중국에 반환하는데 반대하는 홍콩 주민들은 해외로 이주하기 시작했다. 1989년 6월 4일, 100만의 홍콩주민들은 북경에서 학생들에 의해 일어난 1989년의 천안문 시위를 지지하는 시위를 전개했다. 시위가 진압된 후, 홍콩주민들은 북경 정부의 진압을 지지하는 진영과 그것에 반대하고 민주주의를 지지하는 진영 등 두 개의 진영으로 나뉘어졌다. 불길한 예감이 두 번째로 그리고 가장 대량으로 이주를 떠나게 만들었다.

호주, 캐나다, 싱가포르 그리고 미국은 가장 선호하는 이주지로 떠올랐다. 캐나다, 영국 콜롬비아에서 리치몬드는 새로운 차이나타운이 되었다. 1990년 4월 4일, 홍콩기본법이 공식적으로 반환 후의 홍콩행정특별구역의 소 헌법으로 채택되었다. 친북경 진영은 그것을 중국에서 있는 어떤 법률보다도 가장 민주적인 법률제도라고 환영했다. 그러나 민주진영은 그것을 충분히 민주적이지 못하다고 비난했다. 나중에, 홍콩 정부에서 유일하게 직업적 정치가인 패튼(C. F. Patten)은 기본법의 한계를 둘러싸고 전개된 논쟁거리가 있는 조항들을 소개했다. 비록 그가 제시한 조항들이 강하게 저항을 받았고, 그 자신이 중국 정부에 의해서 모욕을 당했다고 해도, 그는 홍콩주민들에게 진정한 정치인의 사례가 되었다. 그는 유럽에서 스타가 되었다.

홍콩의 중국 반환

1997년 7월 1일, 홍콩은 영국에서 중국으로 반환되었다. 이로써 홍콩은 세계사상 최초의 1국가 2체제가 이루어지게 되었다. 1998년 새로운 선거가 진행되었다. 패튼의 제안에 따라 선출되었던 과거의 입법의회는 북경에 의해 지명된 현재의 입법의회로 대체되었다. 과거 홍콩 총독은 영국 여왕이 임명했다. 마지막 총독은 패튼이었다. 반환 후에는 임기 5년의 특구행정장관이 지도자가 되며, 초대 행정장관은 둥젠화(董建華)였다. 홍콩반환 후 경제의 핵심 요소인 부동산 시장은 폭락하기 시작했다. 2003년 악화된 경제는 사스(SARS)의 위기, 미래의 홍콩기본법 23조의 제정과 둥젠화와 관리들의 비인기 등의 요인들이 7월 1일에 50만 명의 행진을 야기했다. 그것은 홍콩의 역사에서 경험한 적이 없는 홍콩정부를 겨냥한 가장 큰 저항이었다.

현재 홍콩의 사회는 영국식 법률과 교육제도와 중국의 전통적 사회가 공존하고 있다. 근대적인 도시이면서도 전통적인 비밀결사가 활동하고 있다. 인구가 증가하면서 주택의 부족과 물 부족을 해결하는 것이 홍콩 정부의 과제였다. 홍콩은 빈부격차가 꽤 심각한 수준이다. 중국의 개혁개방 정책이 지속적으로 전개되고 있는 지금, 홍콩은 여전히 해외자본의 대중국투자의 창구역할을 담당하고 있다. 세계의 금융도시로서의 면모도 유지하고 있다. 향후 홍콩의 미래는 중국정부의 영향 아래 벗어날 수는 없다. 그러나 대만과 동남아시아를 아우르는 화교경제권을 향한 중국의 창구역할을 담당하면서 국제적 자본과 금융도시로서의 역할을 담당할 것이라고 전망된다.

참고문헌

정수일, 『씰크로드학』(창작과비평사, 2002).
박한제 · 김호동 · 한정숙 · 최갑수, 『유라시아 천년을 가다』(사계절, 2002).
김경묵, 『이야기 러시아사』(청아출판사, 2006).
니꼴라이 V. 랴자노프스키, 이길주 역, 『러시아의 역사 I』(까치, 1991).
로버트 마시, 민평식 역, 『러시아의 위대한 개혁자 피터 대제』(병학사, 2001).

문명의 교류와 충돌

초판1쇄 발행 | 2008년 2월 15일
초판5쇄 발행 | 2015년 8월 28일

지은이 | 교재편찬위원회 편
펴낸이 | 신일희
펴낸곳 | 계명대학교출판부
(42601)대구광역시 달서구 달구벌대로 1095
전화 053-580-6233 팩스 053-580-6235
등록 | 1970. 9. 1. (신고번호 제347-1998-1호)

ISBN 978-89-7585-418-7 03900

값 12,000원